ビジネスリーダーのための

意思決定の教科書

The Art of Choosing the Future

川口荘史
Soshi Kawaguchi

Discover

はじめに　意思決定を「ピラミッド型」で考える

変化が激しく、情報があふれるいま、意思決定の重要性がさらに増しています。

「不確実で、時間や情報が限られるなかで、どのように決めるか?」という問題は、昔から多くの関心が寄せられており、さまざまなアプローチで考察されてきました。組織論、行動経済学、脳科学、経営学など、いろいろな視点で語られており、そのプロセスやマネジメント、フレームワークを含むメソッドなどが頭に浮かぶ方も少なくないでしょう。あるいは、心理的な側面に注目した書籍や研究を思い浮かべる方も多いかもしれません。

意思決定は、投資対効果の検証や選択肢の比較検証、そのための情報の精査なども重要である一方で、実は意思決定者の心理の影響が非常に大きいです。現状維持バイアスやサンクコスト、確証バイアス、アンカリング、ハロー効果など、無意識に影響を受ける多くのバイアスについても認知しておくことが重要になります。

事業や組織の適切な意思決定のためには、こういった個人の癖だけではなく、組織についての理解と実践が不可欠です。心理的安全性の確保、オープンコミュニケーション、性善説、コンテキストの共有やコミュニケーション、そのための場づくり。これらを理解し適切に運用していくことが、精度の高い意思決定につながります。

「意思決定は複雑で奥が深く、考えるほどに広大で難しい」

経営者や組織のトップ、マネージャー、新規事業開発や起業にかかわる方は日々そう感じていることでしょう。自身のキャリアの分岐点に立たれている方は、その難しさを体感されていると思います。

しかし、**意思決定には、確実に「つかみどころ」がある**。

それが、私が起業から会社の買収、事業統合を行ってきたなかで感じていることです。

情報の重要性

私は、大学院でバイオ研究を行ったあと、投資銀行でのM&Aや、ベンチャー創業、新規事業創出などの経験を経て、2017年に株式会社ミーミル（MIMIR）を起業しました。

ミーミルでは、「経験知に価値を与える」ことをミッションに掲げ、専門家のネットワークをつくり、専門的な知見を企業の意思決定に活用する「エキスパートネットワークサービス（ENS）」という事業を行っています。この事業を営んでいることが、意思決定を意識的にとらえる機会を与えてくれました。

創業したミーミルは2020年にはユーザベースグループの傘下に入り、「スピーダ（当時SPEEDA）」という情報プラットフォームと融合し、新しい企業の意思決定支援サービスの実現を進めています。データやコンテンツだけでなく、人のナレッジといったものも含め、意思決定のための情報を広く扱う事業を運営しています。また2024年には、海外企業の資産買収という形で、海外の専門家の知見も取り込んでいます。

創業から買収を経て、さらに買収後の事業・組織統合といった事業や組織が目まぐるしく変化するなかで、組織がどうあるべきか、いかに個人や企業の意思決定を最適化するかに心を砕いてきました。意思決定をする立場が変わったり、異なる組織のマネジメントに入ったりする際には、自身の過去の経験とは異なるアプローチが突如必要になる難しさも経験してきました。

人も組織も、規模が大きくなるほど、時間が経つほど複雑さを増し、膨大なコンテキストや情報をはらんでいきます。それらを完全に理解するのは不可能に近いでしょう。限られた時間で意思決定し、実行に移すためには、必要な粒度の情報はなにか、適切な解像度とはなにか、ということを模索しながら情報を獲得・処理していく必要があります。

情報によって意思決定はもっとよくなる。意思決定が改善されると世界はもっとよくなる。

だからこそ、意思決定の仕方やそのための情報が整備することが重要なのです。

決めているようで、決めているつもり

意思決定はたびたび「する／しない」の二元論で語られます。また、「情報に基づきそれを判断するだけだし、そんなことはできているよ」と思う人もいるかもしれません。

しかし、その前に考えるべき、そして最も大切だと私が考えていることがあります。実際に組織としても個人としても多くの意思決定の場面に直面し、意思決定を強く意識するようになって、意外とそれができていないケースが多いと気づいたことでもあります。

それは、**意思決定をしている自覚や心がまえを持つ**ということです。

ビジネスでの分かりきった決めごとに対しては、自身の知識やフレームワークを用いて判断をすれば、ある程度の精度で決めることができます。しかし、実は「意思決定したつもり」になっていることも多いのです。たとえば、手元にある情報の使い方が分からず、あるいはなんとなくよさそうな情報に引っ張られ、（本人にそのつもりはなくとも）決めてしまうことがあります。

ビジネスや事業においては、主体性なき意思決定は、多くの場合、というよりもほぼ間違いなく、よい結果を生みません。どんなミッションを持ち、どう決めるかが大切なのです。

本書の構成

ビジネスの現場においてさまざまな分野での意思決定を経験することで見えたのは、どんな場面にも共通して必要な「意思決定の構成要素」です（7ページの図）。

最終的な選択や決定のために、まずは**ミッションを定め、主体的に意思決定する「心がまえ」**、そして**仮説を立て、それにあわせた情報収集やその判断を行う「情報処理」**が必要になります。

そこで本書では、それぞれの重要性とプロセスについて、私自身の体験や知見を余すことなく伝えたいと思います。

まず第1章では、意思決定の土台になる「意思決定を認識する（意思決定機会を認知する）」「意思決定に主体的になる」という**心がまえ**について、解説していきます。

次に第2章では、意思決定に欠かせない**問いと仮説の立て方**について解説します。

続いて第3章では、**情報処理**の観点から見た意思決定の精度の上げ方をお伝えします。

最後の第4章では、私自身の体験をもとに、起業や経営における**意思決定の極意**を紹介します。

本書を通して、改めて意思決定を認知・意識していくことで、仕事のみならず、自分の人生やキャリアにオーナーシップを持ち、あなたの人生や組織の未来が少しでもよくなるとすれば、それ以上うれしいことはありません。

２０２５年１月

川口荘史

意思決定のピラミッド

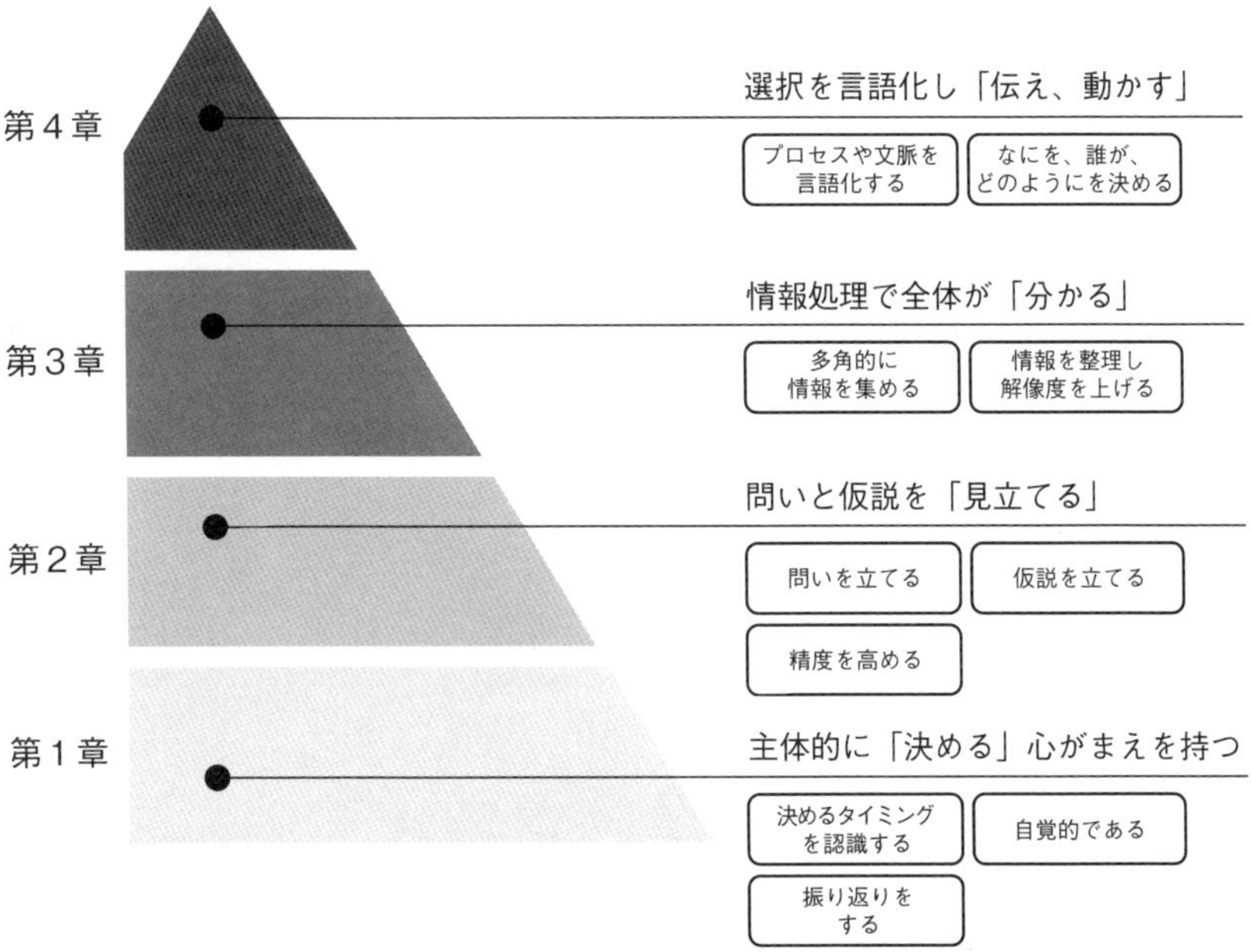
第4章
選択を言語化し「伝え、動かす」
プロセスや文脈を言語化する
なにを、誰が、どのようにを決める
第3章
情報処理で全体が「分かる」
多角的に情報を集める
情報を整理し解像度を上げる
第2章
問いと仮説を「見立てる」
問いを立てる
仮説を立てる
精度を高める
第1章
主体的に「決める」心がまえを持つ
決めるタイミングを認識する
自覚的である
振り返りをする

目次

主体的な意思決定、主体的でない意思決定　47

第2章

【見立てる】意思決定に欠かせない質問力と仮説構築力

第3章

【分かる】情報をベースとした意思決定とは

事実情報を集める

意見情報を集める 185

情報を整理し、解像度を上げる 240

第4章 【伝え、動かす】新規事業に学ぶ、意思決定の極意

注：２０２４年に株式会社ユーザベースにおいて、SPEEDAを含めたSaaSプロダクト群を「スピーダ」に統一しており、本書もこれに準ずる。
https://jp.ub-speeda.com/news/20240701/

第1章

決める

決める覚悟こそ、リーダーの第一歩である

経営における意思決定のとらえ方は、事業フェーズによって変わる

経営は、意思決定の連続です。私も創業してから社員がゼロから10人、100人と拡大し、M&Aを通じて複数の会社組織や事業の責任を担っていくなかで、さまざまな非連続な意思決定を行う場面がありました。

事業が成長し、フェーズが変わるごとに、それまでの考え方や方法が通用しなくなる感覚になります。意思決定の本質や重要性は変わらないのですが、過去と同じ情報であっても、そのとらえ方や意思決定の仕方が変わるので、そうした変化に合わせて、意思決定への向き合い方も意識的に変えていく必要がありました。

事業を立ち上げるなかでは、事業規模の大きさと意思決定の難しさは必ずしも比例しません。事業や組織がまだ小規模のころと、規模が拡大し複数の事業を見

ていく規模のころは、性質が違うだけで、どちらも難しさがあります。私自身、こうした急速な変化に混乱しつつ、意思決定の向き合い方を変え続けてきました。

事業フェーズによって大きく変わるのは、どういった情報をもとにして、どのように決め、どのように伝えて組織を動かすか、これらのとらえ方でした。「見立て方」「決め方」「分かり方」「動かし方」をおさえておくことが大切なのです。

決めるための心がまえ

意思決定とはなにか

「意思決定」という言葉を調べてみると、次のように書かれています。

「人や団体が特定の目標を達成するために、ある状況において複数の代替案から、最善の解を求めようとする人間の認知的行為である」

――Wikipedia

「問題解決にあたって、実行可能な行為のなかから最適と思われるものを選択すること。行為選択ともいう」

――最新心理学辞典

「起こらない、起こっていない事実も含む無数の事実、すなわち世界全体に対しての人間の側からの働きかけ、アクションである」

――『意思決定の基礎』（松原望著）

日々接しているメディアからは、さまざまな企業や経営者の活動がニュースとして流れてきます。これらは、各企業がなんらかの意思決定をした内容であるわけです。これらは一体、これらを誰が、どのように、どういった背景で意思決定したのでしょうか。

事業の安定をとったものもあれば、リスクをとったチャレンジもあるでしょう。短期目線でその場しのぎのもの、経営陣の思いつきでしかないもの、ＣＥＯの暴走、あるいは権力闘争の結果でしかないものもあるかもしれません。

意思決定と一口に言っても、そこにはさまざまな背景が存在します。決めた事実を目にすることは多いですが、「どうしてその意思決定に至ったか」という経緯を目にすることはあまりありません。そこを意識的にとらえてみると、これまで見てきた企業活動の情報が、少し違って見えてくるでしょう。

また、変化がないのでニュースにはなりにくいですが、実は**「なにもしない」というのも、一つの大きな意思決定**です。

私自身、２０１７年にいまの会社を起業してからこれまで、多くの意思決定の場面がありました。経営者の最も重要な仕事は「意思決定をすること」といわれますが、まさにそれを実感する毎日です。経営において意思決定を意識的にとらえることで、個人としても変化がありました。それは、日々の生活のなかで当たり前に行っていたはずのことを意識する機会が増えたことです。日常のなかに意思決定すべきことが、なんとたくさんあることか！　**意思決定は、経営やビジネスの現場で耳にする単語ではあるものの、その行為自体は日常的になされているのです。**

もう少し意思決定のイメージを具体的に持ってもらうために、次の場面を考えてみましょう。どう考え、どう決めれば「意思決定をした」ことになるでしょうか（具体的な設定をしましたが、自身の就職や転職活動を振り返っていただいてもかまいません）。

あなたは就職活動をしている学生です。
希望する会社をいくつか受け、二つの会社から内定が出ました。
一つは大手事業会社です。安定的で信用力もあり、親も安心するであろう企業です。10年後には、昇進して年収１０００万円を目指せるかもしれないですし、国際的な大きなプロジェクトにもかかわることができるかもしれません。

もう一つ、スタートアップ企業からも内定が出ています。創業3年目で、社員は20人程度。まだ成長途上で規模が大きいとはいえませんが、早い段階でチームリーダーとして大きな役割と責任を持ち、自分で事業をつくっている実感を持てそうです。

また、自分でも起業の検討をしています。不確実性は高いですが、自分の思い入れのある業界における課題解決ができる可能性もゼロではないでしょう。自分がCEOとして会社の舵取りを行い、もしかしたら大きな事業に成長できるかもしれません。

こうした場合、どのような選択をすればよいのでしょうか？

就職は、人生のなかで大きな選択の一つです。面接者や採用の意思決定者として、もしくは退職希望者との面談で多くの事例を見て感じてきたことは、キャリアの意思決定は実に多様だということです。そのため、決めたことやその結果は人によって違います。

しかし、共通して大切な心がまえがあります。

今後を左右する選択において大切なことは、①**意思決定のタイミングを認識する**こと、そして②**自分の人生の目的や本当の意味でやりたいことを考え**、③情報を集め、整理し、選択肢を出し尽くして**選択をする意識をする**こと。この3つの視点こそが「決める前の心がまえ」です。

今回は就職するという人生の分岐点であることは認識できているでしょうから、**「自分が本当にやりたいことやミッションはなにか？」**という視点から考えます。

たとえば少子高齢化に伴う社会課題をテクノロジーの力で解決したいと思っており、そのために数年後に起業をしたいと考えているのであれば、その力を磨くためにリスクをとってベンチャーに入る選択ができます。一連の製造過程を学ぶために、あるいは起業のための資金を稼ぐために、大企業に就職するなどの選択もあるでしょう。

もしくは、安定した企業に入り、家族に安心してもらうというのも一つの選択だと思います。ただし気をつけなければいけないのは、**それが見かけの目的になっていないか**ということです。「大企業か、中小企業（ベンチャー）か？」「総合職か、専門職か？」「学部や研究の強みを生かすのか、その能力を生かしてあえて別領域に行くのか？」といった問いに自然と答えられる状態になっているかが、一つの試金石になります。

就職は多くの方にとって、初めての多様な選択肢のなかの重大な意思決定といえるかもしれません。かつて私も大学院の博士課程修了後、研究か就職かの選択がありました。最初は研究の道を進むことしか考えていませんでしたが、そもそもなぜ研究者を志そうとしているのかを自問していくなかで別のものが見えてきました。研究を通して、自分にしかできない発見をする、自分だからこそできること、それを形にして残していくこと。それこそが、研究を通して自分が求めていたことではないかという思いに至ったのです。

であれば、生物が遺伝子を残すように、ビジネスを通じても自身の思想や価値観を持った事業や組織を広げていくことができる。そう考え、ビジネスの世界に身を置く決断をしました。

なぜ、決めることは難しいのか？

M&Aや新規事業における情報の重要性

M&Aと新規事業は、非連続で大きなインパクトがある企業のイベントです。非連続なだけに最も意思決定が困難で、かつ重要です。またこれらの意思決定にかかわるときが、情報の価値が最も高まる瞬間であるといえます。意思決定のための情報を得る手段は限られていますし、収集した情報は十分とはいえないことが多い、というのがM&Aや新規事業に携わってきた実感です。そもそもM&Aや新規事業は失敗確率が高いものではありますが、意思決定のための情報を整備することで、その成功確率を少しでも高める余地はあるかもしれません。こうした非連続な意思決定がいかに難しいか、そのための情報インフラがどれほど未成熟かを痛感したものです。

既存の事業での戦略や方針は、これまでの事業推進で得られたインサイトやコンテキストを踏まえて決めていくので、意思決定に対し確信を持てることが多いでしょう。一方で、M&Aや新規事業は、うまくいけば非連続な事業インパクトをもたらしますが、新しい領域の事業や買収機会については、既存事業と異なり社内に知見を持つ人材もおらず、意思決定は難しくなります。

こうした非連続イベントにおいての意思決定は、企業の命運を左右するといっても過言ではありません。失敗の確率も高いため、情報はあればあるほどよく、意思決定の精度を上げていく余地もあります。この精度が上がることで、企業や産業に与えるインパクトは非常に大きくなります。だからこそ、これらの精度を高める情報基盤が必要です。また、企業活動や外部環境が刻一刻と変化しているなかで、ビジネスの現場では、ゆっくりと時間をかけて意思決定を検討できるケースは少ないでしょう。精度も大切ですが、それ以上にスピードも重要です。限られた時間のなかでいかに精度を高められるかが求められます。

実際、M&Aを行う際には、本書でお伝えするような情報収集を、高度に早期から行うだけでなく、デューディリジェンス（投資対象となる企業や投資先の価値やリスクなどを調査すること）でマネジメントインタビューや企業の財務や法務に関する情報、事業モデルや計画などを細かく精査していきます。

知見のない業界のビジネスを深いレベルで理解することは、本当に困難です。データとして理解したとしても、業界ならでは、あるいはその企業ならではの背景やコンテキストまで解釈することは不可能に近いでしょう。そのため、社内外の異なる視点や専門性を持つ「人の知見」を取り入れることも大切です。

情報があれば決められるわけではない

では、情報さえあればよいかというと、そうではありません。企業の財務情報やKPI（Key Performance Indicator）などのデータが手元にあったとしても、それだけで十分なインサイトが得られると思うのは大きな誤解です。それをどのように読み解き、解釈し、ストーリーに落としていくのかということが非常に難しいのです。こうした情報とそれらの解釈をもとに、最終的にM&Aをするのか、新規事業に投資するかどうかの意思決定をしていくわけです。

この難しさは、世の中にあふれているM&Aや新規事業における多くの失敗事例でもよく分かります。たとえば、2018年の株式会社ユーザベースによるクオーツ（Quartz）の買収は海外メディアに対する100億円規模のM&Aとして当時話題になったものでしたが、結果として2020年に撤退しています。アマゾン（Amazon）におけるFireやグーグルグラスなど、大きな投資を伴っても成功とはいえないケースもあります。事業の撤退や会社の清算は、事業開始や大型調達などに比べてニュースになりづらいですが、大きいものから小さいものまであふれています。

M&Aの失敗とはすなわち、買収後の統合やシナジー創出の失敗ともいえます。PMI（Post Merger Integration）といわれる買収後の統合プロセスや、その後、新しい企業のもとで事業運営しながら既存事業とシナジーを出していくプロセスの失敗がおもな原因です。異なる事業の背景やコンテキストを理解し、統合を進めるのは本当に難しいものです。

私自身も、創業したミーミルがユーザベースの完全子会社となった2020年から、ユーザベースでPMIにおけるシナジー創出や組織統合を推進する形となりましたが、多くの困難に直面しました。ブランドはどうするか、法人格をどうするか、バリューやミッションをどうするか、人事や評価、報酬体系をどうするか、営業やプロダクトにおけるシナジーをどのように実現するか、組織体制や経営陣・リーダーをどうするか、バックオフィスとセールス組織をどのようにするのかといった論点が多数あります。買収後には、これらのいずれの点についても変化を伴う意思決定をしていく必要があります。

ミーミルの場合は、スタートアップ組織のモメンタムや強度を維持するために、バリューやミッションはそのまま残しています。プロダクトは「フラッシュオピニオン」という両社のシナジーを生かした新しいプロダクトの企画と開発を進め、半年後には新サービスとしてローンチしています。その新サービスを組み込んだ新商品設計を進めてカスタマーサクセス組織を新設し、営業シナジーを実現するために組織は1年半後には部分的に統合しました。（まだ途上段階ではありますが）結果として、両社の成長や新しい市場創造に大きく成果をあげ、今後さらに結実していくことが期待されています。

情報プラットフォームであるスピーダとエキスパートネットワークのミーミルの統合は、性質の異なる事業同士ですが、お互いのよさを生かし、また残しながらシナジーを創出しようとする難易度が高い試みでした。異なる事業や組織ではさまざまなコンテキストをはらんでいるからこそ、どのようなステップで実現していくのかは難しい。しかしながら、およそ3年をかけて、あるべき組織やプロダクトとして着地し、シナジー創出が具体化して成果も出たと感じています。

ＰＭＩのような場面でも、やはり情報や状況をどのように読み解き、解釈し、進めていくのかが重要になるわけです。情報があるだけでは十分な、もしくは強度のある意思決定は難しいのです。

大切なのは、主体的に決めること

情報が意思決定の精度に大きな影響を及ぼすのは間違いありません。情報の切り口や集め方でその結果は変わるでしょう。そのため、意思決定において情報の扱いはたしかに重要ですが、最も大事なことは情報ではありません。情報や状況をもとに自身でどう解釈して行動するか、つまり、**主体的に決める**ことです。

ここで、こんなシーンを考えてみてください。この局面での意思決定には、どんな情報が必要で、それをどう考え、判断するのがよいでしょうか。

あなたは起業して3年になるスタートアップのCEOです。
事業は成長していますが、競争環境は厳しく、年々プレッシャーは大きくなっています。
責任は重くなり、事業の未来はまだまだ不確実性も高い状態です。キャッシュフローや預金残高はつねに気になりますし、組織も不安定で気の抜けない毎日です。時機を見て資金調達に動く必要もあります。ただ、着実に成長実感はあり、未来に大きな希望も持っています。
そうしたなか、ある企業から買収提案がありました。しかし、ほかに資金調達の方法もあり、このまま成長できれば2～3年でのIPO（新規上場）も視野に入りつつあります。
さて、このCEOは事業を売却するべきか、資金調達するか、どのような意思決定をすればよいでしょうか？

これは、2020年に私自身が直面した状況です。会社を立ち上げ軌道に乗ってきたところで、買収提案がありました。実は資金調達を進めていたため、時期を同じくしてほかの企業から出資提案もあり、資金調達を進めるか、売却をするかの選択に迫られたのでした。

資金調達をすれば、新しい株主を迎え入れることになりますが、私は大株主でありCEOとしての立場は引き続き変わりません。財務的にも経営的にも現体制を安定させることはでき、単体でも成長できる確信はあります。一方、会社の売却をすると自分は大株主ではなくなり、CEOとして継続できるかは不透明となります。しかし、買収先の事業と組み合わせて事業をスケールさせたり、新たな事業を生み出したりできます。もしイグジットが目的であれば、短期的に経済リターンを確保して会社を離れ、起業など別のチャレンジをすることもできます。

創業メンバーや社員、組織、事業の中長期の在り方も踏まえて、**どちらがチャレンジングな環境か、よりスピーディーに事業が成長できる手立てか**という選択でもありました。

意思決定を行うにあたり大切なことは、**あらゆるリスクやリターンを天秤にかけ、自分のミッションや価値観に基づいて、主体的に決める**ことです。立ち返るべきは、会社のミッションであり、創業時の想いや個人としてのミッションです。自身は「社会的に意義のある、インパクトのある、新しいビジネスをつくっていく」ことを大事にしており、最速で事業が成長し、企業としてのミッションである「経験知に価値を与える」ことが実現できる。そのための大きな一歩がスピーダとのプロダクト融合であり、これは事業を一体化しないと実現できないので、売却し事業を統合する意思決定をしました。

単体で資金調達をするよりも、異なる事業でシナジーを創出し、いままでにない事業をつくって、大きな事業組織をマネジメントすることで非連続にスケールさせる。それらを考えると、結果的にこの売却はよい選択だったと思います。異なる事業でありながら本質的なシナジー創出をするＰＭＩや、プロダクトやＳａａＳ事業・組織など非連続な多くのチャレンジを通して、単体事業における連続的成長では体験できない景色を見ることができました。

売却により、マジョリティを持つ株主でなくなると、最終的な意思決定の権限は意思決定構造上は失われます。そして、経営がうまくいかなければ役職も失いかねません。しかし、事業を伸ばす力がなければ、売却しようがしまいがそこは同じです。

上場企業や上場する意志がある企業であれば、CEOは会社のミッション実現のために、企業価値を最速で高めてスケールさせていくための役割でしかありません。資本市場と向き合って企業価値を向上させていく責任や意思があるので、その場合にオーナーシップにこだわりすぎてはいけません。とくに、創業期ではなく、ある程度規模が拡大したり成熟化したりしていればなおさらです。

ただし、オーナーシップが必要になるタイミングがあります。それは創業初期です。一定規模になると、合理的な意思決定としてある程度のコンセンサスを得るべきものが多くなりますが、とくに不確実性の高いフェーズにおいては、多様な選択肢があるなかで、経営陣が思い切った意思決定ができる状態が不可欠です。周りのすべてから反対されても、オーナーとしての一存で機動的に意思決定できることが重要です。

また、立場や考え方によっても異なります。事業を立ち上げることに特化している起業家であれば事業売却がゴールになりえますし、株式を背景としたオーナーシップを確保することに重要性を感じている経営者にとってはM&Aは避けたい選択肢になるかもしれません。

意思や想いを強く持つ

不確実な未来に対する意思決定に解はありません。無数の選択肢のなかで100%正しい意思決定自体も存在しません。

大きな意思決定ほど、結果が出るまでの時間軸は長いものです。M&Aの成否などは、PMIのプロセスなどを経た数年後に分かるものだったりします。短期的に成功だ、失敗だといった議論もできますが、本当の結果が出るのはずいぶん先になります。

意思決定者は、中長期を見据えて意思決定する必要があり、短期的な見方に左右されない意志の強さが大事です。未来に対する解像度を持てる人は多くはないので、客観的で、誰が見ても正しいと思える意思決定を意識しすぎる必要はありません。結果が短期で見えないからこそ、主観的に決めなければならず、そこに意思決定の難しさがあります。

どんな意思決定でも、周りが手放しで納得してくれることはありません。不確実性が高いものほどそうでしょう。ロジックだけでは解が出ないことが多いというのは、先に述べたとおりです。こうしたときには、「意思」があるかどうかが重要である局面が多いです。意思決定に自分の想いをどう乗せるか、ストーリーとして筋が通っているか、自分のなかで確信できているか、といったことの方が大切です。

客観性を確保し、フェアな視点で情報を見ていくことはもちろん大事ですが、同時に意思決定にはある種の思い込みも必要です。それを排除するというよりはむしろ自覚して、意思や想いを乗せて決定することが重要なのではないでしょうか。こうして自分の意思や想いが込められているストーリーが、結果として周りの共感を生んでいきます。

意思決定に直感や感情は必要か?

過去を振り返ると、納得できるロジックで説明できるものの、なぜこのような意思決定をしてしまったのだろうかと、腑に落ちない意思決定もあります。そのようなときは、たいてい感情や直感で決めていたりします。あるいは、根拠が不確実性の高い前提に立っていたり、楽観的でアグレッシブな見立てをしていたりします。

「意思決定は、ロジックに基づく理知的で論理的なものでなければならない」と思う方も少なくないと思います。論理のためには根拠となる情報が重要ですが、「多くの情報を組み立てて整理することで、精度の高い意思決定ができる。正しい意思決定とは、きれいに論理がつながり、説明も明晰なものである」と。

たしかにそういったケースも存在しますが、必ずしもそうではありません。むしろ論理と情報にこだわりすぎると、難しく複雑なケースでは意思決定に戸惑い、停滞することもあり得ます。「情報やファクトに基づいて意思決定せよ」といわれますが、では本当に、直感や感情に頼る意思決定をすべきではないのでしょうか？

経営者の「勘」

直感は非常に重要です。ただしここでいう直感とは、脈絡なく神の啓示のように降りてきたもののことではありません。ただの勘や根拠なき判断というより、経験や専門性に基づくが言語化できない根拠に基づく意思決定のことです。

こうした直感は、認知心理学でいうと『ファスト＆スロー』（ダニエル・カーネマン著）でも言及されるシステム１（日常生活のなかで判断しているような、努力せずとも自動的に高速で動く思考）や、『決断の法則』（ゲーリー・クライン著）における消防士やチェスプレーヤーの直感で語られています。意思決定において直感は、バイアスの影響が避けられず、不合理なリスクがあるものとしてもとらえられる一方で、専門性や経験則を背景としたときには、制約があるなかでの最適解となる場面もあります。

過去のさまざまな組織的な失敗や事業経験、経営や業界における専門性を基盤とした直感は有用です。オーナー経営者であれば、この「うまく言語化できない直感に基づく意思決定」を機動的にすることができます。ともすると暴走や老害化するリスクをはらんでいますが、検討へのリソースや迅速な意思決定、非連続で果敢な意思決定ができることを踏まえると、むしろポジティブに働いていることも大いにあるでしょう。

もちろん、この直感はできるだけ言語化していくことが大切です。制約はあるものの言語化できる時間は一定あるので、自分の直感を分解して、合理性を確認して説明をすることは、意思決定のリスクを抑えるために必要となります。直感の根拠や背景を周囲も理解できれば、組織全体の経営の習熟度も高まるでしょう。中長期では後継者の育成を見据えたときに、オーナー経営者の頭のなかを理解することにもつながります。

なお、経営者の「勘」といわれるものは、経験や専門性に裏打ちされた「直感」と「シミュレーション」能力に支えられていると考えています。直感による意思決定の迅速化だけでなく、不確実性に対するシミュレーションをいかに深く、適切な解像度に基づいて具体的にできるかが重要です。物事を評価していく際に、具体的に状況をとらえ、最悪のケースと理想的なケースをイメージでき、状況に応じた対応策や検証方法を考えられることは、優秀な意思決定者に備わっている大変高度な能力です。

こうした能力を伴わないただの直感は、リスクの高いものです。そうであれば、それなりに時間をかけ、比較評価を適切にしていくほうがよいでしょう。あるいは経営者であっても、業界の知見が陳腐化したり、現場解像度も失ったりすることで、感情的で暴走した意思決定にならないように気をつけなければなりません。この「勘」は多くの場合、「これはうまくいかないだろう」という失敗のリスクに対して正しく働きます。それは、失敗は再現性が高く、過去の経験や専門性を活かしやすいためです。

理性と感情

意思決定においてロジックはたしかに重要です。しかし、**とくに複雑なケースになればなるほど、意思、感情、情熱の比重のほうが高くなっていく**ように感じています。だからこそ、むしろ感情の部分を意識した方がよいと考えます。

理性の部分のみであれば、データなど客観性のある情報をベースとした解釈や判断に基づくので、説明が容易です。今後は人工知能（ＡＩ）に従うことでよい意思決定ができるようになるかもしれません。ですが実際は、比較評価してもどちらも正しそうなケースや、未来の不確実性が高すぎて判断がつかない複雑で難しいケースも少なくないでしょう。そうしたときに、意思や感情が大切になります。なにかを実現するために大きなリスクをとる意思決定や、成功確率が低いとしてもやるべきこと、やる価値があると確信することもあります。

不確実性の高い意思決定においては、意思や感情が先にあり、それらをロジック（理性）で補強する場面が多々発生します。純粋にロジックで説明することが難しいときには、情熱や意思をロジックで適切に補強する必要があります。

大切なのは、**意思や感情に自覚的である**ことです。まず意思があり、感情面も含めて説明できること。それを踏まえつつ、バイアスや思い込みなど客観性を失いすぎていないかを慎重に確認しておくこと。感情であっても、前向きな意思であって、執着や保身などの負の感情でないかも自問すること。感情だけで決めてはいけませんが、無意識に影響されてもいけない。カーネマンも述べているとおり、感情を許容するからといってバイアスを許容するということではなく、直感や感情はバイアスを大きく受けてしまうからこそ、考えて結論を出すのです。

感情がないとそもそも意思決定自体ができないことが多いため、（ロジックだけで容易に解に導けるケースを除くと）ロジックを優先しすぎないほうがよいでしょう。比較検討に時間をかけているとリスクは排除できず、不確実性が高い事象については結論が出ないこともあり、やらないと分からないことも多いものです。また、情報収集や意見収集、コンセンサスを得ていくプロセスに時間や労力がかかりすぎるケースも散見されます。一定のロジックは尊重しつつも、感情や直感を認知して、客観視しながら適切に組み込んでいきましょう。

なお、感情と意思決定については「ソマティックマーカー仮説」も知られています。これは、感情にかかわる脳領域（前頭前野、特に腹内側部）に損傷がある患者の実験を経て導かれたもので、身体的な感情反応（不快感、心拍増加）が意思決定を助ける役割を担う、というものです。危険な選択肢に対し感情的な反応によって意思決定が促進されるなど、ここでも感情は意思決定において無視できないものであることが分かります。

column

ミッションを考えるきっかけとなった一冊の本

果たして自分のやりたいことは何なのか？

起業は、特にミッションを強く意識する機会になります。共同創業をする場合は、創業メンバーにおいて皆がどのような意思を持っているかを明確にしなければ、後々組織が空中分解するリスクが高まります。これは私も過去の実体験で明確に認知したことでもあり、ミーミル起業において共同創業者と人生でなにを実現したいかを話し合う機会を何度も設けました。共同創業前にすり合わせておくことこそが重要です。

私自身が言語化したミッションは、次のようなものです。

「意義があり、新しく、インパクトのある事業をつくりたい」

このように考えはじめたきっかけは、大学時代に読んだ1冊の本『利己的な遺伝子』（リチャード・ドーキンス著）でした。生物は、その生物に宿る遺伝子セットを最大化するべく行動しており（本能的にコントロールされている）、一見利他的に見える行動も、実は遺伝子セット単位で見ると利己的な行動ととらえられるというものです。バイオ系の学生であれば一度は読んだことがあるかもしれません。あくまで一つの説ですが、自分たちが生き物の目的として家族を守る、家族に財産を残す、よりよい伴侶を見つける、子どもの教育に投資する、お金を稼ぐ、消費する、といった行動もそうした背景で説明できます。自分の遺伝子セットをいかに増やすかが、自分の生き物としての意義。生物の仕組みを学べば学ぶほど、その遺伝子セットを複製していくため、本当に巧妙に美しい仕組みが作られていることに感動すら覚えます。

こうした経験や専門性に基づく死生観というか、生き物としての仕組みに基づく使命感やある種の虚無感を感じるにつれ、人生の意義について考える機会は増えるのですが、生命として生きる価値というのは、増殖するためでしかないのではないか。そのような考え方は、いまを生きる私たちにとっては酷な話でもあります。

ただ、この虚しい前提を認知し直視するからこそ、自分の生きる意義は自分で定めてよいと考えることができる。一種の本能にあらがってでも生きる意義を自分なりに再定義することの価値を感じることができます。

内容もさることながら、もう一つ、私に大きな影響を与えたのは、書籍に出てくる「**meme**（ミーム）」という言葉です。

「ミーム」とは、gene（遺伝子）とギリシア語のmimeme（模倣）を組み合わせたドーキンス博士の造語で、模倣によって人から人へと遺伝し、増殖していく文化情報を意味します。
遺伝子が体をつくるのに対して、ミームは文化をつくる。遺伝子は自身を複製することで、子孫に働きや特徴を伝えていきます。それと同様に、教育や文化も（形を変えつつも）次の世代へと引き継がれていくのです。一部の鳥類の鳴き声や動物による狩りなどは、遺伝子に書かれた情報ではなく、親から子への教育の結果であることが示されていますし（日本大百科全書）、すべてが遺伝子によるものではない。人間の持つ文化、とくに言語や、言語によって語り継がれる物語、宗教などもミームです（『サピエンス全史』／ユヴァル・ノア・ハラリ著）。

自分の生きる意味、「人ならではの価値付け」を、ジーンでなくミームのためと考えるとしっくりきたのです。**一人の脳のなかにある概念的なものを増殖させること。自分ならではのミッションや、あるいは新しい概念を生み出して増やしていくこと。**それが、人としての価値があるということなのです。

そしてビジネスを遺伝と同じように「増殖していく思想的なシステム」ととらえると、自分で新しくつくり生み出して残していけるというのは、人ならではの生き方であり、自分が人として残していくというとても意味があることではないかと考えたわけです。

実は、2017年に起業したミーミル（MIMIR）という会社名の由来の一つがミームです。組織・カルチャーによって、永続的に受け継いでいきたい私たちの文化的な遺伝情報「ミーム」が流れているのです。

次の言葉は創業にあたってホームページで社名の由来を説明したものです。

「ミーミル」は、受け継がれ進化する文化的情報因子「ミーム」と、北欧神話の神「ミーミル」を由来としています。

ミームは、ある種、私たちの生存の目的・意義ともいえる、遺伝子を超えて受け継がれる思想や文化などの情報を意味します。

Mimir（ミーミル）は北欧神話の知恵と知識の泉の番人であり、オーディンの相談役を務めた賢者で、人類に叡智を与えた神といわれています。

実際のところ、個人のミッションはどのようなものでもかまいません。その人なりの考え方や思想、それまでの経験や専門性などに立脚した自分なりに考え抜かれたものであれば何でもいいと思います。そう簡単には変わるものであってはなりませんが、固執することなく、そのときの状況や体験で変わること自体はあるべきです。人それぞれ、そのときどきの多様なミッションがあるからこそ、それぞれの人生が面白いものになるのです。

主体的な意思決定、主体的でない意思決定

なぜ、決めることを避けてしまうのか？

「経営者はなぜこうもエネルギーを消耗するのだろう？」

これは、経営者になって最初に感じた思いです。なぜか稼働時間以上の消耗感があります。働く時間自体は以前よりも短くなりましたし、資料作成や提案活動などの実務に費やす時間も相対的に減ったのですが、一日が終わると以前よりもエネルギーを消耗しているのです。年齢もありますが、それだけではない差分を感じます。

この背景には、意思決定が主要な仕事になったことがあると考えています。

意思決定にはエネルギーが必要です。疲れすぎていると、決めるべきものが決められなかったり、決めるエネルギーを適切に振り分けられなかったりします。大きな判断や多くの判断をすればたくさんエネルギーを使い、大きな疲労感を感じます。だからこそ、決める立場になるとエネルギーの消耗度合いが高くなるのです。同時に、このエネルギーを意識的に確保していく必要性も感じます。

私たちは、ビジネス現場だけでなく、日常生活から人生やキャリアまで、さまざまな粒度で無数の選択と判断に迫られています。これらの決定を意識して行ってみると、自分でも驚くほどエネルギーを使っていることが体感できるでしょう。知らず知らずのうちに毎日たくさんのことを決めているのです。意思決定はエネルギーを使うのです。

そしてそのエネルギーは有限です。だからこそ、うまく節約して適切な意思決定にエネルギーを割く工夫があります。ザッカーバーグやジョブズのように着ていく服の選択という意思決定にエネルギーを割かないために毎日同じデザインの服を着ている経営者がいるほどです。

負荷が大きいため、無意識に意思決定のエネルギーを使うことを避けてしまうことも起こります。これが意思決定の大敵です。疲れているときほど、意思決定を避ける無意識的な行動をとってしまいがちです。

ルーティン化も意思決定を無意識にスルーする要因になります。ただ、意識的に意思決定のエネルギーを節約する知恵だともとらえられます。たとえば毎朝、朝8時に起きて、まず顔を洗って、新聞を読んで、朝食を食べることをいちいち決めるのは大変な労力です。重要でないことは自分からルーティン化していくことで、より重要なことに意思決定のエネルギーを使えます。

「ここで意思決定をしなくてはならない」「自分はまさに意思決定の局面に立っている」ということを適切に自覚し、無意識に避けてしまうことがあることが分かれば、意思決定に必要なエネルギーを適切に使えるようになります。

意思決定エネルギーの節約と便利なサービスの弊害

意思決定はエネルギーを消費するので、重要でない意思決定（毎日の服選びなど）はしないで済むようにするのもよいことです。それは「意思決定を避ける、もしくは最小エネルギーで決めている状態をつくる」サービスが発展していることでもよく分かります。

テクノロジーの力によって、できるだけ意思決定のエネルギーを使わないで済む体験が作られています。ECで過去の購買履歴や類似した消費者行動をベースに商品をレコメンドするサービスがその一例で、自分に合わせたものを探したり比較検討して決める手間を省いてくれます。過去の履歴からおすすめされたり、ユーザーインターフェースの向上によって無意識にゲームアプリへ課金をしたり、コンテンツを眺めているうちに日が暮れていたりと、「人はできるだけ考えたくないし決めたくない」という傾向をうまくとらえています。

ただし、こうしたサービスが発展していくことで、決めないことが当たり前になってしまうと本末転倒です。あくまで強弱をつけて、重要なものは意識的に、そうでないものは意思決定しないでも済むように**すべての意思決定に大きなエネルギーを使うことなく、エネルギーを使う場面を見極める**。そしてその機会が勝手に通り過ぎないようにするのです。

意思決定のエネルギーを使いたくないというのは、有限なエネルギーを有効活用していくある種の本能ともいえます。しかし、決める機会をなくしていくことで、いつの間にか「決めた状態」が作られてしまいます。省エネにはつながりますが、無意識的に「流されている」状況が作られていく。サービスをつくるうえでは効果的な考えではある反面、こういった便利さは結果として、情報や選択肢が増えているにもかかわらず、それらを選択する（ことを意識する）機会が失われている状況をつくり出します。このような時代だからこそ、改めて意思決定の機会を認知することが重要です。

日常における意思決定の負担をどんどん軽減していく方向でサービスが進化していくこと自体は、必ずしも悪いことではありません。自分で意思決定するべきときと対象を取捨選択できれば、より有効な時間やエネルギーの使い方になるはずです。たとえば『SIMPLE RULES「仕事が速い人」はここまでシンプルに考える』（ドナルド・サル、キャスリーン・アイゼンハート著）では、思考をあえて単純化して意思決定していくことを提唱しています。5個程度のシンプルなルールを決めて意思決定していくことが、複雑な市場における意思決定において、精度が高く、迅速な意思決定を導き出すのです。

何にどれだけ意思決定のエネルギーを使うかは、個人の価値観にも左右されます。表現としてのファッションに重要性を置く人であれば服装にエネルギーを使いたいと思うし、食は人生の喜びであるとして毎日なにを食べるかに全身全霊を注ぐ人もいるでしょう。

重要なのは、すべてを意思決定するというよりも、**意思決定するべきときと、するべき対象を見極めて行う**ことです。

プロジェクトオーナーは誰？

主体的に意思決定を行うために重要な点としてもう一つ、「誰が意思決定者なのかを明確にする」ことがあります。意思決定者が自分である場合はもちろん、自分でない場合でもです。自分がオーナーでない、あるいは意思決定者でないのであれば、意思決定を最適化するために働きかけるのが役割であり、ましてやオーナーではないのに意思決定者のようにふるまわざるをえない状況は問題です。意思決定者が複数名いる状況は避け、意思決定はオーナーにゆだねてください。意思決定者が考えに考え抜き、責任を負って意思決定することが重要です。

当たり前のようでいて意外とありがちなのは、うまく進んでいないプロジェクトで「誰がオーナーだっけ？」となるケースです。とくにプロジェクトが拡大して、進めているうちに関係者が増えているケースでよく見られます。また、組織横断的なプロジェクトで、異なる組織がそれぞれ実質的なオーナーを意図せず複数立ててしまっているようなケースでもよくありま す。役職が上だからといって役職者がオーナーになるものの、忙しくて意思決定に時間が割けなかったり、他の業務との兼ね合いで優先度が下がったり、必要な解像度が足りなさ過ぎて意思決定の強度が持てなかったりするケースも散見されます。

会社で新しいプロジェクトを始めるとき、なにより重要なのが「誰がオーナーであるか」です。意思決定を誰がするのかを明確にしなければ、決める局面で混乱し、プロジェクトを推進していくなかで統制がとれなくなります。

オーナーによって、プロジェクトの成否や進捗は大きく変わります。責任は誰にあるかが明確になると、当事者意識と意思決定に向き合う強度が変わる。場合によってはオーナーを決めることが非常に難易度が高いケースもあるのですが、必ず明確化しておく必要があります。

これは、人生における選択でも同様です。自分の人生のオーナーはあなた。だからこそ、人生において重要な選択は自分で決める意識を持たなくてはなりません。他人に決められていないか、そのような状況に陥っていないか、自分を振り返ってみましょう。

明確なオーナーを一人決める

新規事業開発と買収後の統合プロセスのオーナーシップについてのエピソードを紹介します。

2020年に、SaaSの情報プラットフォーム上に、専門家に質問をすると24時間で回答が返ってくるというサービス「フラッシュオピニオン」を開発しました。これは世界でも成功事例のない新しいサービスで、エキスパート（専門家）からの知見獲得としては画期的だったと考えていましたが、新しいだけに市場から受け入れられるかはかなり不透明でした。この前身となる専門家の質問回答をコンテンツ化したサービス「エキスパートオピニオン」で得られたインサイトも参考にしており、サービスの価値に確信はありましたが、オペレーションが回るのか、よい体験を提供できるユーザーインターフェースになるのか、価格が妥当なのか、そもそもユーザーに受け入れられるのかは未知数でした。

ユーザーベースとしても、基幹サービスともいえるスピーダ上に、この新しいサービスをいきなり載せていくこと、そのための開発リソースを割くこと、質の異なる体験をつくることはリスクのある意思決定です。こうしたプロジェクトを、当時子会社化したCEOの私に、いきなりプロジェクトオーナーを任せる形にしたことは、振り返っても思い切った意思決定です。グループ内のエンジニアと開発プロジェクトの経験がない状態にもかかわらずこうした判断をしたことは、リスクはあるものの、オーナーシップを明確にするうえではとても重要でした。これによって、私自身は、組織における合意形成などに不必要に時間を取られすぎることなく、プロジェクトを推進できました。

さらに、初期開発の後の、提供拡大における投資判断についても主体的に意思決定でき、開発とマーケティング投資を大きく行うことで初期段階から顧客を獲得し、素晴らしいサービスの立ち上がりが実現できました。すぐに億単位のビジネスに成長し、3年程度を経て、主要サービスにまで育ち、まさにPMIを象徴する「未来を創るプロダクト」になりました。こうしたリスクの高いプロジェクトはオーナーを明確化し意思決定を一任することが非常に重要です。

買収後の組織統合も同様に、被買収会社のCEOである私が、統合する本体事業とグループにおける主要事業のCEOになり、PMIを主導していく意思決定がなされています。そうして、私自身が最適と考える組織や事業の統合を実現し、組織風土や文化も残すものは残し、統合するものは統合する。当時の経営陣で、このようなオーナーシップの意思決定ができたことは素晴らしいと思います。

こうした複数の組織や、事業やプロダクトがかかわるような複合的な状況のときは、両方に高い解像度を持つ人材もいないため、明確にオーナーは決めにくいでしょう。しかし、ここを不明瞭にするとかえって進まず、妥協した産物となってしまいます。オーナーを一人に明確にすることが重要です。

するべきときにするべき人が意思決定を行えば、意思決定の機会を逃してしまったり、オーナーが曖昧なまま決定されたりされなかったりすることは避けられます。失敗確率もある程度踏まえて意思決定をしているため、結果が伴わなかったとしてもその結果を受け入れ、学び、次に備えることができます。さらに振り返りを行えば、意思決定プロセスを改善していくことも可能でしょう。

主体的な意思決定から得られるもの

主体的な意思決定は自分自身で決めたと思えるからこそ、当事者意識を持つことができ、そのあとの実行でも主体的な行動につながっていきます。

経営者の場合は、基本的に自分で意思決定しているので当事者意識を持ちやすいのですが、社員にも同様にその旨を呼びかけた場合、そもそも上から決められたことに対して当事者意識を持つことは容易ではありません。そのため、会社でも経営者や上司などは、いかに皆が当事者意識を持てるかに苦心しているところも多いはずです。

当事者意識があると主体的な行動につながるので、皆がそうなっている組織は強いです。皆が自分で決めている感覚があるか、当事者意識を持てるかは重要です。

ただ、意思決定者でなくとも当事者意識を持ちやすいようにすることは、仕事の進め方や意思決定のプロセスによって可能な部分はあります。

2017年に創業したミーミルでは、バリューを決める場として、合宿を行いました。合宿といっても泊まり込みではなく、古民家スペースを会議用に借りて、当時10名ほどいた全スタッフで集中的に数時間会議を行いました。自社の未来をどのように想像しているのか、どうありたいのか。これらをそれぞれ自由に言語化し、付箋にその考えを記載してホワイトボードに貼り付けていきます。それらをいくつかにカテゴライズして、皆が発表し、追加議論をしていく。そのなかには、私の想定を超えたような意見や、興味深い切り口もありました。人の知見を多くの企業に届けて意思決定を支援していくサービスの可能性の大きさを改めて感じ、皆が深い共感をしていくプロセスでもあります。バリュー策定における一般的なプロセスともいえるでしょう。本当の意味でバリューを自分ごと化するためには、このプロセスが必要なのです。

こうして集約された複数意見の集合体をベースに、最終的に私が持ち帰って整理・言語化し、6つのバリューを定めました。そして、それらを皆で確認します。このプロセスを通じて、CEOが一人で考えたものではなく、まさに皆が決めたバリューになりました。「自分が決めた」

と皆がとらえることができ、それぞれが体現していくのです。

バリューはトップダウンで話しているだけではまったく浸透しません。皆が自然と日常における行動や意思決定にバリューを意識できていること、これが不可欠です。拡大していく組織におけるバリューの浸透は、それはそれで難しいところもたくさんあり、その後も試行錯誤がありました。そのための入り口としても、まずは皆が当事者意識を持ってバリューを決定をするプロセスをつくることが重要でした。

さまざまなプロジェクトや新規事業においてかかわっているメンバーそれぞれが当事者意識を持てるようにするには、**意思決定プロセスにメンバーを加え、自分たちが決めているという実感を持てるようにする**ことです。経営の課題解決においても、最初に関係するメンバーやマネージャーと共通課題意識を持つことで、「自分とは関係のない課題」ではなく「皆が解決するべき共通課題」となり、組織間や部門を超えた課題解決への動きにつながります。１ｏｎ１などでお互いが当事者として課題を共通化するステップを入れることで自律的に動き、成長しやすい環境ができていきます。

主体的な意思決定を振り返ることは、学び、成長する機会になります。自分で決めたことだからこそ、その決定プロセスを精査でき、意思決定の根拠を振り返った際に成功や失敗の要因が特定しやすいはずです。行動の結果がどうであれ、意思決定プロセスから学び、成長できるのです。

なお、意思決定の結果を振り返るといっても、中長期の戦略的な意思決定の場合は時間軸が長く、比較するべき「そうしなかったケース」もないので、振り返るのが難しいことも少なくありません。しかし、たとえそうであっても振り返るべきです。長期スパンのプロジェクトほど時間とともに失敗が風化していくため、意思決定プロセスを振り返ることができなくなると学びが少なく、同じ失敗を繰り返してしまいがちです。最終的な結果が出る前であっても意思決定自体を振り返ることは可能なので、意識しておきましょう。

また、意思決定について振り返るときに、その根拠として自分なりの仮説や確信が入っているはずで、そこをきちんと自覚しているかどうかも大切です。自分なりに不確実性のなかで取り得るリスクかどうか、それも含めて認識している必要があります。こうして意思決定をすればするほど、自分自身のバイアスや考えの癖の解像度が上がり、自己認知も高まることで、優れた意思決定者になっていくはずです。

結果ではなくプロセスを振り返る

意思決定を結果として振り返ると、たとえ客観的には失敗だったとしても、正当化したくなるのですが、そうではなく、プロセスを振り返ることで改善ポイントが見えてきます。

大切なことは、**結果が成功であれ失敗であれ、「結果オーライ」としない**ことです。適切に振り返った失敗のほうが、振り返りのない成功よりも次の意思決定の向上につながりますし、成功したからといって、意思決定プロセスも成功だったかは分からないからです。

必要な時間軸で情報を獲得できたはずにもかかわらず、十分な情報を集めずに行ったり、自分の思い込みをベースに安易に意思決定をしてしまったことはないでしょうか。あるいは、前提条件が変わっていたにもかかわらずそこに考えが至っていなかった、誰かの意見を鵜呑みにして決めてしまった、想定できた選択肢があったのにそれらを踏まえていなかったことはなかったでしょうか。これらは、たとえ結果が成功したとしても意思決定プロセスとしては不十分です。次の意思決定では不要なリスクを抑えるべく、**結果の検証とは別に、自身の意思決定についてしっかりと検証・評価を行っていく**必要があります。

これは逆のこともいえます。たとえば、ある新規事業の意思決定をし、その結果、事業が失敗したとします。しかしそれは、本当に「失敗」だったのでしょうか？　結果が失敗であっても、意思決定自体は適切であったケースはあります。新規事業自体は成功確率が低いものなので、ある程度の失敗は織り込んでおくべきです。新規事業の失敗確率をゼロにしなければならないとなると、新規事業を始めないことが正解になってしまいます。結果は結果ですが、それ自体を意思決定の失敗としてとらえずに検証・評価しましょう。

ミーミルが事業を売却して上場企業にグループ入りする意思決定を例にとると、結果的には成功といえますが、プロセスとして振り返ると不十分でした。つまり結果は成功だったものの、意思決定は失敗ととらえられます。

当時は、ＰＭＩに向けておさえるべきポイントが分かっていませんでした。グループ入りした時に、組織構造をどのようにしていくのか、開発体制をどういった形で組成するのか、エキスパート獲得投資や人員投資にどれだけ割り当てるのか、経営陣はいつまで残ってどのように引き継ぐのか、これはお互い解像度が低いと具体化できないし、不確実性は残りますが、ある程度想定しておく必要があります。

実際にＰＭＩを進めてみて、結果オーライではあったのですが、もっと事前に合意できていればスムーズになったし、むしろすれ違って大きな破綻的な状況に陥るリスクがあったとも思います。結果ではなくプロセスとしてとらえると改善点が見えてきます。

また振り返ることで、買収前でも、ＰＭＩのいくつかのポイントは具体化できることが分かりました。そのなかの一つが買収後のマネジメントについてです。マネジメントが継続するケース、しばらく残って移管するケース、速やかに移管するケース。移管先も、買収対象会社の内部の候補者を選定して引き継ぐケース、買収側の社内から出すケース、外部から引っ張るケース、そしてそもそもマネジメントを置かずに統合しきるケース。これらは具体化できます。

それらの学びを踏まえて、次に海外の会社を買収するケースにおいては、ＰＭＩイメージを時間軸や体制、マイルストーンを含めてかなり具体化して進めることで、早期に成果を出すことができました。


過去を振り返り、同じ情報や前提では自分は意思決定するべきでなかったということが分かれば、次回に生かすことができます。

振り返ってみてあまりに情報が少なすぎた、前提が違いすぎた、もう少し調べたり精査したりしておけばその失敗自体は防げたはず、といった状況であれば、たしかに意思決定として改善すべき、あるいは反省すべき部分があったかもしれません。しかし、十分な時間があることは稀であり、必要な時間軸のなかで情報を精査し、その先はやってみないと分からないという状況下での意思決定であれば、その失敗から最速で学ぶことができ、次に活かすことができます。あるいは、試した結果、うまくいかなかったとしても、自社としてその新規事業領域には参入しないと決めることができたとすれば、それはよい新規事業のチャレンジであり、あくまで失敗を正当化することではない意味で正しい失敗のための正しい意思決定だったともいえます。

私自身も多くの新規事業の失敗を経験していますが、失敗自体を後悔するというよりも、どのような学びがあったかを整理することに意味があります。これは次の事業に生かすためのインサイトを得るという意味や、新規事業のプロセス改善においてもそうですが、新規事業を始める意思決定、やめる意思決定の改善においてもそうです。

結果がよければすべての意思決定が正当化されるかというとそうでもなく、失敗だからといって意思決定が失敗とも限りません。振り返ることで意思決定の精度を上げていくのです。

損失回避の本能に抗う

意思決定は大きな責任を伴うので、その責任に耐えることは容易ではありません。損失回避バイアスもあり、人は失敗を恐れ、防御反応を起こします。このような自己防御は、人の本能だからこそ避けられません。「自分の意思決定ではない」という責任回避の行動をとらないように意識しておく必要があります。

誰かの意見で決めたり、全体のコンセンサスを一生懸命とったり、全員の意見を無理やり取り入れたりする。組織のなかでの失点を減らし、責任回避のために「自分の責任ではない意思決定をする」ことによってぼんやりした結果になる悲劇は実際によくあります。大企業では多くの人間のコンセンサスをとるプロセスが多く、複数部門の上司や役職者などの意見を尊重して決めていきます。それが機能するケースもあるかもしれませんが、とくに新規事業や非連続性・不確実性の高い意思決定においては、一貫性がある意思決定が重要になるでしょう。

意見として多くの情報を踏まえることは大事ですが、もっと重要なことは、**対立意見に対して自分なりに説明できる状態をつくりながら、ある種無視して決定したり、なにかしらのトレードオフを許容して意思決定をしたりする**ことです。社内であれば、ステークホルダーのマネジメントに長けていて、利害調整が上手な人であっても、一方を切り捨てたり、トレードオフを許容したりすることは難しかったりします。

ビジネスにおける重要な場面で、データの解釈やロジックの流れを自分で説明できない、あるいは他人の仮説や見方に依存的なケースもあります。また、重要な意思決定において、あらかじめ責任を回避するような行動を意識的にも無意識的にもとってしまう。そのような場面を見る機会は、実は結構あります。
個人の意思決定でも、自分の想いを脇に置き、他の要素に任せるという責任回避行動をとることは案外多いのではないでしょうか。意識的に考えないと、主体性がない意思決定に流されてしまうわけです。意思決定自体がエネルギーを使い、意思の負担が大きくかかるからこそ本能的に回避してしまうのです。

正しさよりも、後悔しないこと

では、どうするか。**正しい意思決定は難しいですが、後悔しない意思決定はできます**。自分で決めたことには責任を持てる反面、自分が決めていないと後悔するはずです。しっかりと自分が決めたという実感を持つことが、意思決定では重要なのです。まずは「意思決定を認知する」ことを意識してください。

自分で決めないまま流されたり、誰かの主張を熟考することなくそのまま受け入れてしまったり、複数の意見について取捨選択や優先順位を決めることなく放置したり。意思決定するべきときが来ているのに認知することなく、気づけば無意識に意思決定をしたりしている場合があります。意思決定するべき場面であるにもかかわらず、可能性を検討せず手元の選択肢に安易に飛びついたり、惰性で選択してしまったりするような、実質的に意思決定を放棄しているケースも見られます。

意思決定を認知することは重要なのですが、意外と抜け落ちがちで、気づけば意思決定を回避してしまっているのです。先に述べたとおり、意思決定自体が非常にエネルギーを使うため、できるだけエネルギーを使いたくない、消耗したくないからこそ、無意識に意思決定を避けてしまうのです。

顕著なのが現状維持の意思決定です。変わらないこと＝現状維持も選択であるはずです。しかし、変化をもたらす意思決定に踏み切れないから結果的に現状維持となり、「選択した」のではなく「選択しない」結果としての現状維持は、実質的に意思決定をしていません。実際には「決めないこと」「現状維持」も意思決定なのですが、決めることを意識しないがために結果として「現状維持」になったのか、あるいは意思決定として「現状維持」を選択しているのかでは大きく異なります。

現状維持の意思決定も、結果として決めていることにはなるので、意思決定しているという認知をしっかりする必要があります。なにもしないというのは、本当になにもしなくてそうなっているのではなく、なにもしないという選択をしてそうなっているはずです。

意思決定を改善していくための3つのアプローチ

意思決定を認知し、改善していくポイントをまとめると、「決めるタイミングを認識すること」「自覚的であること」「振り返りをすること」の3つです。最初はうまくできずとも、意識的に意思決定のタイミングをとらえていくだけでも、生き方や仕事の在り方に変化が起きるでしょう。

①決めるタイミングを認識する

最初のポイントは、「決めるタイミングを認識する」です。これが意外と容易ではありません。皆さんにも、「思えばあのときが分岐点だった」ということはないでしょうか。意思決定すべきタイミングであったことをあとで気づくことほど、悲惨なことはありません。

その場を強く意識的に過ごすだけでも、個人としての生き方がよりよいものになります。本書で強くすすめたいのも、意思決定の情報や方法などの前に、まず自覚的で、タイミングを認識してほしいということです。

しかし、決めるべきタイミングを適切に設定することは容易ではないでしょう。多くの意思決定が並行して起きることもあるため、優先順位をとらえつつ、それぞれ必要なタイミングに意思決定を行っていくことが必要です。また、この瞬間でしか意思決定ができないこともあれば、逆に「いまは決めない」と、あえて意思決定を先送りすることもあります。

意思決定にはもれなく時間的な制約があります。しかし、意思決定のタイミングは早いほどよいというものでもなく、あえて遅らせることがよいこともあります。早い方がよい場合が多いですが、情報が足りず、意思決定自体が大きく誤っている可能性もあるでしょう。決めてしまった判断を翻意することはとても難しいことです。だからこそ、重要な事象については意思決定のタイミングを計り、必要な情報を集めて自分の解像度・理解が進んでそれらが整ったタイミングこそ、機が熟したといえるのでしょう。

この意思決定のタイミングの重要性を認識しつつ、できるだけ早く、しかし拙速でない意思決定をしていくことが求められるのです。

明確で非連続な事象であれば、意思決定をするタイミングの認知はできます。しかしこれが、重要な局面の意思決定であるにもかかわらず、連続性のなかでの意思決定の場合は、適切にそのタイミングを認識してエネルギーを割かなければ、「意思決定のタイミングを逃す」ことになりかねません。

「人生は選択の連続（Life is a series of choices.）」（『ハムレット』／ウィリアム・シェイクスピア著）であり、意思決定のタイミングはつねにあります。目の前に意思決定の機会はあり、決めるべきときはいまなのか、いまではないのかを絶えず自問し続けるとよいのでしょう。


意思決定のタイミングを逃さないためにおすすめなのは、**「決めることはなにか」「誰が決めるのか」「いつ決めるのか」を毎回の会議において問いとして持っておく**ことです。

会社であればプロジェクトのオーナーは基本的に決まっているはずですが、曖昧なケースもあります。異なる組織間における利害調整の場面など、場面によって「これは私に判断してもらいたい会議なのか？」と、自分に決める役割が明確に求められているかどうかを確認するケースもあります。決めきれないケースもありますが、その場合はいつまでになにが分かれば決められるのかなど、意思決定までの流れを考えておきます。事象によって決めるべきタイミングを確認することは、当たり前のようでいて大事なことだと思います。

個人においても、決めるべき事象を期限とともに管理していくことは効果的です。意思決定はつねにスケジュールと一体化して管理しておきましょう。そうでないと、分かっていても先送りになりがちです。意外と重要で時間軸が長い事象（喫緊で迫っているわけではない）ほど、いつのまにか決めるタイミングを逸してしまいます。
自分の人生やキャリアについても、あとから振り返ると、かなり重要な意思決定をした場面だったと感じることはあると思いますが、そのときにきちんとその重要性を認識できていたかというと、そうでもないことが多いのではないでしょうか。

たとえば、先述した就職活動の事例は、「かなり重要な意思決定をする場面」です。「就職活動はきちんとできましたか?」という問いにはYesと答えられる人でも、「オーナーシップを持ってキャリアの意思決定ができたでしょうか?」「就職先として十分に考えて意思決定ができましたか?」と問われると、案外答えに迷ってしまうでしょう。皆が就職活動しているから自分も始めてみる、皆が受けているところに応募する、知名度のある会社に注目するなどを理由に、自分自身のキャリアの軸や価値観を考えることなく、「ただ動いている」状態になってはいないでしょうか。これでは主体的な意思決定とはいえないでしょう。就職において難しいのは、働いたことがないからこその情報の格差ではありますが(最近はインターンの機会も多いのでそんなことはないかもしれませんが)、ここで自分を見つめ直す機会をつくれば就職後の軌道修正ができるかもしれません。

「人生において後悔したことはなんですか?」と聞かれたときにいちばん多い回答が「勇気を

出して、もっと自分に忠実に生きればよかった」だそうです（『DIE WITH ZERO』／ビル・パーキンス著）。これは、自らを人生のオーナーであると認識していたとしても、知らずしらずのうちに意思決定をするべき時機と、事象を逃したということでしょう。

②自覚的である

主体的な意思決定とは、自分で決めているといえることです。その状態になるためには、まず、**議論・検討・提案を他人任せにせず、「決める」ことを明確に意識する**ことです。

誰かが決めてくれる、決めるための意見を出す、誰かの提案の通りに決めると考えるのではなく、「自分が決める」と思って情報をとらえると、その情報の見え方が大きく変わります。

また、決めることと、提案や議論をすること自体も大きく異なります。決定すべき事象について多角的に語って説明できる人でも、いざ決めるとなると躊躇したり決められなかったりすることが少なくありません。決めたことをあとから批判することは誰にでもできますが、決めることのつらさは当事者しか分からないでしょう。新任リーダーは、最初この「自分が決める」意識と強度が持てずに戸惑うことも多い。決める自覚を持つことは、難しいことなのです。

意思決定者であるか、そうでないかには、本当に大きな違いがあります。「決める」ということの認識とオーナーシップを持ち、結果に責任を持つことも強く認識しておきましょう。

③振り返りをする

最後に重要なのが「振り返り」です。

意思決定の精度は、どのようにしたら高めていけるのでしょうか。自覚し、決めるべきときに決めることができたというのは第一歩ですが、ポイントが「分かっている」と振り返りもできます。意思決定を自覚しているからこそ、何度も繰り返していくなかで意思決定のプロセスや精度を向上していけるはずです。

よい意思決定のためには、選択肢をたくさん用意し、情報を持ち、情報を見る目のために経験や専門性を習得していく必要があります。意思決定のための情報の扱いについては本書でも詳しく述べていきますが、そうしたものは最初から身についていないことが多いでしょう。

一方で、こうした知識や経験がなくともできる意思決定の向上の方法が「振り返り」です。

これは、企業でも個人でも重要です。

企業では意思決定後の検証が行われていることが多いですが、とくに長い時間軸の検証は、経営陣や意思決定者が変わってしまうなど、おざなりになっていることもあります。個人では、この振り返りはほとんどされていないでしょう。だからこそ、意識しておく必要があります。

個人は、自分なりに考えて決めたつもりでも、事業で意思決定をするように比較検討したり、さまざまな声を集めたり、客観性を持って情報を見て、仮説検証を十分高い精度で行うわけではありません。

企業活動であれば、投資対効果を検証したり、新しい施策の成果や進捗を計測したりして、これらを踏まえて追加投資や提供拡大など次のアクションを決めたり、あるいは取り組みを停止したりなどの意思決定がなされていきます。

しかし、これは個人でも、すべての意思決定において適用可能なはずです。たとえば、転職をした際に、転職した会社がどうも自分と合ってないのではないか、と感じたとしましょう。そのときに想定とどのようなギャップがあったのかを確認することで、再度転職すべきという意思決定をしたり、次の転職の際に確認すべきポイントをクリアにできたりします。また、年収が上がったけれどどうも楽しくない、というときには、自分のキャリアや人生においてなにが重要だったのかを改めて考えることができます。こうして次の転職の意思決定を行ったり、自分自身の意思決定の軸をクリアにすることができます。あるいは、入社当初はギャップや困難を感じていたけれど、自分はこの転職先でもっと仕事をやっていくべきという考えに至る可能性もあります。

プロセスを振り返ることで次の検証の精度を上げることができ、実施した選択を振り返ることでいまの状況についても肯定的にとらえ直せることもあります。

実際に、ユーザベースおよびミーミルにおける最終面接でも、とくに業界未経験者や組織文化が大きく異なる企業の経験者など、経験にギャップはあるけれどポテンシャルが期待できる候補者について「中長期でなりたい姿」や「個人としてのミッション」「仕事を選択していくうえでの軸」などを質問します。これらを言語化するプロセスをつくることで、未経験候補者が入社後に想定される仕事上の困難や想定とのギャップがあったとしても、原点を確認し、「自分がここにいる理由」をもとに、ぶれることなく乗り越えることができると考えるからです。これは当時の意思決定を振り返ることによって、今を正当化する（もしくは正当化できないときは別の機会を模索する）といったプロセスになります。もちろんこうしたことは時間の経過とともに変化することがありますが、その変化も自覚して逆に「自分がここにいるべきではない」と確信できれば、それはそれでよい機会となります。

執行プロセスについて改善ポイントを振り返ることはあっても、意思決定自体を振り返ることは少なく、意識しないと難しいです。振り返りは、意思決定プロセスの解像度を高め、次の決定の精度を上げてくれます。「そのとき、どのような状態だったのか」を振り返ることで、意思決定中は感情と理性のぶつかりもあって冷静に見えなかったものが、事後に見えてくることもあります。

俯瞰《ふかん》的に見る機会をつくる

経営でも、つい目の前のことに意思決定を引っ張られてしまうことが少なくありません。長期的に見ると失うことが大きいにもかかわらず、目の前のキャッシュや売上を優先して「決めて」しまうことがあります。短期的なゴールやKPI達成だけを目的として、細かすぎるモニタリングとマイクロマネジメントを無理に進めてしまうと、メンバーのコンディションが悪化します。主体性とやる気を失い、成長や現場の改善もなく、組織や事業として持続的な状態になっていなかった、というのはよくある話です。

短期的な視点や目の前の数字への強度はもちろん大事ですが、（とくに事業が大きくなるにつれて）それだけで意思決定をするのではなく、中長期で俯瞰的にとらえて物事を決めていく必要があります。

個人のキャリアについても同様です。たとえば、獲得したいスキルや実現したい世界観のために転職や起業をしたいと心の内では思っているにもかかわらず、現時点でのポジションや給与水準を維持するために、現状の仕事を不本意ながら続けているケースもあるでしょう。目の前の給料のために人生の目的を見失ってしまうことは、まさに視野が狭くなり、正しく意思決定ができていない状況です。

そのようなときには、自分が設定した生き方や経営の目的に立ち返り、問い直すことが重要です。「自分がやりたかったことはなにか」「会社において大切なことはなにか」という問いに戻ってみてください。


また、**「俯瞰的に見る」とは、抽象化して物事の立ち位置をとらえ、本質を見ること**でもあります。


生物学の有名な研究に、ワトソン・クリックのＤＮＡの二重らせん構造があります。教科書的には、生物の遺伝情報を担う物質としてのＤＮＡの構造を初めて特定した研究として名前が出てきますが、この研究の本質的価値は少し違うところにもあります。

ＤＮＡの二重らせんは、その内側にある４種類の塩基によってらせん同士が結合しています。そして４種類の塩基は２種類同士がペアになっており、Ａという塩基ならそれに対応するＴが、Ｃという塩基にはＧが対応する形で、片方が決まればそのペアが決まるようになっています。

この生物学においてもっとも有名な論文のひとつともいえる１９５３年の論文（It has not escaped our notice that the specific pairing we have postulated immediately suggests a possible copying mechanism for the genetic material. 我々が示しているこの特異的なペアリングから、遺伝物質の複製機構を示していることに、誰もが気づくであろう）の最後で触れられている「一方が決まればもう一方が決まる」という二重らせんの構造そのものが、複製を想起させるものです。この構造が生物の根源的な性質の一つである自己複製機構を示唆する考察に本質的価値があるのです。

事業においても、いくつかの事業の意思決定を抽象化してとらえていくことが大事です。プロダクトにおける新しい機能追加であったり、新しいコンテンツ投資、価格戦略、セールスのKPI設計など、短期的には売上や生産性向上などで一つひとつ説明できることもありますが、むしろ適切に抽象化して、これらがプロダクト全体にどのような価値をもたらすのか、顧客にどのような価値を中長期で届けようとする試みなのかを説明していくのです。

先述したフラッシュオピニオンというサービスも、言ってしまえばオンラインの質問回答サービスです。一方でより俯瞰的にこのサービスをとらえると、ユーザーが調査活動においてプラットフォームで人の知見を獲得・活用するようになる、という大きな行動変容を起こすチャレンジであり、人の知見の活用の仕方そのものを変えうる取り組みです。また、グローバルに進展しつつある「トランスクリプトライブラリー」という議事録コンテンツを蓄積してプラットフォームで届ける仕組みがありますが、それらとは異なるアプローチで人の知見のプラットフォームの実装を行ったサービスとも言えます。

中長期における非連続で大きな世界観を認知し提示していくことで、足元の売上の数字のアップサイドだけではないところに、皆のピントが合っていくのです。

主体的なリーダーを育てる

経営者思考とリーダー育成

主体的なリーダーを育てることは、主体的な意思決定とも深く関連しています。本章の最後のテーマとして、リーダーやマネージャーを「主体的な人に育てる」ために、マネジメントの観点から主体性について詳しく考えていきましょう。

これからお伝えする内容は、私が長年考え、取り組んできたことです。そして、全体会議や1on1の面談を通して、次世代のリーダーに伝えてきたことでもあります。

私自身はこの7年間で、大きな変化を経験してきたことが、こうした考えの背景になっています。創業者としての立場から、会社売却を経てグループの子会社へ、さらには複数の事業統括という立場を経験してきました。創業して自分ですべての意思決定ができる状態から、さまざまな組織の論理のなかで働くようになり、自分で作った事業と作っていない事業の両方をマネジメントする経験もしてきました。

小規模な組織から大規模な組織まで、多様なリーダーとしての責任の在り方を経験するなかで多くの課題に直面しました。そのなかで分かったことは、リーダー育成や評価、責任の持ち方について、**メンバーとしての成果の延長でマネジメントになっていくケースと、創業CEOとして最初からマネジメントしていたケースでは、大きな意識のギャップがある**ということです。創業CEOをやっているとその認識がないままなのですが、大組織のなかに、さらに自分で立ち上げた事業・組織とは別の組織をマネジメントする立場になったことで、ようやく認知できたことです。

リーダー育成と経営者意識の保ち方は、私自身現在も悩んでいることであり、継続して思考していくべきテーマですが、皆さんには自分なりのリーダーになっていってほしいと考えています。

マネージャーになるとは

「将才」と**「君才」**という言葉があります。これは、始皇帝がつくった古代帝国の秦の末期を収めた劉邦《りゅうほう》のエピソードで登場する言葉です。『最強の成功哲学書 世界史』（神野正史著）をもとに簡単にお伝えすると、このような話です。

劉邦が部下の韓信《かんしん》に、自分がどれほどの将の器かを聞いたところ、韓信はこう答えます。

「陛下ならざっと10万といったところでしょう」

続いて、「汝は如何に」と劉邦が続けて質問したところ、韓信はこう答えます。

「私なら100万の兵であろうが自在に操れます」

そこで、劉邦は疑問に思い、こう尋ねます。

「なんだと!?　余が10万で、そちは100万か。ならばなぜそちは余の臣下に甘んじておる?」

対して、韓信はこう答えるのです。

「私は兵を操るのに長けた『兵の将』にすぎません。しかし陛下は、将を使うのに長けた『将の将』です。兵の将では、将の将に及ぶべくもありません」

この韓信の言葉は、組織マネジメントにおいて非常に重要な示唆を与えてくれます。

韓信は、兵に将たる才（将才）、100万の兵を直接指揮できる能力を持っています。しかし、劉邦には将に将たる才（君才）、つまり優れた将を見極め統率する能力がありました。

優れたリーダーをマネジメントする能力があれば、より大規模の組織でも対応が可能になります。必ずしも自分自身が直接マネジメントする必要はなく、リーダーたちを適切にマネジメントできれば、より大規模な組織を動かせるのです。と同時に、直接的な部隊指揮能力と、リーダーをマネジメントする能力が、異なるものであることも示唆しています。

では、リーダーとはどのような存在なのでしょうか？

立場による在り方の違い

一般的なメンバーは他者からの評価を前提に成長していく必要がありますが、経営者の場合は必ずしもそうではありません。これは単なる立場の違いではなく、仕事に対する姿勢や動機付けの根本的な違いを生み出します。

組織内で働くメンバーにとって、評価は不可欠です。よい仕事をしても、それが適切に評価され、報酬や権限の増加、新しい機会の創出につながらなければ意味がありません。

一方、経営者、とくに創業者の場合は、必ずしも誰かから評価されなければならないという意識はありません。資本市場や株主からの信任や指名報酬委員会による選任などはあるものの、他者評価を気にかけていないことが多いです。評価を気にする必要が少ないからこそ、純粋に成果にフォーカスしやすくなります。事業がスケールして企業価値が上がることが最大のインセンティブとなり、その成果が誰の貢献かをわざわざ証明する必要性も低くなります。

重要なのは、シニアポジションになればなるほど、他者評価への依存度を下げることです。ジュニアレベルでは評価基準が明確で、評価に関するノイズも少ないのですが、シニアになるほど評価基準が曖昧になり、とくに中長期的な成果の評価は複雑になります。このため、過度に評価を意識することが、かえって組織の不健全さにつながる可能性があるでしょう。

効果的なリーダーシップにおいて重要なのは、**自分が評価される必要性を低く保ちながら、メンバーが適切に評価される環境を作る**ことです。経営者は確かに重要な意思決定や投資判断などの本質的な貢献をしていますが、実行段階での功績は実際に携わったメンバーに帰属するように配慮すべきです。

経営者や上位職になると、つい成果を独占したくなる傾向が出てきます。承認欲求が強い人も多く、「自分が頑張った」ということを強調しがちです。しかし組織の視点で見ると、経営者が承認欲求を前面に出すことにはあまり意味がありません。むしろ、周囲のメンバーが評価され、モチベーションを高め、主体的に動ける環境を作ることの方が重要です。人は自分の貢献が認められ、「これは自分がやった」と実感できる時に、より高いモチベーションと主体性を持って働けるようになります。マネジメントとしてはそれほど「自分がやった」という評価に固執せずとも、成果さえ出れば市場などからはマネジメントの評価になるので、むしろ評価は積極的に周囲に譲っていくほうがよいでしょう。

リーダーとは、孤独で評価されない存在

経営者やシニアポジションには、ある程度の孤独感は避けられません。そのため、外的な評価や承認に頼らない、内的動機付けの強さが重要になります。周りから褒められることで動機付けられる（外的動機付け）のではなく、自分の内側から湧き上がる実現欲求（内的動機付け）で駆動される人のほうが、周囲の主体性を引き出すマネジメントができるといえます。

これは多くのリーダーが共感してくれた話なのですが、リーダーはつねに不安を抱えているものです。

その要因の一つは、事業の手触り感がつねに間接的にしか得られないことにあります。人を介して情報が入ってくる状態で、直接的に継続して事業に触れる機会が限られているため、つねに不安な状態が続くのです。この不安は、かつて自ら執行して成果を出してきたリーダーにとって、当然の感覚としてとらえるべきでしょう。

自分が価値を発揮できているのかという点も要因でしょう。ほかのリーダーへの指示出しや相談、方向付けばかりをしていると、実務から離れているように感じ、現場に介入したくなる衝動に駆られます。しかし、この不安に負けて安易に現場に介入することは避けるべきです。むしろ、不安な状態を前提として受け入れたうえで、本当に自分が関与すべき場面を見極める意識が重要です。

リーダーの立場になると、「やることがない」ということは、ほとんどありません。上位職になればなるほど、受動的なイベント対応に追われることが多くなります。意思決定にエネルギーを要することは言うまでもありませんが、組織が大きくなるにつれてさまざまな問題がつねに発生します。大規模なクレーム対応、組織の危機、コンプライアンスの問題、重要な人材の離脱など、さまざまなイベントへの対応に追われることは避けられません。これも辛い現実ですが、そうした状況が前提としてあることを認識しておく必要があります。

そのような状況のなかで、リーダーとしては、当然受動的イベントの対応のみならず、中長期的に重要な施策や非連続的なチャレンジをしていく必要があります。そのうえで、サクセッションプランの策定やリーダーのアサインメントや育成、権限委譲、人材に関する課題への取り組みを行っていきます。とくに、非連続的な変革を実現できることは、優れたリーダーの重要な要件だと考えています。

また、さまざまなトレードオフやコンフリクトがあるなかで、的確な意思決定を行うことも重要です。とくに創業経営者の場合、社内での高い信頼残高があり、自身の意思決定に周囲がきちんと従ってくれる状態を作り出すことが容易です。だからこそ、大胆な仮説に挑戦できます。これは強いリーダーならではの特権ともいえます。もちろん、直感的な判断が外れることもあり、時には大きな失敗を招くこともありますが、必要以上に時間をかけすぎない果敢な意思決定と、それに向けた全社的な実行力は非常に重要です。

このような素早い意思決定とリスクテイクができることは、偉大な会社を作っていくうえで大切な要素となります。それを実現できるリーダーの存在は、組織にとって大きな価値を持つといえるでしょう。

部下を主体的にするためにできること

メンバーが主体的に動くためには、まず担当者やメンバーが主導権を握っていると感じられる状況を作ることです。たとえば、会議では上位職ほど最後に発言するのは基本的なことですが、意外と実践されていません。上位者は話したくなる傾向にありますが、全体へのコンテキスト共有以外では、できるだけ発言を控えめにしましょう。

傾聴と建設的な対話も重要です。最初から自分の考えを押し付けるのではなく、相手の考えを聞いたうえでそれを活かしながら改善点を提案するほうが効果的です。これは上位職にとって認知負荷が高い作業ですが、メンバーの主体性を引き出すために必要な投資といえます。

ただし、完全な新規事業など認知ギャップが大きいケースでは、必ずしもボトムアップが効果的でないケースもあります。そういった場合は、強い仮説を持つ人が主導的に進めるほうが適切です。一方、通常の事業進捗においては、現場の解像度の高いメンバーの考えに沿って進められるよう導くことが望ましいでしょう。

人を育てる際は、完全に任せきりにするのではなく、適切な枠組みを設計し、その範囲内でメンバーが自主的に進められている（もしくはそう感じられる）状態を作ることが重要です。そのためには、解を与えるのではなく、考え方やコンテキストを伝えることに注力すべきです。また、無駄な作業を発生させないよう注意しなくてはなりません。進捗確認のための過度な報告要求や、突発的な仮説検証の依頼など、上位者の解像度の低さから生じる無駄な作業が発生しがちです。かといって過度に遠慮して報告をスキップしすぎたり、適切な解像度を得ることを放棄することも問題です。

基本的に、不安になると直接やりたくなりますが、上位者が下位の仕事を直接実行することは避けるべきです。危機的状況など必要な場合は例外となりますが、それは本来あるべき姿ではないことを認識しておく必要があります。

メンバーを後押しする役割も重要です。とくに評価される立場の人間は、認められていない仮説に挑戦することに躊躇しがちです。そのため、ある程度の可能性が見込める場合は、積極的に支持を表明することで、チャレンジを促します。

感情のコントロールも重要な要素です。上位者が感情的だと認識されると、周囲が萎縮し、情報の出し方を過度にコントロールするようになってしまいます。また、メンバーとのコミュニケーションとしても、べき論や会社の方針をそのまま伝えると表層的な議論に終始してしまいがちです。メンバーからすると「それは分かっている、その上で話したい」というケースもあります。メンバーが権力勾配がある中でもフラットに情報共有がなされるようになるためには、形式的な「マッチョな」対応ではなく、とくにシニアポジションに対しては人として率直に向き合うことが効果的です。現場とそれなりに腹を割った議論をできる前提にならないと必要な解像度を獲得できません。

感情的な寄り添い方としては、相手の状況について理解しようとすることは重要ですが、必要以上に寄り添う必要はありません。ビジネス上の信頼関係を築くためには、「いい人」と思われたり距離感を詰めることは必ずしも必要なく、ビジネスパーソンとして信頼されれば十分です。すべての社員とウェットな関係性を構築することは難しいですし、むしろ人材配置や評価・抜擢においては感情にとらわれない判断も必要です。

リーダーの価値

リーダーならではの価値は「抽象化思考」と「関連性をつなぐ思考」にあります。とくに企業の規模が拡大していくと、初期に求められたプレーヤーとしてのエッジやエグゼキューションの強度から、リーダーとしてより組織への適切な影響力の行使が求められます。この抽象化できる思考があるからこそ、大規模な組織変革やM&A、あるべき新規事業の方向性などを適切にとらえることができます。

経営者の働き方について、私は最近、次のような表現を使って説明しています。それは**「単年契約」の感覚でポジションをとらえつつ、同時に「永久にいるかのように」未来を構想するという二面性を持つ**働き方です。

スケール可能な事業を作るうえでは、つねに単年契約のような感覚で自身の成果にコミットしつつ、「自分がいなくなっても組織は存続する」という感覚で組織基盤をつくり、後進を育成する意識が重要です。

その一方で、永久にいるかのように、中長期のビジョンを構築し、戦略を描き、成果がすぐには出ない非連続なトライをしていく。保有効果などもあって、権力を握るとポジションに固執する傾向は出てしまうので、それをあえて排除する思考も必要です。

そうでないと、非連続のチャレンジや現状を否定することも難しくなる。会社と自分を同一視しすぎず、一つの別の生き物であって自分がいなくても成立するという客観性も重要です。

未来のための種を蒔き、その成果によって次の年も自分の存在価値を示す。そういった形で、毎年新たな課題を作り出し、「契約を更新」していくような感覚を持つことが望ましいと考えています。

実は、単にポジションを守ることは、それほど難しいことではありません。社長という立場は、よほどのことがない限り解任されにくいからです。しかし、それは必ずしも健全な在り方とはいえないでしょう。

むしろ、非連続的な価値創造や自分の存在意義を中長期的な視点で追求し、自分で自分を評価しながら、残る価値があるかどうかを見極めていく意識を持つことが重要です。私自身、この4年間は「来年いなくなるかもしれない」という意識を持ちながら、つねに新たな価値を作り出すことで、自身の存在価値を自己認知してきました。

創業期は、このような意識を持つ必要はありませんでした。しかし、組織が成熟し、短期的には自分がいなくても組織が機能する状態になってくると（これはどの会社でも必ず訪れる段階ですが）より意識的にならなければいけません。

組織を健全に発展させながら、未来のための種を蒔き、自分にしかできないことを追求する。そうすることで、自分が組織に残り続ける意味が生まれます。このようなチャレンジを事業として楽しめるようになれることが、理想的な状態だと考えています。

自分なりのリーダーになるということ

成熟した組織・事業では、マネジメントがまず土台になります。一方で、新しいマーケットを開拓し新しい価値を届ける成長事業・組織であり続けるためには、マネジメントだけでは不十分で、そこに対していかに買収や新規事業、組織再編などの非連続性を乗せるかが重要です。新しい世界観を見せられるか、いかに事業に意思を持たせられるか、仕事に強くコミットしつつもそれ自体を前向きに楽しめるか、これまでの戦略や提供価値を通じた細部へのインパクトを与えられるか。これらがマネジメントやリーダーに求められるのです。

2024年現在、ユーザベースは、2022年に非上場化して組織再編や戦略変更、サービスブランドの整備を行っています。このフェーズだからこそ、多くのチャンスがあります。成熟した組織の成熟したマネジメントや創業したばかりのトップダウン創業者組織とは違う面白さがあります。創業から一定経過して事業や組織基盤はありつつも、再編して再出発していくフェーズ。まだまだ急成長を求められつつ、組織や事業が再編中であり、創業意識とマネジメント意識の両方が求められる。だからこそ、やれることや見える景色もあると感じています。これが、私がグループに入って毎年立場を変えつつもさまざまな事業に関与しながら継続をしている理由でもあります。

column

家庭における意思決定の難しさ

「人生においてなにがいちばん大事か？」という質問に、「家族」「家庭」と答える人が多いと思います。一方で、子育ても含めて、家庭という単位の幸福とは、なにを目指せばよいのかは非常に難しいものです。

個人や会社だとミッション・ビジョンが比較的クリアにできます。そこに合致している人が入ってきて、合っていなければ外れることができますし、個人だとミッションの変化を自己認知して行動を変えていけます。

しかし家庭という単位で考えたときに、おそらく「幸福」は追求しているものの、どのような幸福の形を目指しているのかに対して、明確に合意して家庭を始めることはあまりないと思います（共同創業する際のように、ここを詳細に合意して結婚できるとよいのですが、一般的にはそうなっていないですね）。どの家庭も、結婚当初と子どもが生まれてから、子どもの数やそれぞれの仕事、経済状況などを踏まえて時間とともに変化していきます。複数の要素が絡まり、幸せの在り方やそのための前提条件が変わっていくのです。

生きるための目的は、家の存続であったり、忠誠心と奉公だった時代もありました。こうした価値感も時代とともに変化します。人によって違いが出るのも当然でしょう。家族のためというのは人類において普遍的である一方で、その中身は時代と共に変わっていきます。

「お互いが仕事にまっすぐ打ち込めて、個人個人の仕事での自己実現を優先し続ける家庭」、もしくは「時間の共有を最優先し、家族の時間の確保をベースに、仕事やそのほかの事情を調整していく家庭」などさまざまです。文字どおり、家庭の形は一つではないはずです。お互いが目指す幸せの形を、ビジョンとしてある程度抽象化して合意しつつ、それらの構成要素の具体イメージも見えている。そこまで合意ができていれば、家庭も考えることができ、合致しなかった場合の対応も考えやすい気がします。

こうしたミッション・ビジョンをクリアにすると、家庭における意思決定がしやすくなります。家事はどう分担するか、家計の管理や出費をどうするか、子どもを何人ほしいか、子育てをどうするか、家をどこに買うか借りるか、お互いの親のお世話をどうするか、など。そんなに簡単にはいかないでしょうが、折り合いはつけやすくなるかもしれません。

当然ながら、経済条件や両親の事情、子どもの有無などは、コントロールできない要素はありますし、突発的に前提条件を壊すようなイベントも起こり得ます。

一方で、会社も個人も似ています。

変化のときに、ミッション・ビジョンに立ち戻り、価値観をすり合わせて意思決定していくのです。それらができると、お互いのモヤモヤが続くことは起きにくいかもしれません。そして、イベントごとに過剰に話し合わずとも、ある程度の合意ができているので推進力を生み出しやすくなります。

ミッション・ビジョンというと非常にドライに感じられるかもしれませんが、「お互いの幸せがなにかということについてのすり合わせ」とすると、話しやすいでしょう。抽象度が高いので粒度の難しさはあり、途中で考えが変わることもあり得ます。それでも、「創業したときに最初はどうだったか」という原点がお互いに合意できていれば、その後のコンフリクトも解決しやすいと感じます。

私が2022年に育児休暇をとった際、落ち着いて家庭を考えてみる機会ができました。育休取得は社内で推進する意図もあり、「育休コラム」（https://note.com/mimir_note/n/n73f2fcef59a3）をブログに作成して、社内のみならず社外にも公開していますので、よかったらご覧ください。

実は育休中に、妻と家族の定例会議を毎週行ってみました。仕事や住居や家計などに関するアジェンダを毎週決め、議事録を残すことをしてみたのですが、それがとてもよかったのです。家庭の放置されやすい事柄を、適度に認識を合わせつつ進めていく時間をつくることができたのはよい機会でした。

家庭としての幸せの形を追求し、そのための対話を継続的にしていく。会社運営と家庭は異なりますが、正直家庭の難易度は非常に高いものです。家庭は、「幸福になる」という非常にあいまいなビジョンで初期合意をしていることや、多くの場合は感情的な結びつきが起点になっていて、感情を起点に考えていく必要もあることなどがその背景にあると私は考えています。

ただ、会社の仕組みや考え方を一部入れることで、もしかしたらもっとよいものになるかもしれません。また、（実際にできるかどうかは別問題ですが）そもそも家庭のあり方を見直すときに、ミッションなどの考えを少しでも盛り込めると、齟齬《そご》が少ないものになる可能性はあるのかなと感じます。

第2章

見立てる

意思決定に欠かせない質問力と仮説構築力

経営での意思決定のための解像度、マクロとミクロの往復

意思決定における情報の見方、とらえ方、これらについても企業フェーズとともに変化します。

すでに述べたとおり、意思決定のためには情報が必要です。組織や事業が拡大していくなかでは、どの粒度で情報をとらえるかが大きく変化するので、それに合わせて見方を調整していく必要があります。

会社が50人程度のときの全社合宿で、「こうしてメンバーの顔と名前が一致して話せるのは、いまぐらいの規模までかもしれない」と話したことがあります。その後100人を超え、さらに組織融合を経て200人を超える組織をマネジメントしましたが、規模の変化によって組織やメンバーとの向き合い方や事業の手触り感は大きく変わります。

20人程度の規模までは、会社のことは隅々まですべて理解できます。メンバーの顔はもちろん、オペレーションの詳細やバックオフィスの動きまで、むしろ知らないことはありません。創業経営者は全方位的に稼働することが多く、営業や顧客の最前線にいることもあれば、採用から人事、備品購入や資金繰りまでそれぞれを動かしている状態でしょう。すべてが高解像度で見えている感覚です。

立ち上げなので、事業や組織もまだしっかりとできていないですし、そもそも事業が拡大するかどうかも見えていません。不確実性が高いからこそ目線は足元や少し先にあります。手元の事業や組織については十分に把握できていて、メンバー一人ひとりの顔はもちろん、個性やコンディションについても理解していて、個々人に合わせた属人性のあるマネジメントをしている状態です。

しかし、規模が大きくなると「以前ほどの解像度が保てない」という悩みが徐々に出てきます。創業時のころは自然と認識できていて手触り感があったことが、会社が大きくなると難しくなってきました。一方で事業の仕組みは固まりつつあり、未来の解像度が徐々に高くなり、1年先、2年先を考えて意思決定する機会も増えていきます。

100人規模になると、個別メンバーの把握は難しくなります。この時点でも全員の最終面接には入っているので面識は持てているのですが、個々人の解像度は低いです。だからといって把握を諦めるということではなく、組織の「把握の仕方」を変えていくということにすぎません。

規模が大きくなればなるほど事業が複雑化し、複数事業が立ち上がり、創業時のような解像度を確保するのは不可能です。事業や組織が持っている情報量は膨大になりますし、日ごろ触れている情報も同様です。

創業のころは自分のなかで、ほぼすべての課題に対して（本当に正解だったかはともかく）「こうするべき」という解を持っていました。しかし、会社が大きくなると、部署や領域ごとのリーダーや現場のメンバーのほうが、自分よりもよい解を持っていると感じることも増えます。そうしたときに、自分が、規模が小さなころと同じ役割を果たすことは難しく、適切でないと感じてくるのです。

逆に、いつまでも「自分はすべて分かっている」と思い込んでいることは危険でしょう。すべてを解像度高く知っていると思うのは、多くの場合、経営者の勘違いです。もちろん、解像度を高める努力をしていないのも問題です。

だからこそ、組織が大きくなると、「自分はすべてを分かっているわけではない」という前提で、自分よりも解像度の高い現場やリーダーを尊重しつつ、必要な粒度、必要な場面やタイミング、そしてどこに焦点を当てるかを把握して、見ていかなくてはなりません。

全部を解像度高く把握することは不可能なため、解像度を高める対象を絞ったり粒度をコントロールしたりしていくというよりも、そうしていかざるを得ない状況になっていくのです。

経営者個人の資質や能力によっても濃淡があるでしょう。いかに能力があったとしても、自分で立ち上げた会社であっても、ビジネスは複雑です。そして、規模が大きくなるほどに高い解像度を得るのが不可能になっていくことに違いはありません。

ますます複雑化し拡大していく事業において、どうすれば必要な解像度を保てるか

立ち上げ中の事業への解像度と、すでに規模が大きくなった事業への解像度の持ち方は異なります。バランスが変わるといったほうがよいかもしれません。前者はミクロ的な視点として、目の前の顧客やプロダクトの開発進捗、業務オペレーションの詳細などであり、後者はマクロ的な視点として、戦略や市場や競争環境などです。大きな組織や事業を動かしていくためには、解像度も必要でありつつ、抽象化思考がより問われます。組織全体や市場をどうとらえるか、そうした点も含めて俯瞰的にビジネスを見て意思決定していくことが求められます。

意思決定は、こうした高いレイヤーで物事を見るからこそできます。解像度が低すぎると、現場を顧みることができず、実現の可能性が低いことを分からずに意思決定してしまうということもあるでしょう。そのようなことを避けるためにも、マクロとミクロの視点を両方併せ持つ必要があります。

これは組織レイヤーに依存して変わるでしょう。10人程度のチームを持つファーストライン、50人規模ぐらいをチームリーダーとして見ていくセカンドライン、100人超で複数の事業を統括するサードラインなど、規模が大きくなるにつれて階層が増え、マネジメントとして得られる情報は間接的になります（ユーザベース前CEOの佐久間はNewsPicksトピックスの記事『「リーダーを構造的に育てる方法」。理論と実践』のなかでこれらの組織階層について論じています）。

実際に、一つの子会社の代表と本体の主要事業の統括をしながら、新規事業のオーナーとなり、新任リーダーへの移行期間としてやむを得ず一部のチームリーダーも兼任するような状況に陥った場合がありましたが、難しかったのは、それぞれ異なる情報粒度をとらえながらマネジメントする必要があったことです。

新規事業においては顧客解像度を直接高め、チームリーダーとしてメンバーをまとめながら、事業全体の責任者や子会社の代表としてはそれぞれのリーダーからの情報を統括していきます。マクロとミクロを複数のレイヤーを往復している感覚になるのですが、これでは情報負荷が高く、自分の処理能力を超過してしまうでしょう。

だからこそ、すべてのレイヤーで高解像度を確保するというよりは、必要な粒度を調整して、適切なレベルで解像度を保つバランスを意識しなければなりません。

こうした組織や事業とともに拡大する認知負荷にどう向き合うかは、永遠のテーマといってよいでしょう。また複数事業を統括していくと、事業によって専門性・解像度の高低も出てきます。私の場合でいえば、自身が起業したエキスパートネットワーク事業と、スピーダといったSaaS事業の解像度は異なります。事業や組織の大小やレイヤーの高低に加えて、事業ごとの解像度の違いが加わるとさらに状況は複雑です。

マネジメントするべき組織や事業がどんなに複雑化しても、少なくともハイレイヤーの意思決定について自身が行うことを放棄してはならず、むしろその場合はハイレイヤーの意思決定に集中できる状況を作ることが不可欠です。下のレイヤーの意思決定は委任していき、一方でハイレイヤーの意思決定はリーダー層などの意見や見解も収集しながら、自身で判断することが肝要です。事業が大きくなったり複雑化したりするほどに、全体としての一貫性や統制がとれないことが出てくるでしょう。だからこそ、最終ラインは必ず自分で意思決定できている状態を作り、そのための適切な抽象度での理解は確保していくことが求められます。

情報が目の前にあるとすべてを把握したくなりますが、それだけで容量オーバーになってしまうので、適切な粒度でバランスよく両方押さえるというのが、会社のフェーズの変化に伴う情報のとらえ方のポイントではないでしょうか。

大枠での大局的な見方と現場解像度を両立させること。鳥の目と虫の目のようなとらえ方を意識していくことは、経営における意思決定には必須です。

「問い」からすべてが始まる

意思決定の第一歩は「問いを立てる」こと

「決めるために必要だと思って時間をかけて集めたたくさんの情報が手元にあるけれど、情報収集はきりがない。決めないといけないのに、大量の情報を前に途方に暮れてしまった」
そのような体験をしたことはないでしょうか。

大量の情報を前に、かえってどう決めたらいいか迷ってしまう。情報は大量で多角的であるほどよいのは確かなのですが、膨大な情報があったとしても、それらを活かせなければ徒労に終わる。漫然と情報を集めるのは非効率です。そもそも意思決定においては時間的な制約があるのですが、情報をどのようなアングルで見ていくのかが定まっているだけでも、情報の取捨選択や精査、抜け漏れを防ぐことができます。

情報を見ていく軸があり、そこに沿った問いが設計できていて、その問いをベースに情報を眺めていく。そうすることで、効率的な情報収集が可能になります。

だからこそ、「問い」がまずは重要です。日々、たくさんの情報に触れているなかで、自分のなかでどんな問いがあるのか、どういったアングルで世界の情報を眺めているのか、これらを改めて見直してみるとよいでしょう。

問いが結果を左右する

私たちはテレビやニュースアプリ、SNSなどを通じて、たくさんの情報に触れています。知りたいと思えば、簡単に情報獲得できます。日々触れている大量の情報をどのように処理して、どの情報にアンテナを立てていくのか。情報をインプットしていくうえでも、その指針や軸が必要になります。

そのときに大事なのが「問い」です。問いを設定することで、情報を処理していくうえでの軸が作られます。大量の情報が流れていくなかで、自分が必要としている内容が見つかりやすくなるでしょう。正しい意思決定をしていくためには、自分の問いを明確化し、情報をそのアングルから見ていくことが重要です。

ただ、この「問い」の設定は簡単ではありません。問いを立てることは重要であるものの、「適切な問い」を定められるかどうかで結果は大きく変わってきます。これは『イシューからはじめよ』（安宅和人著）でも述べられているとおり、**課題を特定することのほうが、その解を出すよりも難しく、本質的であるため**です。

会社経営においても同様で、問いをうまく設定できればそれ自体で多くの問題は解決できたといってよいほどです。「イシュードリブン」ともいわれますが、会社におけるイシューの特定は解を出すよりも難しいのです。中長期目線で事業全体をとらえたときに、どこにイシューがあるのかを特定し、事業を見ていくかによって、会社のその後は大きく変わります。

問いはすべてつながっているか？

すべての行動は、ある種の問いを起点として駆動しているととらえることができます。**大きな問いから小さな問いへと接続し、最終的に行動に結び付いている**のです。

たとえば、「自分の人生の意義は？」という大きな問いは、「家族を幸せにできているのか？」「経済的な自由があるのか？」「年収の高い仕事に就くことができるか？」「市場価値を高められるか？」「来期に昇進するにはどうしたらよいか？」「第二四半期でのゴールを達成するために営業数字◯◯を達成するにはどうしたらよいか？」「達成のために顧客のアカウントプランをどのように設計すればよいか？」など、自分の目の前のアクションに対する問いに帰着します。

この「目の前の問いがすべてにつながっているか」がポイントです。

例に挙げた「来期に昇進するにはどうしたらよいか？」という問いが自分にあるとき、そもそも「なんのために昇進する必要があるのか」についての理由が考えられるでしょうか。問いが本質的であるかどうかは、最終的に自分の根源的な問いに到達できるか、ロジックの接続に破綻がないか、ほかの選択肢はないのかをつねに模索することではっきりします。

もともとは「家族を幸福にするためには？」と家族を最優先に掲げ、「年収を上げるためには？」「昇進するにはどうしたらよいか？」を追求していたのに、そのために時間投下をしすぎて、かえって家族との時間を犠牲にしているケースがあります。そうなると、最初の「家族を幸福にするためには？」という大きな問いを果たそうとしているにもかかわらず、結果として応えられなくなってしまいます。

このように、本質的な問いに立ち返ると、また違った問いが必要になることもあるのです。会社では、この「本質的な問い」がパーパスやミッションにつながります。

まずは自分自身の問いを明確に認知して、その問いを起点にすべての情報をとらえ、処理し、問いをアップデートしていきましょう。本質的な問いを設計していくためには、個人でも、企業のようにパーパスやミッションを設定してみるのがよいです。あとで変えてもかまわないので、あまり難しく考えすぎず、自分なりのアングルを設定するぐらいの気持ちでミッションを定めてみてください。

企業が中長期で実現したい世界観やパーパス、ミッションとの整合性をつねに確認するように、個人でも同様に設定しておくと、情報のとらえ方や意思決定がスムーズになるだけでなく、いざというときにも軌道修正がしやすくなります。

いま、もしくはこの先数年で、どのような問いに答えようとしているのか。自分にとって生きる意味とは、幸せとは、喜びとはなにか。そうしたことを問い続けていくと、自分の情報を見るアングルが明確になっていきます。

仮説を立てる

仮説が9割

情報収集の解像度を高めるうえで「問い」だけで十分かというと、そうではありません。その問いからもう一歩踏み込んだ「仮説」があるとさらに効果的です。先ほどの問いに対しての（暫定的な）答えといってよいでしょう。

ある情報を見るときに、「これは自分の問いへの回答になり得るだろうか」と考えるよりも、「これは自分の問いに対しての仮説と合致しているか、そうでないか」で見ていくほうが、より具体的に情報をとらえられます。

目的や背景を整理して、情報を見るアングルを決めておくことが重要なのです。

目的や背景は自然に整理されていますが、このアングルを決めることは意外とできていないケースが多いのです。情報がそこまでないなかで仮説を立てる意味はあるのだろうか、ということもありますが、それでも自分なりに、粗くても仮説は立てておくとよいでしょう。問いがあるだけで情報を見ていく大きな方向は決まりますが、そこに仮説を持っておくほうが情報の取捨選択や解釈の解像度が高まり、物事を見る際のアングルが整理できます。結果として、情報をうまく取り込みやすくなります。

問いが「情報を見ていく目的そのもの」であるのに対し、仮説は「問いに対しての仮の解」です。情報を収集した先の姿としてなにを想定しておくか、自分のなかでのストーリーを持っておくことが重要です。仮説を持って情報に触れることで、たくさんの情報が具体的に効率よく頭に入っていくはずです。「この情報は自分の仮説を補強するのか？　対立するのか？　もしくは別の可能性を与えるのか？」というように、具体的に仮説をブラッシュアップしながら情報を見ることで、仮説を強化し、ときに仮説を転換し、そこから意思決定やアクションに直結していきます。

たとえば先ほど例に挙げた「家族を幸福にするためには？」の問いに対しては、「収入を高めて、経済的な自由があれば家族は幸福である」という仮説があるからこそ、「年収を上げていくには？」の問いにつながっていきます。この「経済的自由が幸福である」という仮説が正しいかをつねに疑っていくことが大切でしょう。

仮説は、とくに時間的な制約が多いケースや、複雑性が高い意思決定の場合に効果的です。仮説があれば、少ない情報でも意思決定はしやすくなります。問いを持つのと同時に、仮説を持っておくという癖をつけておくと、多くの情報を自分が使いやすい形で取り込みながらスムーズに意思決定を行うことができるでしょう。

仮説を構築する

情報収集の基本として、まず仮説を構築し、そこを軸にして情報をとらえていくことが重要だと述べました。このように、意思決定をするための情報処理は、仮説ありきで情報をみることが重要です。

では仮説構築のためには何が必要でしょうか。

初期の仮説の精度は高いほどよく、高い精度の仮説のためには高い解像度の情報が必要です。しかし、いきなり高解像度の情報は獲得できない（処理もできない）ですし、最初から高い解像度である必要はないため、全体像をぼんやりとでも把握するために、まずは**概観の把握と論点把握**を行います。

仮説構築のリサーチの進め方についても、精度の高い仮説のためにはファクトの収集が重要です。信頼できる一次情報や、出典の精査ができる情報ほど質のよい情報になります。しかし、それらも獲得に時間や労力がかかるため、アクセスしやすい情報、二次情報でもウェブで閲覧できる情報や、書籍や論文やレポートなどの情報で、粗くてもまずは仮説を立ててしまうことも効果的です。

概要をつかんだら、次に、これらの情報に対して**論点を把握**します。この場合は、専門家や知見者の見方、意見情報の収集が効果的です。現状のウェブ検索ではこのオピニオンの情報検索はそれほどうまくはできません。SNSなども活用し、様々な見解を収集します、業界の専門家を特定し（前述の観点で多様なポイントに基づき特定する）、専門家の見解を集めていく。そして事実情報とオピニオンをベースに、自分なりの仮説を構築する。その場合は専門家のオピニオンがある種の仮説だったりするので、初期仮説のレベルであればそれを基盤にしていくと容易です。専門家の特定に時間がかかったりするケースもあるので、その場合はウェブ上の情報の中での意見情報をいくつか拾って、それらをベースに構築することも可能です。精度は相当に低い前提ですが、時間やリソースの制約を踏まえて迅速に仮説構築をする必要性があるケースなどでは有効です。

自分なりの仮説ができたら、**もう一度仮説に沿って情報を整理**していきます。事実情報についても、もう一歩深くみていく。この時に仮説をベースにして情報を処理すると効率的です。情報収集と共に仮説の深さや精度が徐々にアップデートされます。専門家からの意見も、解像度が高まっていくにつれてその信頼性も確認できるようになるし、ウェブ上の検索だけではなく、メールなどで質疑応答をしたり、実際にインタビューをしてみるなど、深い獲得方法にシフトしていくことができます。

これらの仮説検証のサイクルをいかに速くしていくか。事実情報と意見情報を行ったり来たりしながら深掘りして精査することが重要です。事実情報も詳細レベルだと、仮説をベースに把握していかなければ理解が及ばなくなりますが、一定のポジションをベースにとらえると整理できて、新しい論点もでてきます。サイクルを回しながら、らせん状に深掘りをしていく形が理想的な情報収集です。

いきなり一次情報へのアクセスに大変な労力をかけたり、専門家探索に時間をかけたりするのは、仮説が甘く情報処理が不十分になったり、意思決定が迫っていても情報を集めただけで終わったりするので「意思決定を目的とする情報収集」としてはこのサイクルを意識していくことがよいでしょう。

この仮説検証から解像度を高めていくスパイラルについて、どの段階で調査を終えて意思決定をするかは、時間的な制約や、情報獲得効率を踏まえた情報密度との投資対効果で決めていくことになります。一定のラインを超えると、調査で得られる解像度には限界がみえてくるため、実際に試していくことで得られる解像度のほうが重要になります。そこでは、調査に時間をかけすぎるより、それなりに筋のよい仮説が決められたら具体的に動いてみて検証していくことの比重を高めるほうがよいです。

なお、検証サイクルの長さと数は、**扱っている事象の不確実性と複雑性と時間的制約に依存**します。

不確実性が低く、複雑でもない、時間的制約もないものであればサイクルは少なく、それぞれのプロセスに時間とリソースをある程度投下してまとめて情報を獲得していったほうが効率的です。たとえば、社内での業務改善施策など、それなりの確度で見えていて時間的な猶予もあるケースでは、情報収集や専門家の選別などに時間をかけてよいです。

しかし、異なる業界への新規事業など、社内で知見もなく、また意思決定のポイントも複雑なケースは、サイクルを早期に回してチェックポイントを増やしていき、漸進的に取り組みつつ検証を高頻度で進めたほうがよいです。特に実行しながら、見えてくるものを適切に迅速に取り込んで仮説をブラッシュアップしていく頻度を増やしていくことが大事でしょう。調べていると際限なく情報を集めていきたくなりがちですが、調査時間が長すぎても期を逸したり、それ以上の精度向上があまり望めなかったりします。

仮説を最初に立てるための5つの原則

ここまで読んで、「問いや仮説の重要性は分かったけど、じゃあどうすればいいの?」と思っている方もいるでしょう。意思決定について、仮説やフレームワークの話をしている書籍は多くても、実際にどのくらい仮説を立てればいいのかなどは、経験を積みなさい、という話にとどまっていることが少なくありません。

そこで、実際にどう考えればよいか、基本的な原則をお伝えしていきます。ただし、これはあくまで最初の一歩目を踏み出すうえでの目安なので、仮説検証に慣れてきたら、早く精緻に繰り返すなど、自分なりの粒度・精度のバランスやフレームを見つけていってください。

［原則1］ 1回目の仮説は粗くてよい

本章でもお伝えしたとおり、仮説は仮説。まずは問いのアングルを定めることが大事です。「仮説が正しいか？」という視点はいったん脇に置いて、まずは設定してみます。

ビジネスにおいては、すでに仮説ができていたり、方向性が決まっていたりすることがあります。

ＢｔｏＣのビジネスにおいて商品やサービスが出ている場合には、すでに1回目の検証が終わっていると思ってよいでしょう。認知拡大や売り逃しについて、あるいはリパッケージをする方向性については、その商品の最初の売れ行きや最初のターゲットが仮説になっています。

ＢｔｏＢのビジネスでは、顧客とサービスについて整理してください。①顧客解像度が明確か、②そのサービスにお金が払えるか、の2つの視点で見ておくことが大切です。

初期仮説の精度はこだわりすぎず、まずは「石を置いてみる」感じで仮説を立てておきます。早めに検証サイクルに入ることが重要なので、初期の仮説設計に時間をかけすぎても意味がありません。解像度が不十分ななかでは、どんなに考えても限界があります。あまり気にせず、仮説を設計すること自体を優先させましょう。

そして、そのような初期仮説だからこそ、柔軟に検証ステップに応じて微調整したり変更したりすることも大事です。

この初期仮説がとてもうまく設計できると、その後のプロセスが効率的になることも事実です。顧客解像度がすでに高かったり、ペルソナが精緻にイメージできていたりするとよいですし、経験が浅い領域や事業であっても、精度の高いサービス設計につながる可能性が高まります。

[原則2] 仮説を立てられないときは、人の意見に頼ってみる

最初の一歩（仮説）をどうすればよいかが分からない場合は、専門家の意見や人のレビューが最初の仮説になります。

市場の意見は顧客解像度そのものであり、専門家の見解についても単なる情報だけでなく、その人のポジションから見てどうとらえているのか、という**評価やその人なりの仮説の視点が含まれている**からです。ただ、そこに依存しすぎるのもよくないので、あくまで初期仮説のとっかかりとしましょう。仮説を立てるのに慣れないうちは、人の意見を最初の足掛かりにして仮説をつくり、検証を進めてみることをおすすめします。

人の知見をどう使うかについては、次の章でお伝えします。

【原則3】仮説検証は最低2回

仮説が立ったら、**仮説検証は最低2回**と考えておいてください。

検証サイクルは、回すほどに解像度は高まっていきます。とはいえ、時間的な制約もあり、そう何度も回し続けられません。また、初期仮説だけだとあまりに粗いので、検証を一度でも回さないと、それはただの思いつきと変わりません。

たとえば、1回目として、デスクリサーチをベースとした事業仮説を構築して、サービス設計を行います。これを想定顧客に提示してみて実際に購入するか、いくらで買うか、想定していたユーザーのペインの解消に貢献できるか、などを確認します。

次に2回目のサイクルとして、追加で近接領域の事業関係者にヒアリングを行い、業界専門家からみた事業仮説をブラッシュアップします。それらを再度、想定顧客層（これらも仮説のブラッシュアップで変化する可能性はあります）に提示して検証する。

こうして、1回目はデスクリサーチベースでかなり粗い仮説ながら、具体的な仮説をベースとして想定顧客の解像度を高め、次に業界関係者による仮説のブラッシュアップを行って追加検証することで、情報を集めすぎることなく、一方で仮説も粗すぎることのないサイクルとなります。

もちろんこのサイクルで求める情報粒度や初期段階での解像度にも依存するのですが、1回目はできる限り早期化して顧客にあたってから、一定段階検証した仮説をベースに追加ヒアリングなどをかけていくほうが効率的でしょう。

これを行うだけでも、それなりによい仮説になっているはずです。

[原則4] 仮説検証の最大の制約は「時間」

仮説検証は最低2回というのは、あくまで最初の目安です。仮説検証は回せるならたくさん回したほうがよいことが多いですが、それは理想論です。

実際には、時間という壁が大きく立ちはだかります。その制約のなかで、自分が確信を持てる程度にしなくてはなりません。実際にどのくらいの解像度にすればよいのかは事業を進めるなかでバランスをとる、あるいはローンチのタイミングや外部環境に合わせてその段階でリスクも踏まえた意思決定をすることになります。

〔原則5〕 検証に困ったら「なにが知りたいのか」に立ち戻る

仮説検証の際、なにをしたらよいのか、どんな情報を追加で集めるべきか分からなくなったら、改めて「問い」に立ち戻るのがよいでしょう。過去データの解釈を知りたいか、現状を知りたいのか、未来のこと（展望）を知りたいのかといったことの整理ができます。

検証方法もさまざまで、いちばんシンプルなのは行動することではあります。たとえばスモールスタートしてみて検証するべきKPIを定めて期間を区切り、振り返るなどです。また、専門家インタビューや市場調査を追加で行うことによる検証も可能です。そこでも、追加の情報収集によってなにを確認したいかをクリアにしておく必要はあるでしょう。

整理の際には、既存のフレームワークに頼るのも手です。本書の巻末に実際のヒアリングで使える質問集があるので、そちらを活用して整理してみてください。

人は見たいものしか見ない

古代ローマの政務官で文筆家のユリウス・カエサルがこんな言葉を残しています。

「人は見たいものしか見ない」

仮説とバイアスを混同しないこと。これが、仮説を設計するうえで重要です。仮説は「仮」であることを認知できているので、説を変えていくことに躊躇しないですみます。一方で、無意識に（自分に都合のよいデータや情報を拡大解釈するなどで）結論を出している場合は要注意です。確証バイアスになり、無意識に情報を取捨選択してしまうことは避けるべきです。あくまで仮説としてであっても、認知しておくことに意味はあります。そしてその仮説がどのような前提に支えられているのかを整理しながら情報を見ると、仮説の修正も容易でしょう。

目的に応じた初期仮説はあるのか、それらを認識するところからスタートします。逆に仮説として認知できていないと危険で、バイアスになっているケースもあります。繰り返しますが、あくまでも仮説は仮説です。変わり得るもので、自分なりの不確実な説なのです。無意識に結論ありきで情報を見てしまうことは避けなければなりません。

仮説の精度を高める

最初は間違っていてもよいが……

仮説を構築するにあたってどのような考えを根拠としているのかを考え、それらのロジックとしての補強材料を明確化していくことで、なにを調べていくのかが明らかになります。この際の初期仮説では、「確からしさ」は重要ではありません。おぼろげであっても仮説を意識しているかどうかで、情報獲得の効率性や解像度がまったく変わってくるため、情報がかなり不十分な状態であっても、仮説自体は持っておけるとよいでしょう。

目的や初期の仮説構築に際しては情報獲得も欠かせません。初期仮説があまりにも粗い場合は、それらを少し前進させるための概要把握、論点把握が必要です。そのために、デスクリサーチやインタビューを行います。インタビューは人からの知見獲得ですが、その人のポジションを踏まえた意見情報の獲得というよりも、概観把握のための情報収集を目的としたヒアリングを行います。

近年、デスクリサーチでの概要把握はChatGPTをはじめとする生成AIの進化もあって、以前よりも容易になりました。ただ、情報の精査における一次情報、二次情報などの区別は必須です。氾濫する情報のなかで、すべての情報を一律に受け取ることはできません。

∷

仮説検証プロセス

仮説はどのように精度を高めていくのでしょうか。ここに**仮説検証プロセス**があります。

仮説は「設計→検証→振り返り→調査」の繰り返しのなかで磨き上げられていきます。意思決定はつねに時間との戦いであり、完璧な情報があるなかでの意思決定の機会などはほとんどありません。だからこそ、この検証サイクルを回して、完全ではないですが（時間的制約のなかで）十分な、適切なタイミングで意思決定をしていく必要があります。

不確実性のなかで、意思決定者なりの確信を持つ必要があります。そのための情報収集は、散発的で興味のままに情報を深く獲得していくものでも、知的好奇心を満たすものでもありません。とくにビジネスでは、完全な調査はできないなかで意思決定を迫られるシーンも多く、論文作成のためのような、網羅的で慎重な調査とも大きく異なります。また、試してみないと分からないこともあるでしょう。調査・検討に時間をかけすぎるよりは、いったんやってみて、その結果を踏まえて次のステップに進む。ある意味、検証サイクルに実行を組み込むイメージでもありますが、トライしてみて検証するほうが早いケースも少なくありません。

これは、多くの選択肢からシナリオ構築し、比較評価を行って意思決定していく経営現場で見られるプロセスではなく、創業や新規事業の現場では多い、時間的制約が厳しいなかでの単体評価を掘り下げていく場面で、とくに効果的といえます。並行してシミュレーションを進め、そこに沿った仮説構築と検証を進めていってください。

意思決定には時間的な制約があり、不確実性が高い未来に対するアクションであり、しかも目的性が高いものです。問いがあり、仮説があり、その検証サイクルを高速で回していく。こうすることで、目的に応じた意思決定が最速かつ期待した精度でできるでしょう。

繰り返しますが、初期において仮説の正しさは重要ではありません。仮説が正しいかどうかというよりも、仮説をベースとして情報を獲得し、得られた情報をもとに検証し、精度を高めるチューニングをする、もしくは抜本的に仮説を変える。最終的には情報をベースに、自分なりの仮説からストーリーにまとめて意思決定を行います。

だからこそ、「**まずは仮説**」なのです。

検証のために、情報を精査する

それでは、どのように情報を精査していけばよいのでしょうか。

初期的な整理としては、一次情報かどうかの区分をしていく必要があります。情報を解釈していくにあたって、情報は一次情報、二次情報を整理して受け取っていきましょう。情報の獲得チャネルや情報の中身を踏まえて、強弱のある受け取り方をしないと、混乱が増します。

次に、情報獲得チャネルを使い分けていきます。情報獲得チャネルについては、マスメディア、SNS、論文、雑誌、書籍、専門誌など多様なものがあり、獲得したい情報の内容にもよりますが、それらから網羅的に初期情報を獲得していきます。

また、意思決定をしていくための情報整理としてフレームワークも意識していかなければなりません。ある種のシンプルな構造に当てはめて情報を整理し直すことで、大量の情報についての論点も整理されます。

第3章

分かる

情報をベースとした意思決定とは

経営における意思決定、情報理解の仕方

経営における事業の進捗や状況を理解するために、どのような情報を把握するのか。初期ほどより定性的で、むしろ事業が大きくなるほど数字に依存的になります。

事業の初期段階では、数字を可視化していくことに投下するリソースは十分ではありません。CEOを含め皆が現場にいるので、個別の顧客活動や組織状況への解像度は十分高くなります。数字も重要ですが、それ以上に、解像度に基づく定性的な感覚も大事で、不確実性がある仮説をベースにリスクをとって意思決定していく意識が必要です。

一方で規模が大きくなると、むしろ数字でなければ分からなくなります。局所的な事象や感覚に引きずられると全体がとらえられない。全体として大きな生産性低下や受注率の低下、顧客獲得コストの増大が起きているにもかかわらず、個別

の事象でまだうまくいっていると安心してしまう。あるいは、全体としてうまくいっているにもかかわらず、失注や解約、クレームといった一部の事象を過大にとらえ過ぎて、全体の生産性を低下させるような施策を組み込んでしまったりもします。

ＫＰＩを定め、数字を可視化することで全体感がとらえやすくなるでしょう。投資対効果を算出し、比較検討して説明責任を果たしつつ、意思決定していくことが求められます。

重要なのは、意思決定での情報のとらえ方は、事業や組織フェーズによって異なるということです。立ち上げフェーズでのＰＭＦ（Product Market Fit）における意思決定と、競争環境のなかでの意思決定、市場が成熟したなかでの意思決定は異なります。

創業初期のころは、より迅速に、不確実性のなかで果敢な意思決定が求められます。大胆な仮説であっても、それらについて早期に仮説検証のサイクルを回し、これを少人数のメンバーのなかで、創業者の頭のなかに描いた絵をベースに意思決定していくことが重要です。

なにしろ不確実性が高く、未来の姿も不明瞭なので、創業者はビジョンを示しながらも、どんどん意思決定をして、その結果の積み重ねでもって、皆の解像度が高まっていく。こうしたプロセスのイメージを私は持っていました。

創業した時はやはり仮説偏重で、こうなるに違いないという「思い込み」や「願望」に近い仮説で意思決定をし、推進し、当たりはずれが出て、それを基に設計し直すというサイクルでした。

やってみることで得られることが多い一方で、原体験をベースとした想いはきちんと保持し、ビジョンやミッションがブレることはありませんが、戦略や戦術はひたすら柔軟に進めていくような形です。柔軟性を持たせると、途中でなにがしたかったのかを見失う瞬間が出てくるのですが、そうした際にビジョンやミッションを言語化しておくことは、自分達が戻るべき場所になります。

たとえば私が創業した会社ミーミルでは、企業の課題解決に多くのエキスパートが知見提供する「エキスパートネットワーク事業」を運営するにあたって、まずエキスパートをどう確保していくのかが最初の論点になりました。

人の集め方はさまざまです。オウンドメディアを立ち上げたり、人づてにリファラルをしたり、人材データベースを確保している会社と提携したりします。

最初に思いつくのは広告です。ウェブ広告で副業希望者を募集します。数だけを追求するならば、間口を広げて認知を拡大し、とにかく誰でも登録してもらう形にする場合が多いでしょう。実際、最初に集めたお金で広告投資をしていくことも検討していました。

しかし実際には異なるアプローチをとりました。それは、候補者に個別に連絡して登録を誘致する方法です。広告とは逆に、むしろ間口を限定したのです。声がけしたエキスパートや関係者から推薦があった方のみに限定して集め、エキスパート登録フォームも限定招待とすることで、自然流入を排除していました（その後は人口を限定せずに承認制に移行し、ネットワークの質を保ちつつ拡大スピードの向上に努めています）。

広告では、広くたくさん募集できる一方で、どんな人が集まるのかはコントロールできません。やれることといえば、媒体の選定や、エキスパートの質や内容について告知内容を調整することくらいです。最初だからこそ、私たちが望んだ人材を確保し、品質として自信を持てるようにする。そのプロセスを通して、私たちもエキスパートの志向や属性について解像度を高めることができるのです。

実際に数か月かけて1000人程度登録者を集め、サービスを開始したのですが、手間も時間もかかりました。創業初期の売上もたっていない頃にひたすら人と会っているというのはリスクのある意思決定でしたが、私たちのサービスへの想いや思想がよく反映されたアプローチだったと思います。

この意思決定の背景に、エキスパートの質にこだわり、自分たちで直接連絡して集めていったことがあります。対面で面談を行うことで、獲得チャネルやエキスパート自体の解像度を高めようというものでした。

結果として、こうした思想面も含めて多くのエキスパートに共感をいただきました。サービスのコアである品質に対して自信が持て、信頼感のあるエキスパート基盤構築ができたのは、初期段階においてとても重要なことでした。次のステップでそれを拡大していくことに注力していくのですが、こうした品質におけるフォーカスは、会社の思想として事業拡大しても受け継がれ、エキスパート評価や、エキスパートアワードといった表彰式を含むエキスパートエンゲージメントの仕組み構築にもつながっていきました。

小回りが利き、不確実性の高い初期フェーズでは問題がなくても、組織規模が大きくなると、創業者が自分の頭のなかの仮説をベースに勝手に意思決定していくことはリスクが高まります。そして、意思決定における説明責任も必要なため、大きな組織を動かすには粗い仮説のみだと不十分になっていきます。階層構造が徐々にできてきているなかで、リーダーに対して、意図やコンテキストを共有しつつ、彼らの解像度も取り入れながら意思決定プロセスを回していかなくてはなりません。当然、データの活用や、比較評価におけるシナリオ構築なども不可欠です。経営者個人の理解というよりも「組織として理解する」ことが重要になります。

社内にいくつかの部門やチームができ、権限委譲も進め、リーダー層が自律的に意思決定していくことも求められます。

組織が拡大するごとに内部の説明コストも高まります。同時に、それらに対応する社内の制度設計が欠かせません。意思決定が以前の組織のときほど迅速ではなくなるため、多数の関係者に説明し、承認プロセスも必要になります。小規模な組織で機動的に意思決定と実行ができたころに比べると、ストレスがたまることも多いのですが、大規模組織を動かすためには重要なものです。このようなフェーズの移行に伴う意思決定の仕組みの変化は、組織のスケールのためには避けられないでしょう。

創業してからの規模が拡大していくにしたがって、私一人だけでなく役員や現場も含めた人たちでも決めていけるように、意思決定のプロセスを変えていきました。結論だけを伝えるよりも、その背景や思考プロセスを説明するように心がけて、意思決定の背景を共有できるようにしたのです。

一方で、経営者ならではの中長期の視点や競争環境への洞察は必要ですし、新規事業にチャレンジすることもあります、こうしたときには、思い切った自分の仮説を信じた意思決定の必要性も感じます。

情報のキホンと重要性

情報と意思決定における多くの誤解

意思決定にまつわる情報に関しては、多くの誤解があります。情報と意思決定については、『SIMPLE RULES』でも知られるキャスリーン・アイゼンハート教授の論文（K. M. Eisenhardt (1989). Making Fast Strategic Decisions in High-Velocity Environments. The Academy of Management Journal, Vol. 32, No. 3, pp. 543-576.）で、次のような結論が導き出されています。

- 情報を広範に集めないほうが早い意思決定ができると思われているが、実際は**多くの情報を活用している**企業ほど意思決定が早い
- 多くの案を考えないほうが早い意思決定ができると思われているが、

実際は**多くの代替案を検討している**企業ほど意思決定が早い

- 経営者が1人だけで決めたほうが早い意思決定ができると思われているが、
実際は**「アドバイザー」を活用している**企業ほど意思決定が早い
- 対立意見がないほうが早い意思決定ができると思われているが、
実際は**対立意見を出し、それをうまく解決する**企業ほど意思決定が早い

これらは一見当たり前のように見えますが、経営の現場では、意外と意思決定のための情報収集プロセスが軽視されています。正直なところ、私もかつては次のように考えていました。

「多く情報を集めても、意思決定の早さが阻害されるだけ」
「複数のプランを並行して考えても、それほど意思決定の精度は上がらない」
「分かっていないので、外部のアドバイザーは不要」
「対立意見をいちいち戦わせることで意思決定がよくなるとも思えない」
「意思決定は早いほどよいからすぐ決めるべき」
「すべて自分が決めるべき」
「必要な情報はすべてそろえておかないと失敗する」
「意思決定の失敗はありえない」

時間的な制約があることは確かですが、意思決定を重ねていくといつしか生存者バイアスから過去の成功体験から、自分はそれほど情報を集めたり事前プロセスに負荷や時間をかけずともよい意思決定ができる、ととらえて、プロセスについて軽視しがちにもなります。改めて多くの情報活用や代替案の検討、対立意見の取り込みなどを意識していく必要があることが分かります。

アドバイザーの活用については、誰かに意思決定をゆだねたり、依存したりするわけではなく、あくまでアドバイザーとして、情報の読み解き方や整理、第三者としての客観性もしくは専門性を活用することに意味があります。ある情報に対して、専門家の目を通して理解を深めていく、といった手法も有効でしょう。

「少ない情報で素早く意思決定を行わなければならない」という考えの罠

先ほどお伝えしたように、**情報は多ければ多いほど、意思決定の精度は高まります**。少ない情報での意思決定は大きなリスクであり、できる限りの情報収集はとても重要です。

ただ実際には、情報を集めるには非常にコストがかかります。「情報をたくさん集めても、整理が大変だし、あまり意味がない」という意見もあるでしょう。もちろん、やみくもに集めても意味はありません。石橋をたたくように情報だけ貯めて検討を重ね、無意味に時間が流れたり、意思決定だけ先送りされたりするようなケースは避けてください。

重要なのは、先述した「設計↓検証↓振り返り↓調査」の検証サイクルを適切に回していくことです。とくに不十分な情報で意思決定することはありますし、それを過剰に恐れるのもよくないことです。

一方で、意思決定は限られた情報で果敢に行うもの、という意識が強すぎて、情報量が軽視されていることもあります。そのため、経営という高い次元の意思決定において、情報量が重要視されていないように感じることも意外と多くあります。

経営は複雑です。不確実性の高い未来に対する意思決定のため、変数が多く、情報の多さによって意思決定の精度が上がる実感を持てないことが多いからかもしれません。しかし、必要以上に少ない情報で意思決定を迅速に下すことを過剰にとらえすぎて、情報収集がおろそかになることは避けるべきです。非常に複雑であるからこそ、情報が十分になることはありませんが、だからといって少ない情報で十分ということはありません。

情報プラットフォームの発達やウェブでの情報収集、人へのアクセスの容易さも相まって、情報獲得の投資対効果が以前よりも高くなり、小さな投資で圧倒的な情報量や精度を獲得できるようになっています。情報獲得への向き合い方は変化しているというのが実際で、これまでのように限定情報で迅速な意思決定を行うというよりも、限られた時間のなかで、より効率的に情報獲得投資をしながら、意思決定の精度とスピードを両立させる努力を意識的に行えるようになりました。こうした情報獲得手段の多様化や進歩を踏まえ、この活用方法に習熟している企業とそうでない企業の差分は、さらに大きくなっていくかもしれません。

企業の競争力においても、意思決定の精度とスピードをいかに高めるか、そのための情報獲得基盤をいかにうまく活用していくかが、今後大きな分かれ目になっていくと思います。

切り口を持つ

情報をたくさん集めたとしても、いっこうに決断ができないという人もいます。**情報があればよい意思決定ができるかといえば、そうとは限りません**。日ごろから一生懸命インプットに努めて情報を集めるのに長けていたり、高い処理能力があったり、膨大な情報を持っている人もいます。そうした人であれば最適な意思決定ができるわけではないのです。実際に皆さんの周りにもいるのではないでしょうか。

重要なのは、**仮説や自分の意思を確認する**ことです。自分の意思を確認するためにミッションを言語化してみる。そして、仮説を構築して、その視点で情報をとらえていく。そうすることで、情報が少なくてもよい意思決定ができるかもしれないですし、たくさん情報を集めることでの投資対効果が高くなるはずです。

あまり難しく考える必要はありません。仮説は検証し、ブラッシュアップしていくものなので、まずは「切り口」を意識してみてください。

自分のミッションや仮説などをベースに情報を眺めていくと、価値ある情報が見極められるはずです。やはり重要なのは、どういった視点や切り口で情報をとらえるか、です。散発的な情報であっても、自分のなかの仮説や視点があれば、それらがつながってストーリーになっていきます。そうなると自分の知見に深く組み込みやすいので、質の高い情報のインプットとなるでしょう。

ただし、実用性や目的に即して情報を眺めすぎると、情報のインプットの幅が狭くなり、逆に視野を狭くするリスクもあります。単純に、自分の興味関心のままに見ていくスタンスも必要です。**ときには探索的に、**と考えておきましょう。

情報が選択肢を増やす

情報がないことで、意思決定に対して主体的になれないケースもあります。十分な情報がないと、自分なりの意思決定が難しく、他人にゆだねたり、意思決定を回避したりしがちです。情報だけあっても、それらを整理し、構造化し、理解し、結論を導き出すことは（その領域の専門性がなければ余計に）容易ではありません。その情報をどのように見て解釈するか、それは専門家のように膨大な見識に支えられた判断になってくる部分もあります。専門家であればどう考えるか、どのようなポジションを取り、どのような意思決定をするのか。こうした複数視点の意見情報を集約し、取捨選択していくことで、大量な情報を基盤とした意思決定の難易度は大きく下がります。

すべての専門性を獲得するのには限界があるなかで、事実情報だけでなく意見情報を活用することで、情報の精度が上がり、主体的な意思決定ができるようになるのです。

現在では、情報獲得自体は非常に容易で、大量の情報にアクセスできます。その分、情報を漫然と集めると情報に溺れてしまうかもしれません。ただの情報収集ではなく、意思決定をするためという目的のもと、情報をとらえていく軸が必要です。

情報を集めていくうえでの軸。それが問いであり、その問いの自分なりの仮想の解が仮説であるといえます。こうして、問いと仮説があるなかでこれらを通して情報を見ていくと、より効果的な情報獲得が可能になります。

この、情報の精度を上げることについてはのちほど詳しくお伝えすることとし、まずは、意思決定のために情報をどのようにインプットしていくべきか、収集方法や収集するうえでのアングルの設計について整理していきます。

情報の階層と粒度を意識する

情報を見る目を養う意味での、**問いの構築や仮説設計の重要性**については解説してきました。では、そのうえで、どのように情報を集めていけばよいのでしょうか?

情報収集におけるポイントはズバリ、**情報の「階層」を意識する**ことです。

この階層は「○次情報」と呼ばれています。「○次」の数字は、情報が人や機関をまたいだ数で、**数字が大きいほどその情報に解釈や意見・視点が組み込まれて**いきます。

研究や実験であれば、信号の測定データがあり（一次情報）、それが平均値や相関などをとることによって情報が整理され（二次）、それが研究の仮説に対する解釈につながります（三次）。

ニュースなどであれば、誰かの発言（一次情報）を整理した記者の情報があり（二次）、それらがメディアによって編集されたり、専門家の口を通して発信されたりし（三次）、その後、SNSなどで個人の意見や解釈として投稿される（四次）、といった感じです。

一口に情報といっても非常に多様です。情報ソースや、その情報の種類や特性、性質の違いを認識し、情報獲得していく必要があるのです。

階層に加えて「**粒度**」も重要です。

情報の解像度の深さ、どれくらい詳細にわたった情報かどうか。特に会社においては、経営層が見る情報と、現場が見る情報の違いといってもよいでしょう。特に会社規模が大きくなると、組織階層が増えるのと同様に、組織階層ごとにモニタリングする情報の粒度が変化してきます。「情報の階層」とは別に、「組織の階層」によって意識する情報の粒度が変わるということです。

ＯＫＲ（Objectives and Key Results：達成目標と主要な結果）を導入している会社であれば、各階層におけるＫＲの設定の粒度でイメージできるかもしれません。たとえば経営層では、グループ全体の売上、売上成長率、イービットディーエー（ＥＢＩＴＤＡ）マージン、営業利益率、ＦＣＦ（フリーキャッシュフロー：企業が自由に使用できる余剰資金）、さらには資本市場からの見方として、企業価値、時価総額やマルチプルなどもみていることでしょう。一方で、現場層では、営業では、受注金額や売上達成率、受注率、商談数など、より細かい粒度のＫＰＩなどの数字を見ています。このような数字は経営層でもみていないわけではないのですが、組織階層によって強く意識する情報粒度は異なります。経営層もすべての詳細な情報を個別に把握することは認知負荷が高く、かえって全体像を見失うリスクもあります。

社内カンパニーとしてグループ内の売上、利益率をみたりする層もあれば、機能別組織として、営業組織であったりマーケティング部門など、個別の生産性やＫＰＩをみていく組織もありますが、いずれも組織によって粒度は異なります。

ミドルマネジメントであれば、マーケティング部門の部門長などの場合、マーケティング投資のその投資効率や獲得コストについてモニタリングするとして、さらに深くチャネル別のリード数やその中での個別施策の効果進捗や検証までは必要に応じて把握する。そして、より

図3-1｜情報の階層

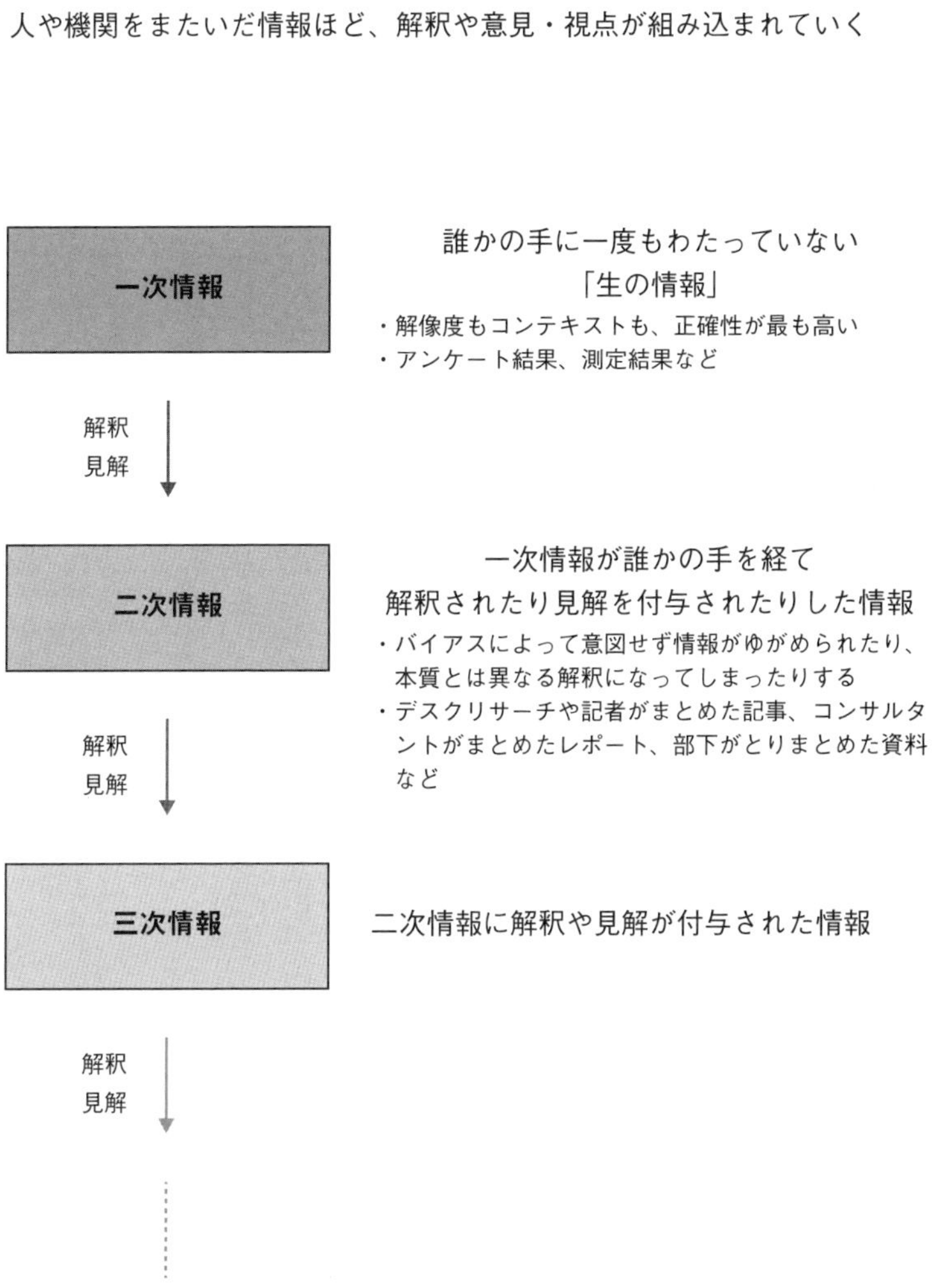
人や機関をまたいだ情報ほど、解釈や意見・視点が組み込まれていく
一次情報
誰かの手に一度もわたっていない
「生の情報」
・解像度もコンテキストも、正確性が最も高い
・アンケート結果、測定結果など
解釈
見解
二次情報
一次情報が誰かの手を経て
解釈されたり見解を付与されたりした情報
・バイアスによって意図せず情報がゆがめられたり、本質とは異なる解釈になってしまったりする
・デスクリサーチや記者がまとめた記事、コンサルタントがまとめたレポート、部下がとりまとめた資料など
解釈
見解
三次情報
二次情報に解釈や見解が付与された情報
解釈
見解

筆者作成

上位階層の会社の売上全体におけるマーケティングコストの比率の妥当性や事業全体の成長性や売上規模における投資分配率などはたまに確認するような状況でしょう。

まずは自分の組織階層に見合った情報を適切に把握することが最優先であり、次により下の階層の細かい情報粒度を把握する、最後により上位の全体像を把握する、といった順番の情報粒度の優先順位になります。実際にはケースバイケースなのですが、下の階層であれば組織の権限的に自分でコントローラブルなのでまずは自分の組織における成果が出ているかどうかについては下の階層をみて、必要であれば手を加えて改善していくことが多いでしょう。一方で上位階層においての情報把握と思考がなされていないと、「視座が低い」となるわけですが、上位階層は権限的にコントローラブルではないが、ここの方針がうまくいっていないと全体に影響は出るので把握自体は必要ではあるといった感じです。ここばかり意識しているのも不健全なのですが、ここに問題がある場合はクリティカルでもあるので全く視野に入れないというものでもないでしょう。自分の統括領域がうまくいっている状態であるほど、下位層は任せて、より上位層に意識が向き、高い視座で情報をとらえる努力ができ、上位層への成長にもつながります。

逆に自分の守備範囲がうまくいっていないと、いつまでも下位層の情報に追われている状態になります。

これが、自分の組織階層に見合っていない、下位の粒度のインプットばかりだと、細かい施策や改善提案ばかりで部門全体に影響を与える方針を描けていない状態になってしまったり、上位の粒度のインプットばかりしていると、全体方針とはアラインできていても、現場ではフィットしない方針になっていたりします。

そのために自分の組織階層に見合った情報粒度を獲得することはとても重要ということになります。情報粒度は細かすぎても粗すぎても困ります。

ミドルマネジメントでの情報粒度把握のイメージとしては、自分の階層→下の階層→上の階層の順になります。ただ、これはあくまである程度組織や事業が分かっている場合です。自分の知らない組織や業界を一から知ろうとすると、上→下→中間のような順番でしょう。上から全体をつかんで、次に現場に入ってみて、そこから真ん中を埋めていきます。自分がそれまでそれほど接点のなかった組織にいきなり入ってマネジメントをするケースでは、まず概観をつかむ、事業全体の売上や成長率を含めた漠とした情報をつかんでから、どこの解像度を高めるかあたりをつけていきます。

報告等で用いられる事業全体の数字は現場の解像度を失う情報にも見えます。受注率や受注金額といっても、その中身はさまざまで、突発的な案件や継続しなさそうな案件、ただの幸運から取れた案件など、これらを一塊にみてしまうことに違和感を持つかもしれません。ただ、まとめると個別の解像度を失うのはその通りなのですが、その情報粒度でまずは把握して、そこから深く入っていくかその時の状況に依存します。毎回細かくすべてを知るには認知負荷が高すぎるし、大規模になればなるほど多すぎます（事業や組織が小さい頃は細かい粒度での情報把握は必須ですが）。

そのために経営陣としては全体感を把握して、うまくいっていない、危険だという兆候であったり、新しい可能性がある、新領域の探索機会がある、などの機会をつかんだりするために、必要に応じて深く現場に入っていくことが求められます。このように情報の粒度を意識することは、外部から理解する際でも、社内から理解する際でも非常に重要です。

一次情報が最優先

改めて情報の階層に議論を戻すと、広く情報収集をしていくにあたって、情報ソースの精査は必須です。多くの情報があるなかで一次情報、二次情報といった区別をしていかなくてはなりません。これらを混同してとらえると、情報の優先順位や精査が不十分となり混乱し、適切な意思決定ができなくなります。

一次情報とは、誰かの手に一度もわたっていない「生の情報」です。すなわち、当該情報ソースが生み出したり、作成したり、体験したりすることで生まれ、解像度もコンテキストも、正確性が最も高い情報のことです。

一方で二次情報は、それらの一次情報が誰かの手を経て、解釈されたり見解を付与されたりしたものです。インターネットでのデスクリサーチやメディアで得られるものの多くは、そうした情報になります。

近年、これらの二次・三次情報へのアクセスは非常に容易になった一方で、当事者からの直接の情報ではなく、誰かを通したことで**バイアスによって意図せず情報がゆがめられたり、本質とは異なる解釈になってしまったりすることから、**情報の精査が非常に難しいです。そのため、同じ情報収集にリソースを割くにあたっては、こうした一次情報をまず優先的に獲得していき、時間的な制約が大きかったり一次情報の獲得の難易度が高い場合は、二次情報に切り替えます。このように、情報獲得リソースをどこに割くかの優先順位の判断は大切です。

情報が増えているなかで、こうした一次情報へのアクセスの価値は高まっています。事実情報として獲得する際には、**一次情報を優先すべき**です。とはいえ、誰かの手を経た情報に価値がないわけではありません。重要なのは、バイアスがあるから価値のない情報ということではなく、そのバイアス自体を認識して情報を整理することです。

二次情報以降、介在者が増えるごとにバイアスの影響は増していきます。もともとの情報が切り取られてしまったり、本来の意味がゆがめられて拡散されてしまったりするために、一次情報の方が好ましいのです。

バイアスを認識してさえいれば、二次情報であっても複数の情報を組み合わせて適切に解釈することで、うまく情報を使うことができます。二次情報は取得が容易ではあるので、時間的制約がある場合は二次情報に集中して、効率的に集めて事実情報を整理するのがよいでしょう。

情報のソースにアクセスする

では、一次情報にはどのようにアクセスすればよいのでしょうか？

最も早いのは、**情報の当事者にあたる**ことです。ビジネスに関しての知見であれば、そのビジネスの事業者や顧客（もしくは想定顧客）に聞くのがよいでしょう。当事者といっても立場は一様ではないので、それぞれのビジネスにおけるかかわり方も整理しつつ、「競合」「サプライヤー」「顧客」など異なる切り口から情報を獲得していくと効果的です。

二次・三次情報には、記者がまとめた記事や、コンサルタントがまとめたレポートのほか、経営企画部の部下がとりまとめた資料などがあります。初期的に概観をつかんでいくためには、それらの情報や専門家がまとめた情報を取得するのは近道でしょう。

しかし、二次情報ばかり参考にし、一次情報を獲得することを怠ってはなりません。新しい事業を開発していく際、誰かがまとめた情報ももちろん有用ですが、自分で一次情報を取りに行くことが最も重要です。人の手を介することで情報は変化します。意思決定は自分の素直な解像度を信じることが不可欠だと考えます。

つまり、不確実性の高い意思決定であるほど、二次情報だけではなく、一次情報を獲得することは必須といってよいでしょう。私の過去の起業や新規事業開発においても、そうした情報は必ず取得し、どのように解釈するかを自分で深く考えて実行するようにしていました。これは、組織が一定規模になったとしても、自分が新規事業の意思決定者になる場合には、ある程度の一次情報を獲得することは必須だと考えています。

意思決定のプロセス同様、情報獲得でも多くの場合、二次情報などの取得が容易で全体感が把握できる情報から取得し、その後一次情報や高解像度の情報を取得するポイントを選定していくことが効率的です。一方で新規事業などのケースでは、むしろ業界の概観から入るよりも一次情報や高解像度から出発していくほうが好ましいでしょう。新規事業テーマで業界の全体感から課題を出していくと、実際のニーズがそこにあるのかという議論はなおざりになり、誰もが思いつくような新規事業テーマになってしまいます。むしろ、原体験や高解像度な情報、直接的なペインから出発して、個別テーマを広げる形で業界全体の課題であったり、市場の可能性であったりと、世界観を広げて根拠を補強していくほうがスムーズだと思います。

私が事業を始めるときも多くのヒアリングを行いました。エキスパートについては、最初の面談にて多くの一次情報を取得しました。また、想定顧客についてサービスの価格感やオペレーションなどについては、仮説をベースにして壁打ちを行ったりもしました。顧客の生の声は事業を開始するうえでは非常に有用です。さらに、海外の事業者に直接電話してヒアリングを行ったこともありました。事業が拡大した今であっても、エキスパートアワードや交流会の開催でもってエキスパートとの直接的な接点は重要視しています。

その後、組織が大きくなってくると、事業の改善などは担当者が顧客の声をベースに設計していくことが増えていき、顧客の声に接する機会は減っていきました。

しかし、そこから新規サービスの検討を始めたとき、改めて直接顧客の声に接する重要性を実感します。当初は、担当者から間接的に顧客の声を聞いて、方向性について議論していたのですが、意思決定を行う際、二次情報ベースでは非常に解釈に苦しみました。

たとえば「価格が高すぎる」という顧客の声を持ってきても、それだけでサービスの価格を安くしよう、と意思決定してしまうのは誤りでしょう。皆安いほうがいいのは当たり前で（なのでこうした現場の意見は顧客の声としてよく出てくる）、大事なのはその根拠や背景です。価格が高すぎるという背景として、サービスの品質が低いのか、ほかのどのサービスと比較すると高く感じるのか、何の価値に対しての対価と考えているのか、逆に何があればその価格でも適正と考えるのかなど、深掘りしていく必要があります。直接ヒアリングすることで、そうした課題を深掘りし、解を具体化され、顧客のニュアンスから背景の意図なども理解できます。

これは私自身も失敗したことがあります。創業の頃や会社が小さい頃は顧客から直接聞くのは当たり前だったのですが、規模が大きくなると、担当者から間接的に情報を獲得して判断しようとしていました。しかし、いざ意思決定しようと思うと、先ほどの価格のケースのように背景が分からず、解釈が多様にとれてしまいます。ヒアリングも意図をもって聞いていかないとつかめないことも多いことが改めて分かり、間接的な情報で済ませようとしていたことを大いに反省しました。

新規サービスや新規事業などの不確実性が高いなかで意思決定が求められるケースは、やはり意思決定者が自ら一次情報にアクセスしないといけません。顧客のヒアリングの場に同席し、自ら質問を行い、顧客の反応やニュアンスをつかみに行く。そうすることで、自分なりの解釈ができてきます。間接的な情報だけで意思決定することは危険で、一次情報を自ら獲得することを躊躇してはいけません。

意思決定する対象の抽象度に応じて、この情報の現場への近さも変わってくるといえます。新規事業などのゼロイチについては、まずは顧客の解像度やオペレーションなどの現場に近い解像度こそ重要度が高く、自ら一次情報を獲得しないと何も始まりません。組織変革などのケースでは、組織全体と各チームの解像度を獲得していきますが、それよりも抽象度が高いチーム単位の生産性や業務範囲などを把握していく必要があります。また、企業グループなどの事業戦略の決定やエクイティストーリーの策定では、より事業を未来も含めた抽象的にとらえていくことも重要です。各事業の数字の推移やこれからの見込み、市場におけるポジションやTAM（Total Available Market：獲得可能な最大市場規模）などをとらえて説明していく。

いずれもすべての階層の解像度はあればあるほどよいのですが、重要度の高い階層は異なるので獲得する情報もそれらの目的に沿って強弱をつけていく必要があります。

情報の4つの役割

意思決定のためには、仮説設計や検証のサイクルが重要であることは述べました。検証サイクルを回すことでより精度の高い意思決定に結び付けることができる。これを異なる側面で見ていったときに、情報の扱い方についてには4つの役割があります。

つまり、①収集、②専門性、③インサイト、④決定と実行なのですが、それぞれについて異なる素養・スキルが求められます。外部リソースでカバーしていくことも視野に入れて適切に運用することで、主体的な意思決定をよりスムーズにできるようになるでしょう。

なお、外部リソースというのは、コンサルティングファームや情報プラットフォーム、エキスパートネットワークなどを指しますが、こうした外部リソースもすべてをカバーするというよりも、それぞれの要素をカバーしていくことに特化しているとも言えるので、必要な要素を理解することで効果的な外部リソースの活用にもつながっていくでしょう。

図3-2｜情報のフェーズとその手法

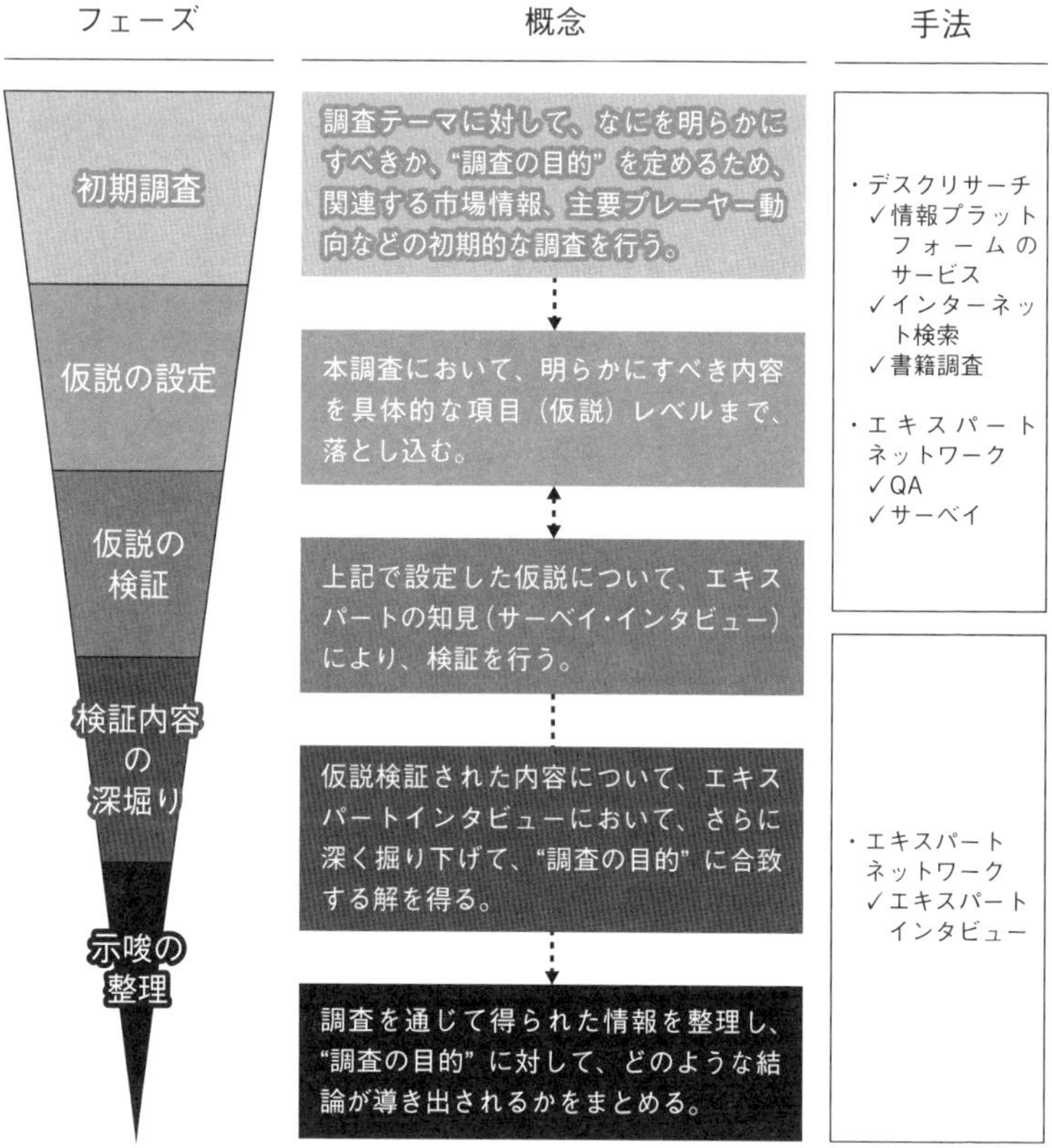
フェーズ
概念
手法
初期調査
調査テーマに対して、なにを明らかにすべきか、"調査の目的"を定めるため、関連する市場情報、主要プレーヤー動向などの初期的な調査を行う。
仮説の設定
本調査において、明らかにすべき内容を具体的な項目（仮説）レベルまで、落とし込む。
仮説の検証
上記で設定した仮説について、エキスパートの知見（サーベイ・インタビュー）により、検証を行う。
検証内容の深堀り
仮説検証された内容について、エキスパートインタビューにおいて、さらに深く掘り下げて、"調査の目的"に合致する解を得る。
示唆の整理
調査を通じて得られた情報を整理し、"調査の目的"に対して、どのような結論が導き出されるかをまとめる。
・デスクリサーチ
✓情報プラットフォームのサービス
✓インターネット検索
✓書籍調査
・エキスパートネットワーク
✓QA
✓サーベイ
・エキスパートネットワーク
✓エキスパートインタビュー

ミーミル社作成

【役割1】情報収集

情報収集においても、初期では広く浅く、その後仮説の精度に応じて、検証のためにより深く狭く進めていくことになります。

初期には、効率よく、クイックに情報を集めていくことが必要になります。デスクリサーチやネット検索がメインになります。一次情報が重要ですがそこにこだわると情報が狭くかつ収集のコストはかかります。むしろアクセスしやすい二次情報が中心になるでしょう。

ここの収集は、自分でやることもあれば、社内の経営企画や事業開発、もしくは外部のコンサルタントや調査機関にお願いすることもあります。情報を扱う専門家がやったほうが早く、ある程度のフィルターを通し整理された情報がみられるので、効率よく分かりやすいものになります。これを外部に委託せずに自身もしくは自身に近いチームでやることによって直接膨大な情報に触れることができます、そうしたプロセスで得られる一次情報への接触や現場解像度の向上、これらも手間なのですが非常に重要です。

業界や企業レポートなどの調査レポートもありますし、さまざまな業界や市場の情報を獲得できる情報プラットフォームも効果的です。こうしたサービスを利用することで、外部委託することなく、自身もしくは自社リソースで情報収集や整理が可能になります。近年、これらのサービスもより充実化されており、活用も広がっています。ここは後述します。

ふるいにかけられた後の情報というのは、既に他者の目と頭を通した情報になってしまっています。初期であればよいのですが、意思決定に近い段階においては、不十分かもしれません。リソースや時間的な制約も踏まえてですが、特に重要なテーマや探索的な意味合いの大きい情報収集であれば、できれば一次情報に直接触れることは優先度高く対応してほしいと思います。あるいは第三者が集めるにしても、ソースの情報は目を通せるようにはしたいものです。一見混とんとした情報に見えるかもしれませんが、新規事業などではこれらについて手間を惜しむと、そもそもこの後の工程自体が意味のないものになってしまいます。

そのため、情報収集は初期調査についてはできるだけ広く浅く、外部活用も含めて効率性を重視する。一方で後の段階や重要度の高い探索的なテーマにおいては（事業立ち上げや創業など）自分の目を通して情報を集めていくことになるでしょう。仮説をベースとした目的性の高い情報収集をいかに効率よく行うかが肝要です。

こうした情報においては、「内部情報」と「外部情報」の区分けも意識しておくとよいです。これまで社外の情報について述べてきましたが、内部情報とは社内の情報で、従業員情報や顧客情報、営業のＫＰＩや生産性にまつわる情報、プロダクトの機能や利用状況の情報、社内での商品データ、オペレーション設計に関する情報など様々です。この内部情報にもインサイトがあふれており、事業の改善可能性や、そこからの新規事業の可能性もあります。例えば、社員情報はあるものの、退職者について、どれくらいの期間で、どの職位、どのチームでおきているか、などが分かると、退職者の傾向が分かり、その退職の抑制ができたり、退職を予測して採用計画を描けたりできるでしょう。チームマネジメントの問題でリーダーへの育成を促したり、そもそもメンバーの育成ができておらずイネーブルメントを強化したり、そもそも職務上一定期間を経ると離脱することを考えてキャリア設計をするケースもあります。このように「情報がない」となげく前に、膨大にある社内情報を把握分析することで見えてくることも多い。しかしながら意外と十分に整備されていない情報も多い。こうした社内の情報インフラをいかに整備して会社の状況を適切に理解していけるかも重要であり、大企業であれば自社でシステム開発含め整備しているところも多いですし、そうでない会社向けにも提供されるサービスも増えています。先ほどの例でいうとタレントマネジメントシステムや人材管理ツールなども増えています。

なお、外部情報については日常的な網を広げた分散的な情報収集も重要です。個人でも、日々のさまざまなニュースに触れる、関心ある領域を興味のまま深く掘ったり、スタートアップ情報から新しいビジネスモデルやテクノロジーに触れていくことも効果的です。これらは投資対効果がすぐに表れないので、劣後しがちですが、個人であっても組織であっても自分のアングルにはもともとないような一見関係ない情報への網をいかに広げていくか考えておく必要があります。

【役割2】専門性と意見

通常の情報とは異なる専門性を背景とした見解や意見です。それ自体が（デスクリサーチではたどり着けない）深いファクト情報であったり、情報の解釈の仕方であったり、「こうあるべき」「こうなる見込みだ」といったポジションをとった専門性を背景とした仮説であったりするため、情報獲得方法や処理の仕方も異なります。これは広義の情報収集に含まれるものの、情報プラットフォームやネット検索やレポートや書籍などの情報とは異なり、より人から直接獲得することが多い。意見情報としての性質の違いは述べた通り、さらにはテキストよりもヒアリングの仕方や専門家のキャラクターや考え方、情報の記録の仕方や伝え方（情報に対する客観性の確保）も異なるので注意する必要があります。

専門性のある情報ソースとしては、社内での専門家もいれば、業界の内部関係者や業界を見ているコンサルタントやアナリストなども含まれます。投資銀行のアナリストやコンサルティングファームのパートナーなど、業界における知識を長く蓄積してきており、専門家としての重要な見解をくれるソースとなっていました。現在ではこれらに加えてエキスパートネットワークやSNSなども含めて、むしろ業界の経験者にダイレクトにリーチしやすくなっています。昔は難しかった事業の経験者など直接の当事者に聞ける機会が増えていることは、近年の大きな変化でもあり、意思決定において非常によいことだと思います。

インタビューなどは時間もかかるので、ここも外部専門家を活用することもできます。代理でヒアリングして取りまとめてもらうこともできますし、業界の専門家が見解をもまとめることもできます。コンサルティングファームでは、こうした外部人材へのヒアリングはリサーチプロセスに組み込まれているので、コンサルタントに依頼すると、結果としてヒアリングもしてまとめてもらうことも多いです。

[役割3] 情報の整理とインサイト

収集した情報をまとめて、整理して、インサイトを得て、これらを仮説の検証や構築・再構築につなげていきます。

意思決定につなげるにあたって情報をどのように解釈するかで、大きく影響を与える部分でもあります。仮説に応じて情報の見方も変わるので、情報収集よりも外部に出すことは難しい部分でもあります。こうした際に、この前の収集における情報ボリュームや多様さ、専門性を踏まえた情報解釈におけるアングルや仮説が効果的です。複数の仮説を適切に獲得し、情報を複数のアングルから見えるようにしていく。コンサルタントへの委託では情報収集だけではなく、彼らの業界知見やフレームワークを活用しつつ、基本的にそこから得られたインサイトも踏まえた提案をするのが一般的です。これは、社内の経営企画でも同様です。社内リソースの方が、自社の事業におけるケイパビリティに沿ったかたちで情報を整理したり、社内の意思決定しやすい形での情報の落とし方が可能になるでしょう。フレームワークを活用して整理することでより客観的で、網羅性がある整理が可能になります。

ただ、企業規模が大きい場合、社内の実行組織や現場組織との距離感が出てくるため、情報解像度を現場に即する形でどの程度組み込むかは考慮する必要があります。意思決定者が情報をどのように理解し、解釈し、ストーリーを描けるか、目的に応じて現場との距離感や解像度を加えていくことがこうした情報整理やインサイトを与える場面でも重要です。

【役割4】意思決定と実行

意思決定は当事者しかできませんが、この前段階の仮説や提案に大きく影響を受けます。そして、意思決定は自社でやっていたとしても、実態としてコンサルタントに投げっぱなし、外部アドバイザーの提案の通りに思考停止で行っていくのは避けないといけません。あくまで、(自分でやっていない場合は)社内の担当者や外部のコンサルタントの提案や仮説にすぎません。ここに対して意思決定者としての考え方の軸や見解を踏まえて、どのようにリスクをとらえて意思決定ができるかが問われています。

実行ができるかの確度も踏まえて意思決定することも重要です。組織として実行できるケイパビリティがあるか、キャパシティは確保できているか、実行できる力がないのに意思決定をしても意味はないので、ここの実行力や実行プランを確認しつつ、意思決定していくことになります。特にここにおいては事業現場に近い感覚を持っている意思決定者が重要です。理想論であれば外部リソースでも結論が出せます。ただ、自社にそれを実現できる力があるかは、内部の情報をベースに意思決定していく必要があります。

たとえば、M&Aをするといったときに、このPMIをするケイパビリティがあるか、買収後のマネジメントをしていくケイパビリティがあるのか、これらについて一定の感度をもって決めていく必要があります。

2024年の海外企業を買収した際は、資産買収という形で着地しましたが、その際の意思決定においてもいくつかの観点を踏まえて意思決定しています。

近い領域の事業を運営する会社が買収の対象会社だったので、ある程度は事業の運営の確度があったことはまず大きかったと言えます。自社においてそのサービスを提供できるケイパビリティがあるのか、それを管理・運営するにあたって買収対象会社のマネジメントが必須かどうか、これらについて精査を重ねつつ、提携関係を通じて得られた解像度も踏まえて必要な（我々とシナジーを発揮できる）資産の割り出しを行いました。さらに、必要な人員やリソースを割り出し、自社のケイパビリティも踏まえながら、買収後に支障が出ない事業運営方法と業務改善ポイントを精査しました。こうして、買収の意思決定はもちろん、買収対象や買収後の運営体制やその後のアップサイド創出のステップも含めて具体化して、意思決定を行っています。

なお、ＰＭＩについては、①買収後のＤａｙ１での運営継続とリスク回避のステップ、②買収後の新体制における（買収前と同程度の）事業運営のステップ、③買収前に特定していたオペレーション改善ポイントの実行による生産性改善のステップを具体化して進めています。

それは、事実か意見か？

事実と意見の整理も重要な視点です。意見情報を事実情報のようにとらえてしまえば大きな事実誤認につながりますが、一方で、その人がその情報をどのようにとらえているのかが分かるという意見情報としての価値もあります。意見情報と事実情報はどちらも価値がありますが、質的に異なるので、区別して認識し、処理していかなくてはなりません。

基本的に自分としての意見は、事実情報をもとに形成していきます。しかし、ほかの人がどのようにその情報を解釈しているかを意見情報として参考にすることは、仮説の設計や補強に効果的です。自分にないアングルや視点から情報をとらえ、自分の知らない専門知識や背景知識に支えられた見解を知り、深い思考や異なる価値観に気づくことができます。

とくに仮説との整合性を考える際には、意見情報を意識していくとよいです。意見情報を効果的に活用できると、同じ事実情報であっても、どのように解釈して、それが仮説につながっていくのかという「事実と仮説の接点」を明らかにしていくことができます。

意見情報は、二次情報などよりも人のバイアスの影響を受けています。そのため、**誤った意見に容易に誘導されてしまう**リスクは高いでしょう。近年は特にこの意見情報が多くアクセスできるようになったために、これを扱うリテラシーを十分に備えないと、容易に誤った意見に流されてしまうリスクが高まっています。メディアやネット情報で異なる意見が流されている事例など皆さんも思い当たるところがあると思います。

こうした状況だからこそ、よりこの意見情報に対して感度を高めつつ、処し方を理解しておく必要があります。

とくに注意が必要なのは、**専門家の知見**です。専門家からの知見獲得は、本質的には、事実よりも意見を獲得することに意味があります。概要把握などの粒度の情報であれば問題ないのですが、具体的な情報を詳細に獲得していくには向いていない部分もあるからです。また、秘密情報であるケースやインサイダーなど、具体的な情報自体を獲得することが難しいケースも少なくありません。


「事実」と「意見」の区別を行う点については、ビジネスにおいても同様です。エキスパートインタビュー（企業の意思決定のために専門家からのヒアリングを行うこと）でも、目的によってどの情報を取得するかについては意識する必要があります。初期の概要把握においては、多くの場合、まず事実情報を獲得していきます。その後、情報を処理していくための「切り口」を多角的にすべく、意見情報を獲得してください。

なぜ意見情報は必要なのか？

このように一見あやふやな意見情報が、なぜ必要なのでしょうか？

自分の仮説と事実情報のみで意思決定ができるのであれば、シンプルでよいでしょう。しかし、自分にその領域の知識や経験が豊富ならまだしも、そうでない場合は、情報の解釈が十分でないケースは多分にあります。企業の中期計画における戦略策定において、中長期での時間軸を見たときに、外部環境の変化や新しいテクノロジーの発展など、十分に見通せない要素が増えます。あるいは、新規事業やM＆Aにおいて異なる業界の事業などのシナジーをどのように創出するか。もしくは非常に時間的な制約が厳しく短期間に判断が求められるケースといった不確実性の高いイベントには、事実情報だけで判断することは難しく、過去のデータだけで決められるものではありません。こうした場合に意見情報は有用です。専門家である他者を通して意見情報を獲得し、それらを複合的にとらえて自分なりに解釈して結論を出すとよいでしょう。

意見情報にも「質」がある！

「意見情報」と一口に言いましたが、そのなかには『理科系の作文技術』（木下是雄著／中央公論新社）にもあるように、「推論」「判断」「意見」「確信」「仮説」「理論」といったさまざまな質があります。

人から情報を獲得する際には、**それがどのような種類のものかを区別し、理解していく**と、より「正しい」結論への近道になります。十分な根拠に基づいた意見なのか、客観的に証明できる事実や論理を背景とした意見なのか、主張している本人が強く確信を持っている意見なのか、あるいは本人も曖昧で確信は持てない弱い根拠や感覚に基づいた意見なのか。これらの質を踏まえて精査する必要があります。意見情報であっても、それがどのような性質のものか混同して処理をして、誤った結論に到達しないようにしてください。

図3-3｜意見の種類

推論（inference）

ある前提に基づく推理の結論、または中間的な結論

例：彼は（汗をかいているから）暑いに違いない

判断（judgment）

物事の在り方、内容、価値などを見きわめてまとめた考え

例：彼女は優れた実験家であった

意見（opinion）

上記の意味での推論や判断、あるいは一般に自分なりに考え、あるいは感じて到達した結論の総称

例：リンを含む洗剤の使用は禁止すべきである

確信（conviction）

自分では疑問の余地がないと思っている意見

仮説（hypothesis）

真偽のほどは分からないがそれはテストの結果を見て判断するとして、仮に打ち出した考え

理論（theory）

証明になりそうな事実が相当にあるが、万人にそれを容認させる域にはまだ達していない仮説

例：進化論、熱力学の法則

『理科系の作文技術』より筆者一部改変

事実情報を集める

ビジネスにおける情報の探し方

ここからは、情報の探し方についてお伝えしていきます。

最も素早く情報収集できるのが、**デスクリサーチ**です。いまはインターネットもあり、検索すれば多くの情報が容易に短時間で獲得できます。ChatGPTなどのＡＩを活用している人も増えているでしょう。

デスクリサーチの方法はさまざまです。まず、具体的な探し方の前に、目的を整理し、仮説をラフでいいので構築してみてください。見ていく情報を一次情報や二次情報、意見情報においては推論か理論かというように種別を分けつつ、見ていくことがなにより重要です。

そして仮説の補強や多角的な見方をして理解を深めていく場合には、エキスパートネットワークなどを使って、専門家の示唆を取り込んでいきます。

情報の取得方法は世の中にあふれ、書籍も多く出ているので、本書では調査ノウハウやメソッドについては触れません。ただ、そうしたなかでも企業において情報をどう探すのかを見ていくことで、個人としても、企業内での仕事での活用においても、どのように情報を取得していくのかというヒントになればと思っています。

おさえておくべき代表的なデータ

企業ではさまざまな情報を扱いますが、経営での意思決定ではどのような情報が扱われているでしょうか。

次ページの表は、経営企画などが扱っている外部情報の一例です。ユーザベース社の情報プラットフォーム「スピーダ」でもこうした情報が提供され、多くの企業に活用されてきました。投資銀行やコンサルティングファーム、事業会社の経営企画などが活用し、分析を行っています。加えて近年では、スタートアップ情報も利用が拡大しています。これまで投資家（VC

図3-4 経営の意思決定で活用される代表的なデータ

企業財務データ	企業の財務状態とパフォーマンスが評価できる、売上、営業利益、現金、純資産、キャッシュフローなどの情報。貸借対照表（BS）で資産・負債、損益計算書（PL）で収益・費用、キャッシュフロー計算書（C／F）で現金の流入・流出の情報がある。また財務比率として流動比率、負債比率、自己資本利益率（ROE）など。
株価・バリュエーション	企業の市場価値を反映する株価や、企業の価値の評価情報。主な指標にはPER（株価収益率）やPBR（株価純資産倍率）があり、投資判断や資本市場からの評価として活用される。
IR・適時開示情報	会社から投資家向けに開示された企業情報。成長戦略や新製品の開発計画、合併や買収、役員の異動や訴訟を含む。適時開示情報は、重要性が高い経営上の出来事などで迅速に公表される。
ニュース・記事	信頼性のあるメディア機関のニュース・記事。新聞や専門誌、雑誌、オンラインメディアなどからの記事。業界や競合他社の最新のニュースや政府の方針や規制の変更、経済情勢や社会的な問題など。
アナリストレポート	金融アナリストが企業や業界の業績、財務状況、株価予測を分析したもの。投資家に向けて、市場動向やリスクを評価し、投資判断の参考材料を提供。企業評価や業界比較、市場予測など。
業界レポート	調査会社や専門家が作成した特定の産業や市場に関する分析をまとめたもの。市場規模、成長トレンド、競争環境、主要企業の動向など、投資判断や戦略策定に役立つ情報が含まれている。

著者作成

(Venture Capital) やCVC (Corporate Venture Capital) など一部の層) が、投資するための情報として収集していましたが、事業会社においても、新領域の理解や調査のために、具体的なスタートアップのビジネスモデルや評価額などを見ていくことが増えています。実際に、経済情報プラットフォーム「スピーダ」を提供するなかでも、スタートアップ情報の活用が企業全体で増加していると感じます。

情報プラットフォームを活用する

主体的な意思決定のために、できる限り自分で情報収集はした方がよいでしょう。一方で、情報獲得コストは高く、時間も手間もかかります。そのために近年利用が拡大しているのが、企業向けの情報プラットフォームです。情報プラットフォームを活用することで、企業が外部リソースに依存することなく、自社で必要な情報解像度を得ることが可能になりました。

プラットフォーム上には、業界や企業、市場に関するデータやコンテンツがまとめられています。効率よく整理された信頼に足る情報を、分析などに使いやすい形で獲得できます。かつては投資銀行やコンサルティングファームなど、プロフェッショナルファームがよく使っていたのですが、いまでは事業会社や経営企画、事業開発などの部署が複数の情報プラットフォームを活用するのが当たり前になりつつあり、多くの企業にとってなくてはならないものになってきています。

おもな情報プラットフォーム

企業向けの情報プラットフォームは、ロイター（Reuters）やブルームバーグ（Bloomberg）といった海外のベンダーが歴史をつくってきました。エキスパートネットワークも同様ですが、いずれも情報が価値に結びつきやすい、情報としての価値が極大化するといえる金融市場、投資家向けのサービスとして発展しています。

ロイターは、グローバルな金融情報のベンダーとして広く認知されています。その設立は1851年までさかのぼり、特に金融市場向けの情報性の高いニュースを提供することで知られています。

かつては英仏海峡にケーブルを敷き、金融情報をいかに早く正確に届けるかを追求し、いまの姿があります。同社は相場情報などの提供から始まり、現在ではさまざまな金融情報や分析ツールを提供しています。まさに経済情報をタイムリーに正確に届けるという意味で一貫しており、それらが大きな価値を生み出していることに異論の余地はありません。
ロイターから発展して、トムソン・ロイターグループとしていくつかのサービスを展開しています。金融分析ツールをこうしたプラットフォームで展開することによって、アナリストレポートを取得したり、バリュエーション（株価などの金融商品や企業の価値を評価すること）や株価の分析を行ったりすることが容易になりました。

またブルームバーグも、マーケット情報のベンダーとして大きく知られる企業です。ロイターと同じく、金融機関や投資家によく活用されていますが、マーケットデータをリアルタイムで把握したり、財務情報なども獲得できたりするため、金融機関の方は馴染みのある方も多いかもしれません。情報プラットフォームビジネスにおける草分けとして進化してきました。

国内にもいくつかのサービスがあります。代表的なものは、日経グループとユーザベースです。ユーザベースが提供しているスピーダは、その一つです。投資銀行の出身者が開発したサービスですが、財務分析などを迅速に行うことができます。日経でも「日経バリューサーチ」といったサービスが提供されており、記事検索ツールである「日経テレコン」をご存じの方も多いのではないでしょうか。過去も含めた業界誌や新聞記事を一括で検索し、出力できます。

図3-5｜プロフェッショナルファームが利用するおもな情報プラットフォーム（例）

ブルームバーグ	金融市場に関するリアルタイム情報、ニュース、分析ツール、コミュニケーション機能を提供。債券から株式、外国為替、コモディティ、デリバティブまで、すべてのアセットクラスをカバー。プロフェッショナル向けの端末としてブルームバーグターミナルを提供。運営会社はブルームバーグ社。
FactSet	金融市場データ、リサーチツール、分析ソフトウェアを提供するプラットフォーム。多様なデータソースを統合し、投資家や企業に最適な情報を提供。利用者のニーズに沿ってデータセットやインターフェースをカスタマイズ可能。運営会社はFactSet Research Systems社。
Factiva	企業や専門家向けにニュースや業界情報を提供するビジネス情報データベース。膨大なニュースコンテンツを網羅しており、世界中の最新ニュースや市場動向を把握できる。運営会社はDow Jones & Company。
日経テレコン	過去を含めた新聞雑誌記事などのニュース情報が網羅されており、検索、閲覧やダウンロードができる。ニーズに合わせてニュースのフィルタリングなども可能。運営会社は日本経済新聞社。
CB Insights	スタートアップ、ベンチャーキャピタル、テクノロジー市場のデータと分析を提供するプラットフォーム。グローバルなスタートアップ資金調達情報。テクノロジー、ヘルスケア、フィンテックなどの分野で競合分析や市場予測に役立つ業界特化レポートを提供。運営会社は米国CB Insights社。
スピーダ	企業情報、業界レポート、市場データ、ニュース、統計、M&A、トレンド、特許動向などのビジネス情報を提供する情報プラットフォーム。560以上の業界データを搭載。運営会社は株式会社ユーザベース。

著者作成

注：例示のため、プロフェッショナルファームで一般的に認知されているプラットフォームを、シェアの大きさではなく異なる特徴をベースに列挙している

このようなサービスによってホワイトカラーの生産性が高まり、これまで「情報を集める」という作業に追われていた時間が、分析や仮説設計、提案といった、本来のホワイトカラーとしての仕事により、集中しやすい環境が作られています。

コンサルティングファームや投資銀行を活用する

情報格差の縮小とプロフェッショナルファーム活用の余地

投資銀行に入社したジュニアアナリストは、多くの場合はほぼすべての時間を情報の収集や分析、資料づくりに割くことになります。これまで事業会社やコンサルタント、投資銀行を含めて、ホワイトカラーの仕事は情報収集に充てられてきました。かつてはこうしたプラットフォームを使いこなして「情報収集・整理のスキルが素晴らしい専門性だ」と思っている人もいたかもしれませんが、あまりに多くの時間が創造性のない作業に取られていたのです。

いろいろな会社の有価証券報告書を調べてはデータに打ち込んだり、大手企業のたくさんある子会社を調べて整理したり、過去数年分のヒストリカルマルチプル情報（企業の財務数値に対する企業価値の倍率）を分析したり。こうした時間をいとわない労力のかけ方や、情報収集や整理・分析するノウハウの蓄積がプロフェッショナルファームの独自の価値であり、資産でもあったといえるでしょう。情報プラットフォームのみならず、高額なレポートや自社ネットワークも含めて、企業はこうした情報への大きな投資をしてきています。過去の分析データなどの情報が蓄積され、これらを独自の情報ソースや情報資産として活用していくことが、付加価値の一つでもあるととらえられてきたともいえます。

事業会社としてはハードルが高かった情報プラットフォームの活用も、かつてはプロフェッショナルファームの優位性でもありました。

しかし、情報プラットフォームが扱いやすくなり、情報も充実し、事業会社や一部は個人投資家などにも広く普及していくことで、かつてはプロだけに閉ざされていた**情報の民主化**が起きています。皆がプロフェッショナルファームと同様の情報に容易にアクセスし、まさにこうした財務情報の閲覧や分析を皆ができる時代になりつつあるのです。

コンサルタントの価値はどこにある？

エキスパートネットワークの広がりもそうでしたが、こうした状況をとらえて、投資銀行やコンサルティングファームなどのプロフェッショナルファームとして情報を扱い、コンサルティングやアドバイザリー業務を行う人の一部で、「自分たちの付加価値とは？」「存在意義とは？」という言葉を耳にする機会がありました。

当たり前ですが、こうした情報の民主化によってプロフェッショナルファームの価値が損なわれるかというとそうではありません。コンサルタントなどの第三者の見解には、それ自体に価値があります。情報を整理したり、分析したり、そうした機能としての役割も当然あります。業界知識や事業戦略などについての見識の深さやバリュエーションをはじめ、ファイナンスなどの専門性、経験や事例の蓄積によって得られる情報の解釈などです。

先述した4つの要素に照らすと、「情報の獲得」「専門的な情報と意見」については、情報プラットフォームなどのサービスによって効率化し、コンサルタントを含む外部への依存性も下がっています（が、なくなるわけではない）。ただ、プロフェッショナルファームではこうしたプラットフォームの活用に習熟することで、より効率的に価値提供できるようにもなっています。効率化することで、それよりも下流の「情報の整理とインサイト」と「意思決定と実行」について、より付加価値の高い貢献をしていくことも期待されています。

すなわち、情報の収集よりも、整理や解釈、意思決定や執行へのサポートなどのより知的な側面での支援に注力できるようになるとなれば、コンサルタントにとってもよいことといえるでしょう。

情報を集め、提供するだけで感謝される時代は終わったのかもしれませんが、そもそも本来は、意思決定に結びつくインサイトや提案などが期待されているはずです。こうしたアウトプットの価値は揺らぐものではありません。むしろ本当に頭を使うところに集中できるため、その価値はより尖って高まるものでしょう。これはAI活用についても同様のことがいえます。情報自体の差がなくなっているからこそ、いかに仮説を設計し、情報を解釈し、結論を出して提案し、意思決定に導くかがより重要になってきたのです。

「情報の獲得」は「インサイト」につながらなければ意味がありません。目的意識の薄い漠然とした情報収集が、かえって調査業務やプロジェクト全体の進行を混乱させ、意思決定を鈍らせてしまうケースは、お心当たりのある方も多いと思います。

「専門的な情報と意見」は、効率的なインサイトの抽出と明確な意思決定につながります。コンサルタントが専門家からの情報収集にこだわる理由はまさにここにあるのでしょう。

逆に事業会社の視点に立つと、「専門的な情報と意見」を取得するツールを理解し、活用することで、コンサルタントに依存していた業務の内製化のみならず、コンサルタントとの効果的な協業・高度なアウトプットの抽出が可能になるといえるでしょう。

フリーのコンサルタントのプラットフォームも侮れない

情報の差がなくなっているからこそ、大手ファームにしかできないことも減ってきています。小規模なブティックファームが増え、独立したコンサルタントが活用されるようになり、それらを集めるプラットフォームも増加しています。

こうした意思決定に関する周辺領域をサポートできるコンサルタントの業界も、変化しつつあります。海外のCatalantやExpert360、もっとさかのぼると、BTGやエデン・マッカラム（Eden McCallum）など、フリーのコンサルタントを集めてコンサルティングファームと同様のサービス提供を行っているものも近年増えてきました。

Catalantは、米国で大きく資金調達を実現している企業です。コンサルタントに限らず、幅広いプロフェッショナル人材を擁しており、プロ人材とプロジェクトを結び付けるプラットフォームを運営しています。

エデン・マッカラムは、トップファーム出身のコンサルタントを集めて、これも独立系のプロによるチームでプロジェクトを受けています。

これらは組織に縛られない、フリーランスのコンサルタントによるコンサルティングファームのように機能しています。日本国内でも、フリーランスを集めてコンサルティングを行うといった、近しいサービスがあります。

このように、近年ではさまざまなサービス基盤が整ってきており、より意思決定に集中していける環境が用意されてきています。今後、意思決定者の責任はさらにクリアになっていくでしょう。

そして、これらのサービスに続き、近年注目されているのが、エキスパートネットワークです。これまで企業を中心に述べてきましたが、個人でも扱いやすいサービスは増えています。個人のスキルやノウハウを共有する「スキルシェア」での専門家活用であったり、個人向けの情報メディアやメルマガサービスであったり、情報収集についてはこうしたサービスを活用することも一つの手段です。

意見情報を集める

ファクトだけではない！　人の知見・経験知にも価値がある

ここからは人の知見、意見情報について深く見ていきましょう。

たとえば、ある会社に転職しようと思ったとき、あなたはまずなにをするでしょうか。ネットで調べたり、誰かに相談したりして情報収集をするはずです。どのような業務内容か、求められるスキルはなにか、給与はどうかなど、情報を集めるでしょう。そのように意思決定をするにあたって、さまざまな事実情報を集めていくことは一般的です。

最近ではそれだけでは足りません。「レビューを見る」「周りに相談する」という方も多いでしょう。たとえば転職を考えている人のために、会社のレビュー情報を提供している

「OpenWork」といったサービスでは、実際に内部の方々がその会社をどのようにとらえているのかがよく分かります。事実情報のほかにこうした意見情報、すなわち**誰かの考えや意見を獲得する**ことは当たり前になりつつあるのです。

意見情報は、意思決定において絶大な威力を発揮します。ビジネスにおいても、自分の仮説の検討が行き詰まったり、表層的な情報はあれどいまいち手触り感がなく、意思決定に自信が持てなかったりしたとき、知見者の話を聞くだけで一気に氷解していくような感覚を持ったこともあるでしょう。それほどに、専門性に基づいた人からのインサイトは価値があり、インパクトもあります。

意見情報の本質は「未来への洞察」

意見情報は過去の解釈にも活用できますが、最も価値が発揮されるのは**「未来への洞察」**です。最初起業し、エキスパートネットワークのサービスを提供開始してから数年が経ったころ、最初は事実情報をベースとした高い解像度の情報が求められるケースが多かったのですが、徐々に未来に関する相談が増えてきたことに気づきました。レポートなどではあまり出回っていない細かい粒度での情報や、その見方です。専門家の知見は、未来への洞察について最も価値があり、求められてもいると考えるようになりました。

「フューチャリスト」という職業をご存じでしょうか。日本では聞き慣れないですが、とくに海外のテクノロジー大手企業において見られます。インテルのチーフ・フューチャリストを10年務めていたブライアン・デイビッド・ジョンソンの著作『フューチャリストの自分の未来を変える授業』によると、企業の意思決定を支援する専門家であり、情報を集めて分析し、想定される未来の姿を描くことができる専門家です。

ただ未来を夢想するのではなく、未来と現在をつなぐ部分を具体化していきます。テクノロジーがどのように社会実装されていくか、多くの場合は断片的に個別の技術の延長で未来を想像する場合が多いですが、これらをより包括的に複合的に技術と適用先を組み合わせ、産業全体の未来を提示していくことが、フューチャリストの特徴といえるでしょう。

特定の個別の事業に依存することなく、より大きな未来を提示して、研究開発の方向性のみならず、社会実装の在り方、技術の組み合わせの可能性、ユーザー体験としての利便性を具体的に提示することができれば、皆が同じ未来を想像し、焦点が定まりやすいという効用があります。

テクノロジーの社会実装においては複数の産業がかかわるため、それらのベクトルをそろえるために個別の技術にこだわることなく、未来像を具体的に提示することに意味があります。グローバル企業では、シーメンス（Siemens）やGEといった企業ではそうしたフューチャリスト（もしくはそれに類するような役割を担う存在）を多数抱えており、研究開発の未来像をつくっています。

この未来像を提示することで、企業や業界の枠を超えて皆が同じ方向を見て研究開発ができ、全体として研究開発効率も高まるのです。社会実装についても、異なる企業間や産業、制度設計も含めて、皆が連携をしやすくなっていきます。

また、専門家にはオピニオンリーダーとしての役割もあります。テクノロジーの未来のビジョンを具体化していくのは、オピニオンリーダーといえる信頼度の高い専門家が発信し、世論や社会を動かしていくことが重要な役割の一つだと思います。日本でも、こうした専門家の役割は今後重要になっていくでしょう。

職業や名前はなくとも、フューチャリストに代表されるような「未来を具体化する」ことが、専門家の大きな役割の一つです。

業界の未来などの、不確実性が高く解がないものについて、複数の専門家の意見を基に自分なりの未来像を構築し、そこに向けて意思決定をしていく。それこそが、専門家の知見活用の最も価値があるエキサイティングな役割です。以前、「未来会議」と称して、「働き方」「産業の未来」「宇宙」などをテーマに5〜6名の（学術関係者、スタートアップ経営者、業界団体の理事など）異なる専門性をもつ有識者を集めて議論をしてとりまとめる取り組みを行いました。異なる専門性だからこそみられる複数のアングルは大変興味深く、それらの見解が混ざり合い、建設的な議論のなかで未来の解像度が高まっていくさまは非常にエキサイティングでした。

人の知見ならではの4つの価値

意見情報はあくまで人の所見であり、事実情報と比べると性質が異なります。しかし、活用の仕方によっては非常に効果的になるのです。意見情報を的確に獲得することはより難易度が高くなる反面、その裏には大きな価値が眠っています。

知見ならではの価値はいくつかありますが、そのなかでもとくに押さえておくべきは以下の4つです。

①　端的である

② **コンテキストが分かる**
③ **ポジションをとっている**
④ **複数のアングルからの意見が聞ける**

人の知見ならではの価値① 「端的である」

人の知見（情報）の大きなポイントは、人の考えを通して**理解しやすい言葉やストーリーになった状態で情報をインプットできる**、ということです。

誰かの書いた文字情報から情報を獲得する場合、ネットの記事や論文、書籍、レポートなどは、情報を処理していくうえで大変効率的です。口頭よりも網羅的で、論理性も担保されます。特に書籍は非常に重要な情報ソースです。文字により情報が構造化・体系化され、網羅的に整理された形でインプットできます。とくに時間的な制約がない場合、二次情報などをネットからたくさん拾ってインプットするよりも、適切な書籍を読むほうが断然好ましいと思います。ただしこれらは、大量のテキストで情報量が多く、一方通行の情報です。また、そもそも分かりやすい書籍を探すこと自体も容易ではないケースもあります。

文字情報のインプットをアウトプットするのも簡単ではないでしょう。書籍で読んだ情報を、誰かに説明しようとするとうまくできないという経験がある方は多いのではないでしょうか。説明するためには、自分のなかでその情報を再構築していく必要があります。人から聞いた話であれば、口頭でのアウトプットの形にすでになっているため、それを人に伝えるのは、それほど難しくありません。

さらに、**情報を強弱ある形で人から得られる**メリットもあります。とくに、初期的な情報獲得や大量の情報に向き合う前に効果を発揮するでしょう。あるいは、仮説のブラッシュアップ時においても、人を通した情報獲得では情報の粒度の調整が比較的容易であるのがメリットです。とくに、インタビューなどの口頭での情報において効果があります。

経営においては、すべてのレイヤーの解像度を得ることが困難ななかで、マクロ的な視点とミクロ的な視点を組み合わせて、必要な粒度での情報をベースに意思決定することは自然なことです。しかし、そうしたなかで適切な粒度にアクセスしやすいのが、専門家を経由した物事の見方であるといえます。ある専門家の意見の背景には、膨大なコンテキストや情報を構成する複合的な要素、深い知識や専門性があるわけですが、それらを獲得せずとも端的に必要な情報を得ることができるからです。

事実情報に溺れそうになったときに、人に説明してもらったり、その領域に対する専門家の意見や見方から入ったりすることが助けになります。いきなり「木」を見てもなにが重要かは判断できませんが、専門家の知見を借りると全体像把握がかなり容易になり、どの「木」を見るべきかのインサイトも同時に得られます。

自分だけの力でここまで到達するのに比べて、かなりのステップを簡略化できるでしょう。もちろん、情報の偏りを生んだり、最初の見当が外れているリスクもあったりするので、それらのリスクを踏まえて知見を扱う必要はあります。

事実情報と意見情報のどちらがいいというよりは、性質の違いを理解し、意見情報ならではのインプットのしやすさを活かしてください。

人の知見ならではの価値② 「コンテキストが分かる」

専門家の知識と経験は、**仮説検証や情報の質を上げるうえでのショートカット**になります。

理想的には、自分が専門家になれば専門家の知見は必要ありません。ただし、専門性を獲得するには1万時間が必要ともいわれるとおり、膨大な時間と労力がかかります。意思決定の際には、多方面の専門性が不可欠です。一つの専門性のみならず、多方面・多業界にわたっていく場合に、その都度、専門性を獲得するというのは現実的ではないでしょう。自身で専門家レベルの専門性を獲得するのは投資対効果が合いませんが、専門家から話を聞くことで、それらを飛び越えて意見を得ることができます。

加えて、**背景やコンテキストを知っている**ことも専門家の価値になります。知識だけであれば短い時間で獲得できる可能性はありますし、専門書や論文などを大量に読むことである程度追いつくかもしれません。**難しいのは、その背景やコンテキストです。**業界におけるいろいろな学説が生まれた背景や検証されてきた歴史、議論がなされてきた経緯など、そのコンテキストを一朝一夕で得ることは難しいです。専門用語一つとっても、定義を読むだけでは本質の把握は難しく、業界関係者で想起するものと業界外の人が想起するものとでは異なるといえるでしょう。

コンテキストは、口頭での説明と相互でのコミュニケーションによってギャップが埋まりやすいものです。共通言語化しにくいが存在している、また、各個人の持っている背景や専門性による見え方の違い、理解の枠組みの違いなどによる差が、それぞれの考えをすり合わせることでようやく埋まるためです。

人からの知見の獲得は、膨大なコンテキストを含む特有の価値があります。

人の知見ならではの価値③「ポジションをとっている」

専門家がその業界に対して、どのようなポジションをとっているのか。「客観性のない情報は偏っていて、むしろ意思決定を乱すのではないか」と思うかもしれませんが、このポジションは扱い方によっては有用になる、人の知見特有の重要な要素です。

業界の未来に対してポジティブかネガティブか、業界を変革していく特定のテクノロジーに対してどのように見ているかを知っておくことは大事です。人の知見のよいところは、こうしたポジションがはっきりしていることであり、**仮説に対してどのような立ち位置かが明確に分かる**ことです。また、これらの専門家のポジションを理解したうえで、知見を解釈する必要があります。

事実情報であれば、客観性こそが重要で、中立的にポジティブな面もネガティブな面も取り上げていることが求められます。しかし意思決定は、最終的に仮説が正しいかそうでないかのいずれかの判断をしなければなりません。その際に、そうしたポジションを含めて意見情報を処理していくことは大変有用です。

人の知見ならではの価値④　「複数のアングルからの意見が聞ける」

どのようなポジションの意見なのかは、その人の背景や利害関係を把握することで分かります。客観的に見えても、偏りは見えないところにちりばめられています。

しかし、事前に知識がない状態で話を聞いてしまうと、その専門家のポジションのほうに引っ張られやすくなるでしょう。だからこそ、**複数の専門家、しかも異なるポジションをとっている専門家から意見を聞く**必要があります。対立意見も含めて複数のアングルで聞くことで、全体の情報や理解の解像度を高めることができるのです。

異なるポジションは、異なる利害関係から生まれます。カスタマーサイドとベンダーサイド、既存の業界の秩序やビジネスモデルを破壊するディスラプターとしてスタートアップの経営者に聞くならば、既存の業界における大手企業の役員など、複数のポジションの意見を聞くことは必須です。

以前、EdTech（教育（Education）とテクノロジー（Technology）を組み合わせた造語で、教育分野にテクノロジーを活用したサービスや技術の総称）の専門家を取材した際に、その領域で新しい事業をつくっているスタートアップの経営者と、塾の経営者、既存の教育機関向けのサービスを提供している大手企業の役員などにお話を伺いました。スタートアップの経営者からは、あるテクノロジーの未来やビジネスの可能性に胸躍らせるポジティブな見解が得られます。グローバルな競争環境や先進事例、今後の業界全体の前向きな見通しなどです。最初に伺ったときには、むしろ業界全体がスタートアップ経営者の描くとおりに進むのではないかと、AI教育の未来を強く信じるような心持ちになりました。しかし、塾の経営者などの見解を伺うと、ニュートラルな見方になっていくのです。少子化のトレンドや塾の業界の見通し、AI教育の適用先教科など、当たり前ですがそう簡単に変革は起きない理由も理解していくことができます。

また、業界の大企業の役員や研究者の声を聞くと、非認知能力の教育など、より中長期を見据えたテクノロジーの進化やその取り組みを知ることができました。業界の中長期の未来について、より考えさせられるものでした。

こうしたさまざまなアングルから話を聞くことで、業界としてのイノベーションへの期待やパラダイムシフトの可能性を感じさせる話もありつつ、同時に業界の課題やボトルネック、実際の産業への導入プロセスのイメージについての解像度を高めることができます。しかし、これが間違った対象者へのヒアリングとなると、一方的な業界のとらえ方をしてしまうリスクもゼロではありません。だからこそ、多様なアングルで複数の専門家から情報獲得をすることに大きな価値があるのです。

なお、添付のグラフは、エキスパートネットワークにおける複数ヒアリングニーズの増加傾向を示しています。これらは２０２０年の時点のデータになりますが、特にコロナ前後におい

図3-6｜ヒアリングニーズの増加

エキスパートからの知見獲得の方法も習熟化が進み、
多角的な情報獲得のために複数人のヒアリングを前提とした依頼が増加

・1人だけからヒアリングするよりも、2〜3人へヒアリングするニーズが割合として増加
・依頼数全体の20%（1月）から、25%（4月）へと、直近3か月でも増加している
・件数ベースでも、1月から4月で2〜3人へのヒアリングニーズは1.7倍に増加
・多角的な見解を得るために複数名にヒアリングをするインタビューが一般化しつつある
・とくにコロナ禍で増加傾向がみられた。

複数ヒアリングニーズの割合

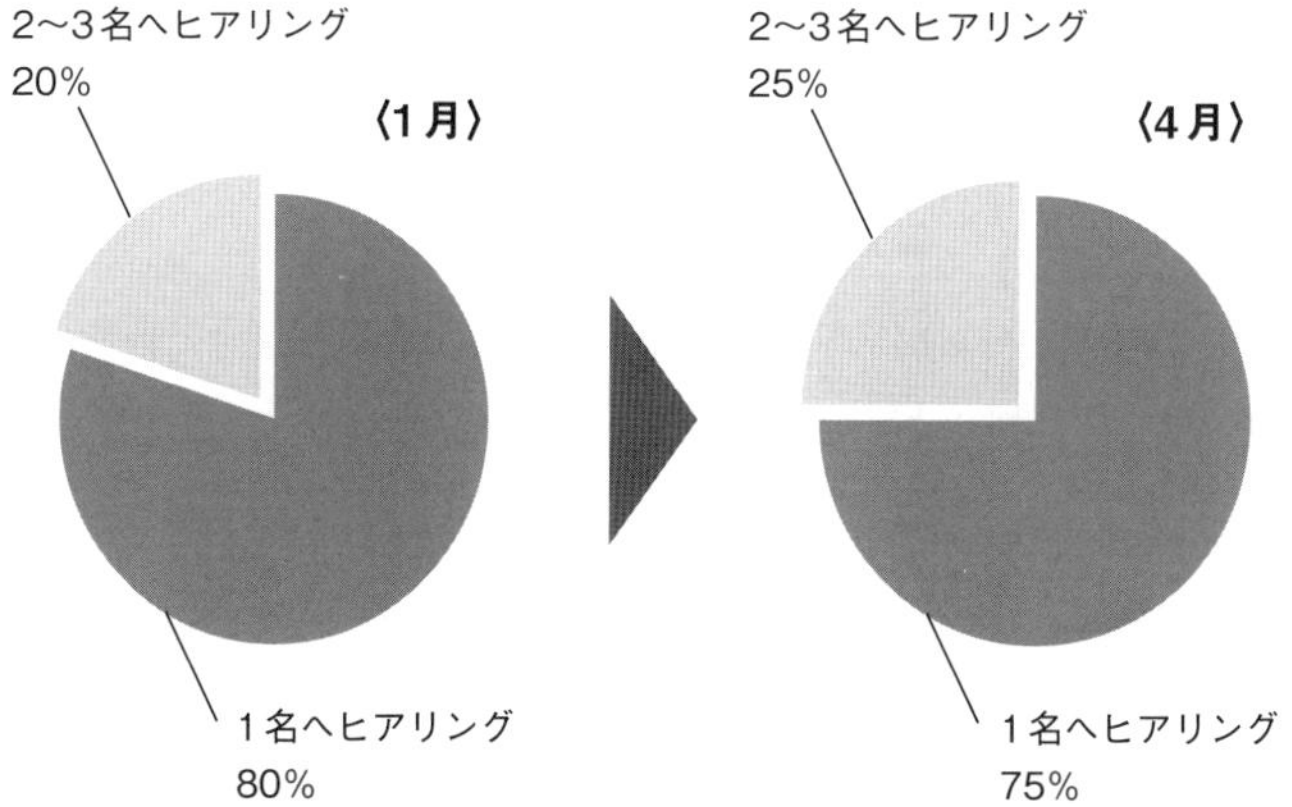

注：10人超など多数へのヒアリングを前提としたニーズはここでは対象としていない

ミーミル社まとめ

て未来の不確実性が増したときに、多くのアングルについて情報獲得していく志向が増えたように感じています。

エキスパートを活用する

複数のアングルとしたときに、大きくサプライヤー・ベンダーなど「提供者」側とユーザーなど「利用者」側での視点に分けられます。提供者といっても、競合企業による違いや、部品などの供給者、製造者、販売者などバリューチェーンのどこのプレーヤーかによってでも視点は異なります。顧客ヒアリングとしては、ユーザー側のインタビューはよく行われています。デプスインタビューや集団でのグループインタビュー、会場調査やアンケート調査など多くのサービスがあり、顧客解像度を高めることができます。エキスパートネットワークは、ユーザー側の視点獲得にも使われますが、リーチが難しい提供者側の視点が得られることが大きな特徴です。

それらに加えて、対象者の専門性や信頼性の観点もあります。事業者側は専門性が求められますが、ユーザーは専門家である必要はありません。しかし、ユーザーでも、ヘビーユーザーや業界のマニアなど、業界知見が深い人もいます。SNSは信頼性が低く、「自称専門家」が混在していますが、情報獲得の容易さや信頼性を間引いてもある程度のバックグラウンドの開示があるので、「信頼性については低く見積もりつつも、多角的に大量に獲得できる」という前提での活用は可能です。

2000人のエキスパートへの面談で分かったこと

企業が意見情報を獲得するための手段として、近年注目されているサービスが、私が手掛けている「**エキスパートネットワーク**」です。かつては投資家が投資の意思決定のための情報獲得に活用していたニッチなサービスでしたが、事業会社やコンサルティングファームに広がることで一気にグローバル化しました。

エキスパートネットワークとは、業界調査や市場分析などをするにあたって、**各業界の専門家（エキスパート）へインタビューをすることで解像度の高い情報を得るサービス**です。エキスパート事業者はエキスパートを自社のデータベースに蓄積、もしくは外部へ探しに行くオペレーションを構築。クライアントのニーズに合わせて人を推薦し、インタビューの機会を調整して報酬を獲得します。人の知見（意見情報）を流通させ、人がより主体的に意思決定できるようサポートするための情報基盤です。

私は、エキスパートネットワーク事業を展開しています。エキスパートで成り立っているビジネスなので、事業運営するなかで、多くのエキスパートとお会いします。エキスパートと会うために大学へ行くこともあれば、製薬や建設、ＩＴ業界を含め、さまざまな上場企業の役員室や自動車メーカーの研究センター、スタートアップ経営者や、個人事務所に伺い、面談を行いました。経営者をしているとさまざまな人に会いますが、このエキスパートの面談は身のうえ話をするのとは異なり、その人の専門性や知見とその背景を深掘りするプロセスです。

現在は副業の広がりもあり、こうした社外活動について理解されている人は増えてきましたが、創業当時はエキスパートネットワークが認知されていなかったので、エキスパートになりそうな方に私から個別に「専門家としての知見をもっと活用しませんか？」と連絡してもピンとこない人ばかりでした。しかし、「よく分からないが、ちょっと話を聞いてみるか」という形で、お会いすることに合意いただいた方もいました。おそらく半分以上は、興味本位や善意で会っていただいたように思います。

そのなかで分かったことは、次の３つです。

①人には仕事のなかで想像以上の暗黙知が蓄積されている
②その暗黙知を自己認知する機会もないし、棚卸しする機会もない
③その知見の活用可能性は業界外でもたくさんある

①人には仕事のなかで想像以上の暗黙知が蓄積されている

面談のなかで、実際にどのようなプロジェクトをこれまで行ってきて、なにを実現したのか。こうしたことを（秘密情報は避けて）伺っていくと、皆が目を輝かせながらお話しされます。たとえば、大学院を出て研究者として当時の新素材の開発に携わり、その量産化や応用、商品化にまで従事していくなど。すべての仕事人のなかに、自分なりの「プロジェクトX」があるかのようです。なにかを実現するために夢のような時間を過ごす、これこそ仕事をしていく醍醐《だいご》味《み》でしょう。

たとえばＳａａＳ業界で営業戦略をどのように設計し、ＫＰＩを設計して体制を整備し、評価体制をつくり、顧客管理を行い、オペレーションを回し、成長を実現してきたのかなど、その人だけしか知らない知識は非常にたくさんあります。近しい業界で同じような役職であっても細部は全く異なります。それぞれに異なる戦略や仕組みがあり、会社や個人によって異なる特殊な経験があるのです。これは非常に価値がある経験です。こうした知見が広くさまざまな

人に届いていけば、そこを起点に多くの創造性が発揮され、よりよい改善が生まれ、高い生産性が実現できることでしょう。

②その暗黙知を自己認知する機会もないし、棚卸しする機会もない

業界で長年経験してきたにもかかわらず、「自分のもっている知識や経験など役に立つわけがない」という方も多いです。自分ではその専門性に気づいていないことも少なくありません(逆に、過大評価しているケースもありますが)。近年は専門性が細分化し、テクノロジーやプロダクトのライフサイクルが短くなっていることもあり、求められているのは現場解像度が高く、それをアップデートし続けられている人材です。そのため、現場から離れてしまったり、一時期から接点を持てていない状態だったりすると、すぐに価値が下がっていきます。解像度を保ちながらアップデートし続ける必要がありますが、そうした人材はまさに現場にいるわけです。こうした自分の経験の価値に気づかないまま時とともに風化してしまうのは非常にもったいないですし、社会の損失ともいえるかもしれません。

引退して離れてしまったり、独立してセルフブランディングや出版・講演などに時間を使いすぎたりしてしまうのも危険です。学び続ける機会が失われていくからです。

③その知見の活用可能性は業界外でもたくさんある

外部に知見を提供することは、自分の価値を実感する機会でもあります。現場にいると外部への接点自体が少ないため、現場にいながら外部への知見提供の機会をつくっていくことが、社会における知見の循環では非常に重要です。

これは、提供側においても自身のスキルを客観視し、自分の領域について外部の視点を獲得し、提供することで知見を深められるというメリットがあります。外部で講演をしたり、ＩＲで投資家に説明することを通して、自身が当たり前だと思っていたことが、一般には当たり前ではないことが分かるからです。専門用語を連発してしまい、素人には分からない意味不明の話になってしまったり、業界内では伝わる視点やコンテキストがまったく違う受け取り方をされてしまったりするなど、多くの気づきを得る機会となります。

ちなみに、「専門家」「エキスパート」と聞くと、テレビで専門家としてコメントをしたり、雑誌や新聞でコメントを引用されていたりするような人たちや研究者、大学教授といったイメージを浮かべるかもしれません。しかし、そうした人たちが本当に専門家なのか、どのようなプロセスでなにを見て、なにをもって選ばれているのか、これらは判然としません。

実はエキスパート事業で扱う「ずっと同じ環境で同じ業務を突き詰めてきた方」などは、そうして磨き上げられた自らの専門性の価値に気づく機会は意外とありません。また、ある業界で複数の企業や役職を経て、長い時間をかけて獲得できた独自の経験なども振り返ったり整理する機会がなければその独自性に気づくこともないでしょう。エキスパートの対象には、それこそ**専門性を持つ人すべて**が当てはまります。転職を求めている転職プールでも、仕事が欲しい独立したフリーランスでも、大手企業の役員でもなく、また、本を出版しているセルフブランディングができている著名人でも、論文をたくさん出している学者だけでもありません。**人の知見には、その人の肩書きによらず、素晴らしい価値が眠っているのです**。

選んではいけないエキスパート

もちろん、あらゆる人の知見には価値はありますが、自分が意思決定するものやその方向性によって、その価値は変わります。事実情報にはソースが重要であるように、**意見情報にもソース（＝誰が言っているか）が不可欠**です。

本書でもいくつか引用してきましたが、シェイクスピアやカエサルがいうからこそ意味があります。なにかを実現した偉人がいうからこそ心に響きます。そして、人は意外と「なにを言っているか」よりも「誰が言っているか」を見ています。誰が言っているかを見て判断するというのは、ややもすると「内容よりも人を見て判断するのはけしからん」という文脈でとらえられてしまうかもしれません。しかし、自分の予備知識がない領域で、すべての情報を獲得できない前提があるとすると、発言者の信用力、すなわちその人の知識・経験の蓄積や、能力として信用に足りるかという判断のもとに、同じ発言であっても重みを変えるのは自然なことです。ただ、肩書きや立場に引っ張られ、「誰に聞くか」を間違えると、意思決定は容易にゆがめられます。

自分の属する業界以外の専門家を選ぶのは難しい

「自分の属している業界で、優れている人材や専門家を教えてください」と聞かれたら、一定の年数経験していれば、業界の評判や自身で見聞きした情報を基に数人をあげることはできるはずです。誰が優れた専門家か、業界内でもどのテーマに関して誰に聞けばよいか、誰が業界内で尊敬されているかなどは、自然と理解しています。

しかし、自分の属している業界を一歩離れると、誰が専門家かはまったく分かりません。近年は専門領域がますます細分化され、特定の業界であっても、すべて一人の人間が高い解像度を持っているかというと、そうとは限らないでしょう。

だからこそ、業界内でどのような専門性を有している人物かを把握するのは容易ではないのです。高い解像度を獲得していくステップでは、専門家をより特定していく必要があります。

メディア露出が多い人は信頼できるのか？

他業界の専門家が分からない——こうしたときにうっかり信頼してしまうのが、「専門家」としてメディア露出している方々です。もちろん、素晴らしい専門家もいるでしょう。しかし、露出の多さだけで専門家と信じたり、一般に有名な方が優れた専門家だというのは間違いです。メディア露出はその人の価値が認められている部分がありますが、一方で、素人向けに分かりやすく話すのが得意な人、端的にコメントをまとめて発信できる人、メディア映えする人、そうした露出のために時間を捻出できる人など、純粋に専門性の高さのみで選ばれているわけではないのです。

エキスパートネットワークで実際に求められるのは、そうした著名人ではありません。**現場に近い解像度の高さをベースとした見識**です。さらに、それが絶えず現場の解像度を基にアップデートされている状態が必要であり、ビジネスの現場で求められている最新の現場解像度の高い知識を維持し続けることが求められます。

要求される専門性やビジネスの現場は絶えず変化しており、数年前の知識は陳腐化していくため、つねに知識をアップデートしている人の方が、価値の高い情報を持っていることになるのです。

肩書きをどう考えるか

セミナーなどでも「元Amazonが語る」「マッキンゼー出身の……」などのタイトルをよく見かけるかもしれません。自己紹介でも、そのように説明する登壇者はいます。

私たちは、「元〇〇」という、その人がかつて所属していた代表的な会社や組織名があると、その人の発言を信頼しがちです。本当はその人の専門性を知るために、どんな仕事をしてきたか、どのプロジェクトの実績があって、なにを実現したかなどが具体的に分かることが望ましいのですが、残念ながら、そこまで詳細な情報を得ることは困難です。そして、同じ業界でもない限り、その内容で専門性をはかることも難しいのは前述した通りです。

人の信頼性を一言で確認するのは難しく、他に材料がないため、現状ではこうした（知名度のある）社名や役職は比較的ましな情報となっています。もちろん、かつて有名な会社に所属しただけで、仕事はなにもできない人材もいるかもしれません。そのため社名などだけで判断するのは違和感がありますが、材料が限定的な現状ではやむを得ないでしょう。
しかし、所属していた企業や役職が高かっただけで、その人の意見が影響力を持ってしまうこともあります。こうした状況を打破したいからこそ、エキスパートネットワークを用いて、その専門家の知見の高さなど実態に伴う評価を実現できるプラットフォームの構築を目指したいと思っているのです。

実績評価は簡単ではありません。一般的に正確なその人の評価情報は社外に出ることはありません。多くは自己申告の実績の主張を信じることになります。これがその人の重要な資産ともいえるキャリアを正確に評価するにあたって難しくしています。第三者がその人の実績や評価を保証するような仕組みがあればよいですが、会社に属している場合に、その人の評価情報の外部開示は難しい。個人の意思決定のために情報を集める場合には難しい側面もいろいろありますが、ビジネスにおいては、エキスパートネットワークは有効な手段の一つになり得ます。純粋に知識の提供が可能で、かつたくさんの提供機会があることで評価が多く積み上がるためです。そうした性質が、このような専門性評価指標をつくっていく取り組みには適切だと考えます。

実際に起業すると、これまで会社に属していたときよりもコミュニティが固定されず、それまでにない多様な人に会う機会が増えます。そうしたなかで、さまざまなバックグラウンドや肩書きを持つ人と会うのですが、業界外だと、その人が本当の有識者なのかどうかがいまいちはっきりしません。元○○という大手企業の元役員など、それらしい肩書きでも、本当に意味のある知見や質の高い見識を持っていなかったりします。

「フラットに人を見る」ことがいかに大事か、一方でそれがいかに難しいか、また、人がいかに肩書きに依存して信頼を獲得しようとするかを思い知りました。いつまでも10年前の肩書きに頼って仕事をするのもむなしく感じますが、逆に著名人というだけで、書籍を出しただけで安易に信頼してしまいがちです。セルフブランディングに余念がない人材のほうが高く評価されてしまうのはとてもアンフェアに感じる一方で、見識を持っているからといって、待っていれば他業界の人が見つけてくれるかというと、そうでもありません。ここに、人材の信頼性獲得の難しさを感じるのです。

これは現職においても同様で、大企業の役員のころは多くの人が会って尊重してくれるのですが、その肩書きが外れると途端に人が離れていく。同じ企業に長く所属していた人は、自分がピュアに人として見て評価されているのか、単に肩書きを見てつき合ってくれているのか、冷静に見ていく目も必要でしょう。これも、独立したり起業したりすると強く実感することです。

「誰」を理解する

前述したとおり、知見情報の獲得においては、コミュニケーションの評価と同時に、専門家の属性情報も重要です。ここでは、「誰が言っているか」の「誰」について整理していきましょう。

人は、無意識的に多様な側面で人の信頼度を計測しているのが現実です。今回は、あくまで情報ソースとしてとらえた場合に、どのように信頼がおけるかを整理します。

実はこの信頼を読み違えて、誤った情報判断になるケースは多くあります。それは、意見情報の「誰が」という視点で、これまであまり整理されてこなかったためです。半径数キロメートルほどの生活圏で接触のある人からの、もしくはメディアを通じた著名人からの情報獲得がメインだった時代から、より多様な人を介した情報獲得ができる世界に変わったいま、過去の延長上で無意識的に処理すると、情報の取捨選択で思わぬ落とし穴にはまり、誤った意思決定をしてしまいます。

ここを意識的に行うことで、ビジネス上のみならず、個人としても普段の情報の処理や判断が大きく改善する、もしくは認識できていないリスクをきちんと認識できるようになります。

選ばれるエキスパートを決める信頼性「5つの視点」

最終的には、自らの視点で選んでいくのがよいとは思います。しかし、最初から自分の力で選ぶのは難しいでしょう。それは、専門外の領域の専門家は誰がよいのかという指標を持っていないからです。

エキスパートネットワークには、多くの専門家が参加しています。これまでサービスを運用するなかで、その回答や利用者の評価から、選ばれるエキスパートの信頼性は次の**5つの視点**で整理できることが分かってきました。

①業界内におけるレピュテーション
②産業発展のための活動実績
③業界における地位

図3-7｜エキスパートの信頼性を決める5つの視点

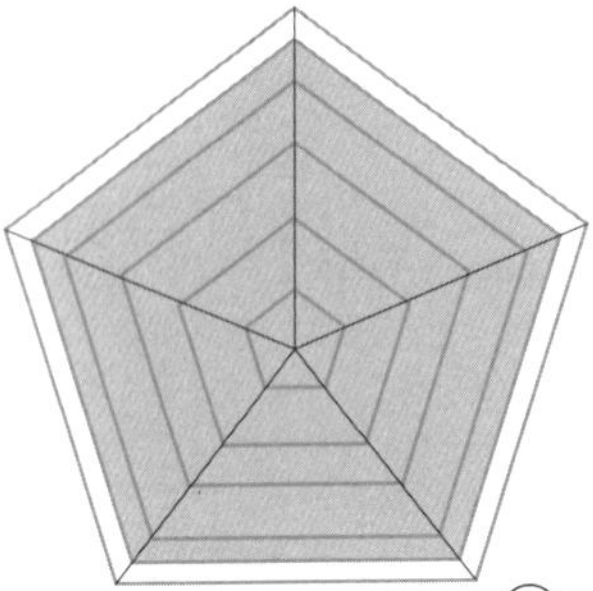

ミーミル社作成

④ 専門性を裏づける実績
⑤ 一般における認知度

いまでは多くの方がメディアや個人的な接点を通してさまざまなエキスパートとその見解に触れる機会が増えました。初めて会う業界の知見者などについても、このポイントで見るとよいでしょう。どのような属性で、そこに付随するどのような性質を持っているエキスパートなのかをとらえていくと、その人の意見情報についても適切に判断できるようになっていくと思います。

そしてこれは、専門家個人としての市場価値などではなく、純粋にその人が有している専門性や、意見情報の価値を考えたときのポイントになります。これらは私たちが、企業の意思決定者としてだけでなく、個人としても「誰の意見を踏まえて意思決定するか」で個人を見ていくうえでも、同じく重要なポイントであるといえます。

①業界内におけるレピュテーション

業界について信頼できそうな専門家にヒアリングしたいとき、まず行うのが推薦・紹介依頼です。業界内で評判の高い人であっても、その業界内でしか認知されていないことが多いため、推薦・紹介というのは非常に効果があります。

その際に重要なのは紹介者・推薦者です。業界内では誰の評価が高い、この人であればその要望に応えられるはず、などと推薦してくれる形（つまり、「アプローチ自体は自分でどうにかしてくれ」というケース）、もしくは接点があり直接紹介をしてくれる形、いずれにしても価値があることだと思います。

人は6人介せばどこかでつながるといいますが、誰かを介して結び付いていくことは可能です。被推薦者が専門家として信頼に値するかどうかは、推薦者の信頼度に依存するでしょう。その業界自体も、被推薦者の専門性について分からない場合でも、直接つながっている推薦者が信頼できれば「この人が薦めるのであれば信頼できる」と思えるというのは、ＳＮＳでのつながりの価値にもつながります。

被推薦者にとっても推薦者は重要です。誰に推薦されたかで、仕事を受ける判断をすることもあるでしょう。この人の推薦ならばよい縁のはず、きっとよい機会になるだろうと。この推薦ネットワークは重要で、人に付随するアセットといっても過言ではありません。キャリア形成においてはオープンで弱いつながりをつくることはよいといいますが、生涯をかけてこうした仕事における信用で結びついたネットワークを構築していくことは、あなたのキャリアを豊かにするはずです。

一方で、そうした信頼できる推薦経路の獲得は、そう簡単ではありません。紹介を依頼しても、すぐには紹介してくれるとは限らないからです。紹介する側も自分の信頼性をかけているわけなので、被紹介者にメリットがあるのかや、意味のある話であり、背景も含めて被推薦者に説明できなければ、自分の人間関係が壊れてしまいます。

信頼できる紹介経路であっても、気軽に紹介されるものではなく、きちんと紹介してもらうには相応の説明が求められるでしょう。それまでの自分の信頼の積み上げが試される部分でもあります。そして、業界内での評価が高い人だからといって、外部に対してうまく説明ができるかといえば、それもまた違います。

②産業発展のための活動実績

業界団体の理事や有識者会議のメンバーをはじめ、公的な立ち位置も含めて、業界発展のために活動する方々の場合を考えてみます。スタートアップの経営者、学術関係者、業界大手企業の役員などの立場の人が多いかもしれませんが、そうでなくとも業界に深くかかわって、俯瞰的に業界や産業全体をとらえています。専門家として見識を広げ、視野を広げていくと、自社や個人のみならず、業界全体の発展に貢献したいという気持ちにつながり、ひいてはそれが社会全体に対する貢献にもなると考えることは自然です。

業界自体の発展への想いや意志が強い場合は、外部への知見提供について積極的であることが多いでしょう。業界を広く認知・理解してもらうことで発展に貢献し、その活動の一環として情報発信のためにメディアに寄稿や取材協力をしたり、社団法人の理事に就いていたり、SNSで発信したりしているわけです。そうした人は情報収集などの目的であっても、中長期の業界の発展につながると判断すれば、たとえばスタートアップからの不躾な依頼などでも気軽に応えてくれるケースがあります。

このような専門家は俯瞰的な立ち位置で業界を見ているため、一定の客観性や本質的な課題をとらえていることも多く、さらに他業界へのコミュニケーションに慣れているともいえます。

一方で、公人として役割を持っていると、個別のビジネスの議論に入っていくことができなかったり多忙だったりするので、アプローチの難易度が高いことも多いでしょう。実態として活動がないような団体も要注意です。業界について理解してくれる人を増やすことは、基本的に業界の発展に貢献できることではあるので、背景や意義も含めて適切に説明できれば、協力を得ることは可能かもしれません。

③業界における地位

地位とは、業界大手企業の役員、大学教授など、外形的な役職の高さが伴うものです。当然ながら業界で実績があり、成果を出してきたからこそ評価をされて役職が高くなり、実績にひもづいた豊かな見識を持っていることが期待されます。会社で役員になるのでも、やはり社内で実績を上げて評価されているからこそです。

一方で、役職が高ければ必ず業界知見が高いかというと、そうでないケースも少なくありません。上位の役職だと、現場から離れて長いために現場の解像度が高くなかったり、古い知見になってしまっていたりするリスクがあります。場合によっては外部から役員として招へいされたばかりで、ガバナンスや経営は詳しくとも業界に関しては素人、というケースもあるでしょう。

できれば、実績の中身を確認できるとよいかもしれません。事業者であれば会社のなかで具体的にどういった役割を果たしているか、研究者ならどういった論文を何本出しているのかなど、内容についての詳細把握は困難ですが、実績の性質や概観がつかめるだけでも意味はあります。ただ、そこまで情報が開示されることはあまりありません（研究者の論文などは別ですが）。

ここまでの①〜③については社名や役職などの外形情報が伴っていることが多い情報なので、誰でも一見して信頼性が分かりやすいことが大きな利点です。社会的に信用力が高いことから、社内の提案資料などでもオーソライズのための知見として活用しやすいでしょう。

④専門性を裏づける実績

③で述べた「業界における地位」は、なにかしらの実績があるからと言えますが、ここでいう専門性を裏づける実績は、地位にかかわらずその実績自体が可視化されて認知できるケースです。特許や論文を出していたり、専門家としてコメントや取材記事が専門誌に掲載されていたり、業界のセミナーや勉強会などで登壇したりしていれば、そうした実績をもとに専門家と

考えられます。

次に述べる「一般における認知度」との違いは、一般向けではなく業界関係者向けに発信をしている点です。そのため、この実績が多い専門家は①のレピュテーションも高いはずであり、その裏づけとしての情報にもなるのです。そして実績があれば、③の業界における地位も高い傾向もあります。

つまりこの実績は（当然ながら）すべてとつながっているのですが、難点は、これらが開示されているケースは多くなく、実績自体の評価も軽重含めて容易ではないことです。専門性の確かさは、なにより信頼の裏づけになるので、この実績が把握できると非常に効果的です。たとえば、論文のレベルや内容、数、年度などを評価できれば、専門性の質についての評価や専門家同士の違いなども見えてきます。


専門家の実績の確認は簡単ではありません。論文の検索をしたり、業界紙を検索したり、そうした業界特化で専門的な情報を探すのは時間もかかります。さらに内容まで把握しようとするのは非効率なので、正確な把握は困難ななかでの判断とならざるを得ないことも多いです。

こうして見つかった専門家について、専門性が高いことは非常によいのですが、深く追求しているからこそ、人によっては素人向けのかみ砕いた説明は苦手な場合もあります。また、自分の専門領域については深い理解をしていても、業界を俯瞰的に見られない偏った意見を持っていることもあるでしょう。つまり、深くて狭い弊害もあり得るわけです。もしくは、こうした専門家自身が、素人や業界外部とコミュニケーションをとることに意味や価値を見い出せないと感じた場合には、対応してくれないケースもあります。

⑤一般における認知度

SNSでのフォロワー数やメディア露出の多い方は、一般的に業界の代表者のように認知されたり、信頼されていたりすることが少なくありません。

テレビに出てコメントをする文化人的な専門家も同様です。彼らは世間に認知されているので信用力が高く、業界外とのコミュニケーションにも慣れていて、分かりやすく伝えることもできます。影響力があるため、発信力で世論を動かすことも可能でしょう。なかにはエヴァンジェリストとして意識的に発信をすることで、業界自体の認知を広げていく役割を担っている人もいます。

一方で、業界内での評判が悪かったり、発信ばかりで専門性を磨く時間が持てていなかったりするケースや、話すのは上手だけれども、分かりやすいだけで専門性は低く、最先端の情報をアップデートできていなかったり、また、知識が浅かったりする人もいます。

私たちも実際にサービス提供していくなかで、非常に知名度のあるエキスパートだと思った方が、業界内では意外と評価されていなかったり、否定的な意見が多かったりすることもありました。

もともと信頼できる専門家だったのが、業界認知を一般に向けても広げていきたいという健全な意思のもと、出版や講演に忙しくなり知見をアップデートする時間がとれなくなり、露出自体が本業になるパターンです。講演活動などで収入が十分確保できるようになると、現場で専門性を磨くインセンティブも弱くなるということも、人によってはあるかもしれません。

セルフブランディングに忙しくて専門性が低下してしまう。つまり高い専門性を維持、もしくは更新しながらこうした対外活動をするのは、以前より容易になったものの、それ自体が仕事になると、現場と距離ができてアップデートは難しくなるというジレンマがあります。

だからこそ、「発信」によって専門家としての認知を取りにいくよりも、「選ばれる」ことで専門家としての活動をしていく方が、より健全に専門性をアップデートしながら知見提供できると考えています。

複数の信頼性を満たしているか？

このように一口に専門家といっても、その属性評価のためには多角的な視点が存在します。どれか一つの側面が当てはまっていることは最低条件ですが、むしろ**できるだけ複数の信頼性を満たしていること**が重要です。

これらの要素はそれぞれに相関しているのですが、すべてを完璧に満たしている人はほとんど存在していないでしょう。ただ、いくつかを満たしている人はいます。すべてを満たすことが難しいからこそ、これらの要素について少なくとも一つ、できれば複数満たしている多様な専門家を情報ソースとしていくことが好ましいです。個人の知人の範囲でヒアリングをかけると、いずれかの要素しか満たさない偏った人選になりやすく、それは偏った情報で意思決定が最適化されないリスクにつながります。プラットフォームやサービスをうまく活用しましょう。基本的に複数の人で、できるだけ多様な要素を満たしていく人選をすることを心がける必要があります。

専門家が複数の要素を満たしているかを確認する

では、それらの評価要素をどのように活用して個人を評価していくべきでしょうか。

複数の点を満たしていることが重要と述べましたが、どこか一つの要素が傑出していることの方が多いため、その場合には他の点を満たすかどうかを確認していくとよいでしょう。たとえば、一般認知度が高い著名人に特定のテーマでアドバイスを求めたり、その知見を聞きたいことがあったりします。まずは、メディアへの露出が多く、業界外でも一般でもよく知られている人に対して無条件で専門家ととらえずに、自分が知りたいテーマについての実績があるか、どういった教育を受けていてどのような経緯でその専門性を身につけてきたのか、そういった点をウェブ検索などで確認してみます。専門性の裏付けや実績などが確認できるかもしれません。他にも、特定のテーマに関する業界内の知人などに聞いてみて、業界内での評判を確認するなどもよいと思います。

また、あるテーマについて関連している企業の役員と話す機会を得たとします。その場合には、その役員の、現在の役職にいたるまでの過去の経緯や、どのような組織や部署に所属してどんな業務に従事してきたのか、そして論文や特許情報などを探してみてください。ほかには、その人の記事や講演などの実績をはじめ、業界団体への所属やそこでの活動内容などを検索し、情報を集めておくだけでも、業界への立ち位置や活動実績が見え、専門性の中身や深さ、興味関心の度合いなども把握できます。

このように、いくつかのアングルを持ってその人について検索したり周りに確認したりしていくと、全体像が見えてきます。漫然と記事検索をしていくのではなく、アングルを評価軸に合わせて把握していくことが重要です。

そうして確認していくと、役員だけれどまったく違う業界を渡り歩いてきていて、知りたい業界に関しての知見は薄かったり、実は業界内では評価が低かったり、かなり偏った見識を持った人と見られていたり、露出が多く一般向けの話が上手なだけで、先端の知識や現場解像度はあまりなかったり、といったことも分かってきます。

ただ、すべてを満たす人材を探すことは難しく、探している時間がかかるため、アクセスがあった人に話を聞くことも大事です。むしろ聞いたあとで、あくまでこれらの基準に沿った評価を自分なりにして、その人のコメントや知見を客観性ある形でとらえるといったことが重要だと思います。

一人のエキスパートがどういった経緯で、複数の要素を満たしているかを確認するとともに、足りなかったポイントについては適合していそうな他のエキスパートを探してみる。このようにして、複数のエキスパートにヒアリングしていくとよいでしょう。利用者側か提供者側か、サプライチェーンの上流か下流か、などの観点の他にこうしたポイントも見ておくと、多様なエキスパートへのヒアリングが可能となります。

世に出ていないエキスパートこそがカギを握る

世に出ていないエキスパート。それこそが意見情報獲得において価値のあるエキスパートであり、企業の意思決定のために必要な情報を持っているといえます。

「優秀さ」のベクトルもさまざまです。研究者でも、大きな論文を出す人もいれば、小さくとも数は多い人もいます。幅広い業界知識を持っていたり、深いが狭い領域に閉じていたり、産業界と近い人もいれば基礎研究特化の人もいます。あるいは、外部の素人向けに分かりやすく説明することに長けている人、教育に貢献している人、大規模な研究プロジェクトの指揮をとっている人、研究費を獲得していくことに長けている人など、さまざまです。ノーベル賞を取っている研究者のいうことであればなんでも間違いないかというと、そういうことでもないでしょう。

また、経営者にも強みと弱みがあり、一概に大きな企業の経営者であればよい、というわけではありません。スタートアップでゼロイチを生み出す、ビジョンを描いてストーリーをつくり出すことが上手、新しいプロダクトを生み出すことができるスタートアップ経営者もいます。一方で、複合的なビジネスを推進している、組織マネジメントがうまく大規模な組織を機能させることに長けている、V字回復や買収後のPMI、構造変化を実現することに秀でているなど、経営者もさまざまです。

世に出ていないエキスパートは、ある意味、露出に対してリソースを割いていないエキスパートです。発信の機会が増えたとはいえ、むしろ日本では職人気質の方も多いので、それらの露出や発信をしていない、本業に集中しているエキスパートが圧倒的に多いでしょう。

実は、現場の高い解像度や業界についての深い見解は、まだ表に出ていないエキスパートが重要だと考えています。一般に対して露出し発信をしていないエキスパートの見解こそが、眠っている価値です。エキスパートからの知見を獲得するために、前述のような要素を満たしているような専門家を辛抱強く探したり、紹介を依頼したりしていくことが必要なのです。

そして、このようなエキスパートと会うために、スキルシェアなどのサービスを活用していくことが効果的であり、その知見提供に特化したサービスの一つにエキスパートネットワークがあるのです。

人の評価というのは難しく、条件のすべてを踏まえた正確な判断は不可能です。せめて、その専門性についての知識の充実度や見識の高さについての評価であればできそうですが、肩書きなどで判断することも困難でしょう。これはまず、専門家の評価の軸として多様であるからこそ難しく、そもそも誰か一人だけの意見情報を基に意思決定をすることが危険であることも示していると思います。

著名な専門家一人を妄信するのではなく、知られざるエキスパートこそ、そうした知見を持っているのです。そして、複数の専門家から多角的な情報として獲得していくこと、また、ときとして、対立意見を含む情報のなかから自分なりの意思決定をしていくスキルを身につけることが重要です。

エキスパート選びの知見から自身の在り方を考える

エキスパートの信頼性の指標は、個人としてどのようにキャリアを築くか、つまり人生100年時代、一生続くともいえる仕事人生のなかで、専門性を磨いて組織に依存せず、個人として価値発揮し続けるためにはなにが必要かという示唆を与えてくれます。

最近は副業なども一般的になりつつありますし、定年後に会社の枠組みを超えて長く働くというキャリアを考える人も増えてきました。仕事をしていると一瞬錯覚してしまいがちですが、いまいる会社のなかでの評価がすべてではありません。だからこそ、どういった専門性を身につけるかが重要です。会社を超えて業界内で認知・評価されるようにしたり、積極的に外部接点を持って業界活動をしたり、情報発信をしたりし、これらを複合的に考えて実行していけるとよいでしょう。

意外に重要なのが、これらを満たしていく順番です。専門性を裏づける実績をつくり、それをベースに業界における地位を確保する。そして活動を広げて業界内のレピュテーションを高め、その産業発展のための活動を増やし、発信を増やして、最終的に一般的な認知を高めて産業の認知も広げていく。こうした流れが自然です。

逆に、まだ十分な専門性や実績がないなかで、一般の認知を先行させたり対外活動をいきなり増やしたりしていくと、そこで成功したとしても、地道に現場で専門性を磨いて実績を積み上げる時間や機会が減り、徐々に実態が伴わなくなるというリスクもあります。これらは並行して進めていくものなので一概に言えませんが、「専門家になる道」も大切だと感じます。

専門性の基盤があるからこそ、現場の解像度を保ちつつ、自身をアップデートし続けられる。これらが重要なのは言うまでもありません。これまで述べてきた内容は、情報ソースとして「エキスパートを選ぶ」時にも重要ですが、エキスパートとして「身を立てていく」うえでも重要なのは言うまでもありません。これからは、個人として、専門家として（会社に属さずに）活動していくことを目指す人も増えていくことでしょう。

column

個人における情報収集の変化

企業における意思決定の情報基盤について述べてきました。個人でも、日常やキャリアのなかで多くの意思決定をしています。ビジネスの文脈からは少し外れますが、個人がどのように情報を集め、意思決定をしているかという部分も少し説明しておきましょう。

個人でも、ネット検索で大量の情報にアクセスすることが容易になりました。たいていのことであれば、検索し、上位表示されているサイトを見て（真偽が混在してはいるものの）、事実情報として理解して意思決定に活用することが一般的になっています。

加えて、個人の意思決定のタイミングは多岐にわたります。転職、転居、結婚、子育てなど、大きなライフステージの変化によって非連続がたくさんあり、そのための情報が必要です。日常でも、ファッションや健康、趣味、食事や購買行動、はては移動手段などでも、さまざまな情報をもとに小さな意思決定を積み重ねています。

では、個人の情報収集には、どのようなものがあるでしょうか。

ネット検索、オンラインメディア

近年、個人の意思決定において、その情報獲得手段はオンラインにシフトしています。多くの人にとって、オンラインがメインの情報獲得経路になっていることでしょう。

メディアは、これまでは新聞や雑誌が主流でしたが、より更新頻度が高く多様なテーマについての記事が掲載されているオンラインメディアやニュースアプリに置き換わりつつあります。事実情報の収集では、こうした比較的信頼できる情報ソースを活用するのがいいでしょう。

意見情報なども、それらに見解として掲載されているものを整理していくほうが近道に思います。もちろん、それでも偏っている可能性は大いにあり、匿名の個人よりは客観性がある程度担保されている印象です。個人でも適切な記述があるのは事実ですが、特定してたどり着くのは容易ではありません。やはり、出典が明確で、信頼のおけるソースの情報をまずは優先することになります。

難しいのは意見情報の扱いです。ここでいう意見情報とは、明確に一つしかない客観性のあるデータやファクトに関する事実情報に対して、人の解釈や見解など、とらえ方・見方についての意見に関する情報のことです。未来についての考えや、善悪、どうあるべきかなどの考え方で、正解のない情報といえます。これらを明確に区別して、情報を集めることが重要でしょう。

意見情報は、あふれているうえにあまりに多様で、かつ、多数決で決められるものでもないので、必要な切り口の意見を獲得することは、現状のネット検索では効率的にできません。

さまざまな人の意見があったときに、多角的に対立意見も含めて見ていくことが大切ですが、ネットではどうしても情報が偏ってしまう傾向があり、むしろ不要なバイアスにならないように気を付ける必要があります。検索の習熟度が上がったとしても、単純に上位表示やアクセスが多いサイトの意見が正しいというものではないためです。さらに、近年では、これらすべての情報獲得・収集において大きなインパクトを与えつつあるのが、AI活用です。2024年時点においても、すでに情報収集における起点になりつつありますAIを適切に活用することが、情報獲得や整理でも必須になっています。今後さらにAI活用の広がりやプロダクトの進化によってより大きな影響を与えていくことになるでしょう。

SNS、ソーシャルメディア

意見情報に触れるための情報獲得手段として、SNSとソーシャルメディアも有効です。

SNSでの情報収集については、自身のつながりをベースとしたバイアスはあるものの、つながりのある人を介して受動的に情報を得られる手段としても重宝します。信頼がおける人物かどうかの判断もできるでしょう（誰が信頼できるかという点について、個人としてのバイアスは避けられませんが）。

ソーシャルメディアとして、ニューズピックス（NewsPicks）やYahoo!ニュースのコメント欄から意見情報を獲得することもできます。体験として、ニュースメディアとしての事実情報をベースに、同時に意見情報も獲得できる利便性があります。特定の専門家が実名を公開し、そのコメントをニュースなどと一緒に読めるので、SNSなどとは異なり、より広範な専門家のコメントが得られるのも利点です。また、匿名のコメントを見るだけでも、多くの一般人の意見のトレンドが把握できます。

Facebook やX（旧 Twitter）でも、人を介したニュースがシェアされています。おもに、自分とつながりのある人やフォローをしている人、興味のある人のフィルターを通して見ることができます。他にも、Quoraといった Q＆Aサイトや Yahoo! 知恵袋でも、質問への回答で多くの人の意見が得られます。こうした質問回答での専門家の意見情報はさらに有用で、法律相談であれば弁護士ドットコムなどが当てはまるでしょう。

一方で、SNSの発達に伴って意見情報に触れる機会が増えたことで、思想や考えの偏りのリスクも顕在化しています。総務省がまとめた『令和5年版情報通信白書』でも、SNSの情報が運営会社によって選別されていることを多くの人が認知していなかったり、その認知の状況も国や環境によって大きく異なったりしていることが分かります。ユーザーの閲覧情報や履歴などの志向に合わせて、情報が「見たいものを見る」状態になるので、より偏ってしまう危険性もはらんでいます。ユーザーである私たちは、SNSの情報に接するリテラシーとして、偏りを生むリスクを認識して意見情報に触れていく必要があります。発信者の何を信頼するべきかを見極める力を身につけましょう。

個人発信者の情報

個人の情報取得については、対価を払って独自のソースを持つことも増えています。有料のオンラインメディアもそうですが、海外では、個人が発信して直接フォロワー向けにまとまった情報発信をしていくことが増えてきました。オンラインサロンもそうでしょう。

図3-8 おもなメディアの平均利用時間と行為者率

〈平日1日〉

		平均利用時間（単位：分）					行為者率（%）				
		テレビ(リアルタイム)視聴	テレビ(録画)視聴	ネット利用	新聞閲読	ラジオ聴取	テレビ(リアルタイム)視聴	テレビ(録画)視聴	ネット利用	新聞閲読	ラジオ聴取
全年代	2019年	161.2	20.3	126.2	8.4	12.4	81.6	19.9	85.5	26.1	7.2
	2020年	163.2	20.2	168.4	8.5	13.4	81.8	19.7	87.8	25.5	7.7
	2021年	146.0	17.8	176.8	7.2	12.2	74.4	18.6	89.6	22.1	6.2
	2022年	135.5	18.2	175.2	6.0	8.1	73.7	17.5	90.4	19.2	6.0
	2023年	135.0	16.4	194.2	5.2	7.3	71.1	15.3	91.2	16.1	5.4
10代	2019年	69.0	14.7	167.9	0.3	4.1	61.6	19.4	92.6	2.1	1.8
	2020年	73.1	12.2	224.2	1.4	2.3	59.9	14.8	90.1	2.5	1.8
	2021年	57.3	12.1	191.5	0.4	3.3	56.7	16.3	91.5	1.1	0.7
	2022年	46.0	6.9	195.0	0.9	0.8	50.7	10.0	94.3	2.1	1.8
	2023年	39.2	3.6	257.8	0.0	0.8	47.1	5.7	96.4	0.0	2.1
20代	2019年	101.8	15.6	177.7	1.8	3.4	65.9	14.7	93.4	5.7	3.3
	2020年	88.0	14.6	255.4	1.7	4.0	65.7	13.6	96.0	6.3	3.1
	2021年	71.2	15.1	275.0	0.9	7.0	51.9	13.7	96.5	2.6	3.0
	2022年	72.9	14.8	264.8	0.4	2.1	54.4	11.8	97.7	2.8	2.3
	2023年	53.9	6.2	275.8	0.5	4.8	43.3	7.4	98.4	1.8	2.8
30代	2019年	124.2	24.5	154.1	2.2	5.0	76.7	21.9	91.9	10.5	2.2
	2020年	135.4	19.3	188.6	1.9	8.4	78.2	19.4	95.0	8.8	6.0
	2021年	107.4	18.9	188.2	1.5	4.8	65.8	20.9	94.9	5.9	3.2
	2022年	104.4	14.6	202.9	1.2	4.1	67.1	14.9	95.7	4.1	3.9
	2023年	89.9	13.7	201.9	0.5	2.5	64.5	13.3	94.0	3.9	4.1
40代	2019年	145.9	17.8	114.1	5.3	9.5	84.0	18.9	91.3	23.6	6.0
	2020年	151.0	20.3	160.2	5.5	11.7	86.2	23.0	92.6	24.1	6.0
	2021年	132.8	13.6	176.8	4.3	12.9	77.8	15.3	94.6	17.9	5.4
	2022年	124.1	17.2	176.1	4.1	5.5	75.7	18.0	91.5	16.5	6.3
	2023年	134.6	13.7	176.2	2.7	7.2	78.3	15.7	93.0	11.2	5.4
50代	2019年	201.4	22.5	114.0	12.0	18.3	92.8	21.9	84.2	38.5	12.2
	2020年	195.6	23.4	130.0	11.9	26.9	91.8	20.7	85.0	39.4	13.4
	2021年	187.7	18.7	153.6	9.1	23.6	86.4	20.9	89.4	33.8	11.1
	2022年	160.7	18.6	143.5	7.8	14.0	84.0	19.5	88.8	29.6	8.6
	2023年	163.2	21.2	173.8	7.6	8.6	81.2	19.4	90.0	27.3	7.5
60代	2019年	260.3	23.2	69.4	22.5	27.2	93.6	21.2	65.7	57.2	13.4
	2020年	271.4	25.7	105.5	23.2	18.5	92.9	22.3	71.3	53.7	12.1
	2021年	254.6	25.8	107.4	22.0	14.4	92.0	23.0	72.8	55.1	10.0
	2022年	244.2	30.5	103.2	17.7	16.7	92.8	25.2	78.5	46.1	9.9
	2023年	257.0	31.3	133.7	15.9	15.2	91.5	23.1	79.8	39.4	7.6

〈休日1日〉

		平均利用時間（単位：分）					行為者率（%）				
		テレビ（リアルタイム）視聴	テレビ(録画)視聴	ネット利用	新聞閲読	ラジオ聴取	テレビ(リアルタイム)視聴	テレビ(録画)視聴	ネット利用	新聞閲読	ラジオ聴取
全年代	2019年	215.9	33.0	131.5	8.5	6.4	81.2	23.3	81.0	23.5	4.6
	2020年	223.3	39.6	174.9	8.3	7.6	80.5	27.6	84.6	22.8	4.7
	2021年	193.6	26.3	176.5	7.3	7.0	75.0	21.3	86.7	19.3	4.2
	2022年	182.9	30.2	187.3	5.6	5.5	72.2	22.7	88.5	17.7	4.1
	2023年	176.8	23.6	202.5	5.0	4.1	69.3	18.0	88.2	14.7	3.0
10代	2019年	87.4	21.3	238.5	0.1	0.0	52.8	17.6	90.1	0.7	0.0
	2020年	93.9	29.8	290.8	0.9	0.0	54.9	25.4	91.5	1.4	0.0
	2021年	73.9	12.3	253.8	0.0	0.0	57.4	14.9	90.8	0.0	0.0
	2022年	69.3	17.4	285.0	1.0	2.8	46.4	19.3	92.9	2.1	2.1
	2023年	56.8	4.8	342.2	0.0	0.0	42.9	6.4	95.0	0.0	0.0
20代	2019年	138.5	23.0	223.2	0.9	1.2	69.7	19.9	91.0	3.3	1.9
	2020年	132.3	26.5	293.8	2.0	1.9	64.3	20.2	97.7	6.6	2.3
	2021年	90.8	17.2	303.1	0.7	1.8	49.3	14.0	97.2	2.3	1.4
	2022年	89.6	25.1	330.3	0.5	1.0	48.4	16.1	96.8	2.3	1.4
	2023年	66.0	15.0	309.4	0.2	1.0	41.0	11.1	97.2	0.9	1.4
30代	2019年	168.2	31.0	149.5	2.5	2.0	78.3	23.3	90.1	9.9	2.0
	2020年	198.1	45.0	191.3	1.6	7.4	77.2	31.6	91.2	5.6	3.2
	2021年	147.6	30.3	212.3	1.5	3.2	69.6	22.7	92.3	4.0	1.2
	2022年	152.5	25.9	199.9	0.8	6.9	63.3	19.6	92.7	3.3	4.1
	2023年	121.2	17.8	218.3	1.6	2.3	57.3	14.5	92.1	4.6	2.5
40代	2019年	216.2	37.5	98.8	6.0	5.0	83.7	25.5	84.7	20.2	3.7
	2020年	232.7	41.5	154.5	5.2	4.2	85.3	28.5	89.3	19.9	3.1
	2021年	191.1	28.5	155.7	4.9	6.3	79.0	21.0	91.0	14.8	3.4
	2022年	191.0	29.7	157.5	4.6	4.8	76.5	22.9	89.0	16.3	2.8
	2023年	188.2	23.1	176.2	2.8	3.1	78.6	21.4	90.7	10.2	2.6
50代	2019年	277.5	48.0	107.9	12.9	6.6	90.3	30.6	77.3	37.4	6.5
	2020年	256.5	49.8	127.8	12.5	16.3	91.6	31.4	81.5	36.6	7.7
	2021年	242.6	28.9	119.0	9.2	14.2	84.8	24.9	82.2	29.6	8.1
	2022年	220.5	33.0	134.9	7.6	5.6	85.7	24.8	85.3	24.4	4.6
	2023年	225.3	29.0	152.7	7.3	6.3	81.2	21.9	86.5	23.5	3.8
60代	2019年	317.6	28.1	56.1	21.8	18.5	94.5	19.0	60.7	51.7	10.3
	2020年	334.7	37.2	83.7	22.0	10.9	91.8	25.9	63.1	50.4	9.2
	2021年	326.1	31.4	92.7	22.3	11.2	93.5	25.4	71.0	50.4	8.0
	2022年	291.4	42.2	105.4	15.0	10.1	92.3	29.8	78.7	45.2	8.5
	2023年	307.6	39.8	119.3	14.4	8.6	91.9	24.1	73.0	37.0	5.9

『令和5年版情報通信白書』より『総務省情報通信政策研究所
「令和5年度情報通信メディアの利用時間と情報行動に関する調査」』

クリエイターエコノミーの勃興により、プラットフォーム依存性を下げて、個人がより発信し、直接収益を得ることを可能にしつつあります。海外ではサブスタック（Substack）、日本では形態は異なりますがnoteなどが知られています。

メディア企業であれば、会社として編集部が記事の品質管理をし、専門性のある記者を雇っていますが、知見を持つ個人や独自取材をするフリーランス記者が直接発信していく仕組みもできてきています。一定の客観性や網羅性を求める情報は企業などの集団が担うことに価値があるかもしれませんが、多様な意見情報を含む発信については、より個人帰属のプラットフォームになっていくかもしれません。

編集者や記者の世界でも、個人が自由に発信できるような情報ソースの多様化やクラウド化が起き、意見情報を取捨選択するストーリーを組み立てることや、さらに強化された体験をつくっていく方向にあると考えています。コンサルティングファームにおいて、これまで自社での実績や専門家人材における情報資産の蓄積に加えて、近年エキスパート

＊サブスタック：個人が自身の購読者向けに有料のニュースレターを配信し、サブスクリプション形式で収益を得られるプラットフォーム。2017年に米国でローンチされ、2021年には利用者数が月間1200万人を突破するなど拡大。何千人もの独立したライター、クリエイター、ジャーナリストが登録している。大きなプラットフォームで不特定多数向けに展開するのではなく、決済や配信システムを活用して、自身のファンとメールで直接自身のコンテンツを展開して課金できるサービス。

ネットワークの活用が進んだように、メディアでもあまり表に出にくい専門家へのアプローチが拡大し、情報ソースとして、もしくは専門家自身が発信していく機会として増える可能性もあります。

経営企画の意思決定にエキスパートネットワークが活用されるように、またメディアにおいてクリエイターエコノミーの流れがあるように、国内でも個人の情報発信がよりその人のバックグラウンドや専門性にひもづく形で整備され、適宜編集され、必要としている限定的な人に届けていく仕組みがさらに広がっていくことでしょう。そうなると、個人がさらに自分の興味を深掘りし、誰でもアクセスできるものではなく対価を払ってでも自分にとって価値のある限定された情報を獲得していくことができるようになります。

スキルシェア

個人間による知見獲得の手段として、スキルシェアの市場も拡大しています。インタビュー以外の形態も含めて多様な形で専門家とつながることができるようになってきており、いくつかのスタートアップではオンラインによるレクチャー形式で、個人で広く専門性を持つ方が知見を提供しているのです。

個人でも利用できる「クラウドソーシング的知見提供」では、個人や法人が小額から依頼ができ、とくに副業市場として広がっています。また、法人向けの小規模な勉強会を開催したり、講演者をプールして講演を受注するモデルを展開したりしている企業もあります。著名人や専門家の講演を受けたり、ニッチな領域でテーマを設計して、そのテーマに関心を持つ企業担当者が受講できたりするモデルも出てきました。リスキリングの市場の盛り上がりも含めて、こうしたさまざまなビジネスモデルが勃興しています。

海外でも、スタートアップのマスタークラス（MasterClass）がオンライン教育サブスクリプションプラットフォームを運営し、エンターテインメント領域での著名人を中心に、個人にオンラインでのビデオレッスンを提供しています。このように、個人がマスメディアに出ていなくても認知され、フォロワーを獲得し、そのフォロワーのコミュニティをベースにマネタイズできる仕組みが広がっているのです。

個人がさまざまなテーマについて専門家とつながり、多くの人がではなく、特定の個人が価値を感じられる情報に対価を払って獲得できる。人を介した知見獲得が拡大した時代になったと感じます。

レビューサイト

購買活動においても意見情報の活用が広がっています。多くのサービスが、レビューの機能を備えています。

オンラインで商品を購入する際、これまでのように商品説明を読むだけでは購入の意思決定の情報として不十分です。商品の比較サイトなども出ていますが、ここに消費者からの声としてレビューが書き込まれ、それを踏まえて判断する方がほとんどではないでしょうか。ポジティブな意見とネガティブな意見を両方見て、意思決定することが当たり前になりつつあります。

企業においても、サービス導入の意思決定でレビューが活用されています。意思決定がしやすいように、利用者の意見が分かりやすく集約されるサービスも増えています。国内ではITreviewがＳａａＳなどソフトウェアやＩＴ製品のレビューを投稿閲覧できるプラットフォームとして知られています。海外では米国発でグローバルに展開しているＧ２が、レビューサイトの運営会社として知られています。

サービスの提供者以上にユーザーが具体的なユースケースやインサイトを持っていたり、ポジティブな意見のみならずネガティブな意見も見ることができる体験は、非常に重要になってきています。

消費や購入の意思決定においても、このように人の意見情報は切っても切れないものになり、すでに浸透しつつあるものといってよいでしょう。また、サービス提供側も、自社でうまく発信さえすればいいというよりも、きちんと価値を磨いて、ユーザーから評価されることをより強く意識したり、ユーザーの声を踏まえてサービス改善していく動きを強めたりすることが可能になります。消費者としては非常に歓迎されるものです。

情報を整理し、解像度を上げる

情報が集まったあと、それをどのように整理し、意思決定につなげていけばよいでしょうか。集まった情報は多かれ少なかれ、いかに整理して理解していくかが重要です。少ない情報でも意思決定の精度を高め、多様な情報を前にしても迷わないで済むように、情報収集の正確性を上げていきましょう。

いきなり鮮明な情報を見ても理解できない

情報には粒度があります。「**解像度**」**といってもよいでしょう**。大粒な情報もあれば細かい情報もあるため、情報を整理していくには、自分の意思決定に必要な粒度の情報を扱うことが重要です。

私はエキスパートネットワーク事業を開始するにあたって、初期は皆で手分けしてエキスパート全員に会いました。オフィスに専用の小部屋を用意し、私自身も1年以上、毎日数人ずつ対面で面談を行ったのです。自らインタビューしたことでエキスパートに対する解像度が飛躍的に高まり、結果として、一言で「エキスパート」といってもどういった方々を指すのか、机上のものから血が通う形に具体化することができました。

彼らがどういったインセンティブで活動しているのか、こうしたサービスに対してどのような印象を持つのかといったイメージができたことは、創業初期において非常に価値のあることです。このとき得られたインサイトは、エキスパートの獲得方法の進化や、獲得チャネルの検討、コミュニティの考え方など、いまにいたるまで私のなかで大きな資産になっています。

思い返すと、このように初期仮説は根拠が弱かったとしても、解像度を高め、トライしながら形にして、徐々に具体化していくことの重要性が分かります。

最も細かい粒度で意思決定者が情報を獲得している必要があるのが、新規事業です。ゼロイチの段階では、仮説を補強する材料はどこまでも具体性が必要です。ユーザーにとってどのような課題があるかを細かく具体的に把握していかなくてはなりません。ユーザー体験の構築や典型的なユースケースなどを概要としてつかむのではなく、ビジネスの顧客接点のいちばん詳細な単位から情報を把握していくのです。細かければ細かいほどよい、といえるぐらいです。

このために、事業開発の場面でも顧客ヒアリングを繰り返すなどで解像度を高めていきます。たとえば、起業のケースとして自分に原体験がある場合は、自分自身がユーザーとしてとらえられるので、高い解像度を基盤にできることは非常に有利に働きます。ただ、毎回自分がユーザーになるサービスを開発するわけではないので、そのときにはきちんとヒアリングや調査によって解像度を高め、そのための情報獲得が重要です。

①顧客が本当に求めているのか？
②対価を払うに足るか？

がポイントで、「自分」という想定する顧客解像度をできる限り言語化し、本気でお金を払いたいプロダクトやサービスになっているかどうか、こうした仮説に対して必要な情報を集めていくことになります。

新規事業でなくとも、事業戦略の策定や生産性の改善、組織運営においても「解像度が足りているのか」は意識する必要があります。ただ、先ほどの新規事業ほどの解像度ですべてを見られるわけではありません。

新規事業であればゼロからなのですが、事業が大きくなり、経営者が現場から距離ができると、事業やそれにひもづく組織も含めて複雑化し、事業のすべてに対して事業を創ったときと同じレベルの解像度を維持し続けることは困難です。認知の限界を超えてしまい、その解像度のために過剰なコストを払うことはむしろ非効率でしょう。解像度のためにといっても、情報把握のためにひたすらコストをかけていくことはあまり効果的ではなく、むしろ無駄なコストを生みます。

だからこそ情報の粒度が重要で、適切な抽象度で把握する方が大切です。そして、事業に課題があるケースや大きく変革する場合は、改めて解像度を高めていくこともあります。

それでは、情報の粒度について、どのように考えればよいのでしょうか？

情報の粒度を考えるための3つのポイント

ここでおさえておくべきは、次の3点です。

① 情報の粒度を段階的に掘り下げていく

② **本当に解像度が重要な場合は、自ら最深部の解像度を獲得していく**
③ **一方で役割によっては細かい粒度の情報にとらわれすぎず、意思決定ができる粒度の情報に集中する**

それぞれについて説明します。

①情報の粒度を段階的に掘り下げていく

解像度や粒度といわれると、獲得する情報の粒度が細かければ細かいほどよいと思ってしまうかもしれません。しかし、情報を理解していくうえでは、むしろ「必要な粒度」の情報を意識する必要があります。そのため、**情報粒度は段階的に掘り下げていく**、すなわち粒度の細かい情報の前に、その上のレイヤーの情報を獲得していかなくてはなりません。

いきなり細かい粒度の情報を得ようとしても、その前提となっている仮説や考え方、全体における位置づけが整理できていないと意味がないからです。

足元の細かい情報に気をとられていると「木を見て森を見ず」になってしまいます。詳細な情報には価値がありますが、そこだけ見ていても意味がありません。企業の意思決定でも、戦略のための情報粒度と、戦術のための情報粒度では大きく異なります。

戦略を理解せずして戦術論に入っても意味がないように、より上位レイヤーの情報から段階的に解像度を上げていかなければ、いきなり細部に入っても一体どこにいるのか分からなくなります。そのため、興味関心のある分野が特定の分野だったとしても、全体像を理解していないのであれば、まずはきちんと全体感から把握していく段階を踏みましょう。それらの全体像を理解したらそのあと、より下位レイヤーの情報解像度を高めていきます。全体像を見ると、どこが重要かもが分かってくるので、詳細情報を得るポイントもつかめると思います。

②本当に解像度が重要な場合は、自ら最深部の解像度を獲得していく

段階的に解像度を高めていったとして、どこまで解像度を高めるかは目的や内容次第です。すでに述べたとおり、新規事業についてはこの解像度が非常に重要です。つまり、一次情報を自分でも獲得していくという、「自らヒアリングする強度」が求められます。ここでは十分な粒度の情報というよりも、どこまでも解像度を高めていき、そして**高い解像度の情報を自らがいかに獲得できているか**が重要です。新しい領域で事前の知識がない前提で粗い粒度の情報を見ても、自分のなかにコンテキストがないので行間を埋められず、情報を間違ったとらえ方・解釈をしてしまう、といったミスリーディングをするリスクが高まるでしょう。

誰かにヒアリングを任せすぎると、そこで得られた情報はすべてヒアリングした担当者のフィルターを通したものになってしまいます。せっかく一次情報を獲得できるのにもかかわらず、人を通すと解像度が粗くなってしまうのです。信頼できるソースからの二次情報ならば幾分ましかもしれませんが、膨大なコンテキストを含む一次情報の価値は高いものです。情報獲得する際に他者を活用することは、効率性の観点ではよい一方で、自らの解像度を犠牲にしすぎない配慮も必要です。

こうした状況を踏まえて、自分の役職が上であっても現場に任せっきりにせず、状況によっては最深部まで踏み込み、解像度の高い情報を獲得していくことが必要です。これは新規事業でなくとも、たとえば組織改革をしていくうえでの組織状況の詳細を把握する際や、事業の進捗が芳しくないときにそのボトルネックの特定をしていく場面など、自ら納得するレベルでの高い解像度の情報を取りに行く感覚は非常に重要です。強度を持って最深部の情報を獲得していくことが、往々にして求められるのです。

③一方で役割によっては細かい粒度の情報にとらわれすぎず、意思決定ができる粒度の情報に集中する

解像度は高いほどよいということ自体は間違いではありませんが、解像度を高めていくためには時間も労力もかかります。すべての情報に対して高い解像度を維持することは非現実的でしょう。ときとして、**細かい粒度の情報取得にとらわれすぎない**ことも重要です。

自分が現場にいれば解像度を保ちやすいですが、経営者など上位層の場合には、現場とも距離があり、会社のすべての事象についてメンバーと同様の解像度を持ち続けることは難しく、加えて、そのために経営層が多大なリソースを割くのも非効率です。

近年はさまざまなDXツールのおかげで、社内の経営管理情報もとりまとめやすくなりつつあります。ただ、それをどう読み解いて意思決定するかは変わらず困難です。

マネジメントのために情報を取りまとめて報告するコストも、大きな組織ではばかになりません。あれこれと細かい情報を要求しすぎると、社内で無駄なコストがかかるだけになります。マネジメントとしても、本当に意思決定に必要な情報粒度かどうかを意識して獲得してください。

意思決定者として必要になるのは、細かければよいということではなく、**自分が「必要な粒**

度の」情報を適切に認識することです。意思決定ができればよいので、そのための精度が十分に確保できると思われるレベルの情報があればよいわけです。そのために、ある種割り切って手元にある情報で意思決定することも必要でしょう。ここの適度な割り切りと、おそらく解像度が高くなければならない情報と、解像度が低くてもよい情報（および意思決定の対象となる事象）の取捨選択の判断ができることが、むしろ重要です。

情報の粒度を高めるには

では、情報の粒度はどのように高めていけばよいのでしょうか。

多くの企業では、すでにＫＰＩ管理や経営会議報告でも情報粒度に沿った情報管理がなされていることでしょう。これは、すでに述べたとおり、効率的に行うためには仮説の検証サイクルを回すことです。初期仮説を構築し、事実情報を収集し、意見情報を獲得するサイクルを回すことで、徐々に解像度が高まり、仮説の精度を高めていくことが可能になります。サイクルを回すほど情報の精度は高まっていきます。

解像度が高くない情報や業界を扱う場合は、初期仮説も粗くなります。そのため、仮説を深掘りする情報獲得を進めていくよりも、まずはもう一段階情報粒度を粗いレイヤーで情報の解像度を高め、質問の切り口を広めに準備していくことが効果的です。解像度をいきなり高めるのではなく、粗い情報を獲得し、全体像を把握していきましょう。幅広い情報収集で仮説の出発点自体を大きく外しすぎていないかを、確認することができます。

新規事業の初期であれば、類似事業や近しい領域の事業にヒアリングをすることがよいと思います。彼らの仮説を確認し、一部模倣も含めて事業設計を進めていく。既存で成り立っている仮説をベースに構築することは効率的です。そこに、既存事業では解決できない課題やボトルネックを確認し、場合によって差異化を図る設計を進めます。顧客解像度を組み合わせて事業をブラッシュアップしていくことが可能です。一方で、模倣を含めて参照することはよいが、結果として同じ発想から抜け出ることができなければ、新規事業としては迫力に欠けるかもしれません。

たとえばエキスパートネットワークであれば、顧客からのエキスパート依頼があったときに、データベースでどの程度見つかるか。これを推薦率や、依頼に対して決定した率を「決定率」としてモニタリングします。この決定率が十分に高いと顧客がリピートしてくれるので、顧客が満足してくれる決定率はどの程度なのかを模索しましょう。また、エキスパートが見つかりやすいデータベースの適切な規模はどの程度かを確認していきます。

そのあと、データベース外部からエキスパート候補を見つけ、個別に誘致してエキスパート化した場合にどの程度決まるか、そして、データベースの数を確保する際にどのような業界のエキスパートをそれぞれ集めていくか、さらに、エキスパートの獲得に関する投資の決定とそのオペレーション効率などを見ていくようになります。

事業が拡大すると、徐々に投資や人員のリソース配分を考えることが重要になってきます。顧客ごとの成長率や定着率を踏まえて、どこに優先的にリソースを配置するかを確認していきます。また提供するプロダクトミックス、私たちでいうと、インタビューやサーベイ、フラッシュオピニオンなどのサービスごとの成長性や収益性などを見て、開発投資の優先順位や体制への人員投資、育成投資などを考えていくことになります。

組織運営で見ると、初期は人数も少ないので、すべてのメンバーごとにコンディション把握をして、個人ごとにどの仕事を依頼するか、どういった目標を追っていくか、メッセージとしてなにを伝えるとよいか、などを考えていきます。

最初のころは、想定したようにオペレーションが回らず期待した生産性が確保できなかったり、むしろ当初の業務範囲を超えたような複数の仕事をお願いすることも多いので、業務範囲や責任も流動的であいまいな状況ですが、それを個別メンバーの意向やケイパビリティの解像度で埋めていく形です。

組織が拡大すると、そうした属人性の高い運用では回りません。コンピテンシー評価の運用を開始し、Role and Responsibility（役割と責任）を設定し、権限を規定し、目標設定して評価サイクルを回していきます。組織サーベイの結果を踏まえて退職リスクや組織コンディションでのネガティブな要素を洗い出し、業務範囲も固定して個人ごとの生産性や育成状況をモニタリングしていく。個々のメンバーのコンディション把握は、マネジメントレイヤーではもはや直接理解することは困難になるので、いくつかのツールの活用とリーダーを通して把握することになります。

このように、事業規模拡大に伴って、見ていくべき対象や粒度は変化していくのです。

業界への解像度としても、たとえばTAM、SAM（Serviceable Available Market）、SOM（Serviceable obtainable Market）は、市場規模を見ていくにあたっては重要な数字とされます。しかし立ち上がり段階において、ここの数字の推定や精緻化に時間をかける意味はどれほどあるでしょうか。もちろん、投資家向けに、ターゲットとしている市場規模を伝えることの意味はありますし、あまりに小さい市場しか見い出せない事業は避けるべきです。ただ、事業立ち上げにおいては、まずは目の前の顧客解像度を高めて、ピボットしていくのがいいでしょう。私自身、起業家の方の事業相談を受けることもありますが、その後大きくピボットして成功しているケースは珍しくありません。

最初は市場規模などかなり大きな粒度の情報を見ていたのが、それらの構成要素に徐々に情報が落とし込まれ、具体的なプロダクトごとの利用者数や頻度、課金状態などが見えてきます。

新しい業界についていきなり個別性の高い情報を見たところで、全体像や背景知識がないと見方が分からないので、その情報の（正しい）解釈は困難です。ですが、最初の頃は仮説がかなり粗かったとしても、走りながら解像度を高めて徐々に仮説の精度を高めていくプロセスがあることで、ほかのプロダクトとの比較や、その数字がなにを表していてどのような評価をするかが定まってくるため、的確に情報と仮説を回し、意思決定の精度を高めることができるのです。自分がするべき意思決定のレイヤーに合わせた情報粒度が必要です。人員投資のアロケーションを決めるのであれば対象事業ごとの収益性や成長性などを見るし、営業トークのブラッシュアップであれば、むしろ営業現場での顧客の反応や状況の解像度を把握しておく必要があります。

解像度が足りないなかで、どの段階の情報でもって意思決定をするか、もしくはいったん意思決定を回避するか、さらに時間をかけてでもサイクルを回していくのか（それが許容されるのか）。これらの判断をしながら仮説検証を回していくことになります。情報の解像度を上げていくと同時に仮説を検証していく。そして情報粒度を細かくし、解像度を上げていくサイクルと仮説検証サイクルを一致させていくことで、意思決定するタイミングが取りやすくなるのです。サイクルが回せているからこそ、どの時点で意思決定するかは判断しやすいので、よりアジャイルな意思決定ができるようになります。

実際の経営の意思決定の現場では、すべての情報がそろって検証しきっている状態はあまりありません。むしろ、情報や検証が足りないなかで意思決定を迫られる状況の方が圧倒的に多いはずです。自分が持っている仮説検証のレベルがどの程度の段階で意思決定を迫られているのか、そこを明確に認知して、自分の状況を理解し、どの程度の不確実性のリスクがあるかを踏まえて意思決定していくことが重要です。これができていると、意思決定者が周囲に説明もしやすく、意思決定の根拠について説明責任を果たしやすいという効能もあります。

結局は、不確実性にどう向き合うかです。仮説検証サイクルの途上で意思決定をすることになりますが、この難しい意思決定ができるかどうか、それが経営において重要であり、難しいことでもあります。意思決定に慣れていないと、十分な検討と検証なしでは決められなくなります。不確実性への向き合い方と粗い仮説の検証レベルでの判断に慣れていないと難しいでしょう。もちろん、「この段階では決められない」という意思決定も重要です。

会社でも多くのリーダーが意思決定、とくに非連続な意思決定を求められるときに非常に不安に感じる、もしくは無意識的に意思決定から逃れたくなると聞きます。この仮説検証サイクルを活用していくことで、意思決定の不確実性に向き合う本質は変わりませんが、少なくとも不確実性に向き合いやすくはなるわけです。

仮説の精度を高める：新規事業の例

解像度が十分でないなかで意思決定を迫られる代表的なケースが、新規事業です。新規事業をするときにも、対象業界についての知見があったほうが当然好ましいのですが、新規というだけあって、その企業にはその業界の知識やノウハウの蓄積はないわけです。担当者もなかなか勘所がつかみにくいなかで、意思決定を迫られます。

その場合には、次のような課題にぶつかることになるので、覚えておくとよいでしょう。

「オーナーシップ不在」問題

新規事業については、初期に「〇〇の課題解決をする」や「〇〇を変革する」などの目的と仮説があるわけです。この意思決定の軸となる当初の目的を明確に認知しておいて、意思決定を積み上げていく。新規事業で重要なのはピボットだからこそ、この軸をきちんと徹頭徹尾、固く保持しておくことは重要です。ビジネスモデルや対象顧客、プロダクトは変わっていく可能性が高いですが、ミッションやビジョンは変わらないはずです。

最初から正解は見えていないので、検証しながら解像度を高め、そのときの解像度に合わせて柔軟に変えていくことが必要です。だからこそ、当初の仮説や目的からいつの間にか外れていたり、多くの人のコンテキストを反映して価値が薄まったりしてしまわないようにしなければなりません。

ここで重要なのが、この新規事業のオーナーです。名ばかりでも意味がありません。そのオーナーが主体的に意思決定をしている、当事者として機能していることが大事です。オーナーが不在だと、この「船頭多くして船山に登る」といったことが起きがちなのが新規事業です。オーナーを明確にし、その意思決定者が本当に意思を込めて事業にコミットし、当事者である状況ができていることが大事です。逆に言えば、見えない第三者が実態として決めている、複数の関係者がそれぞれの範囲で決めているということを起こさないようにする、ということです。

「解像度の欠如」問題

基本的にはすでに述べたとおり、情報を集めて整理し、業界の大枠から徐々に細部に入っていくように調査を行い、仮説検証サイクルを回していくことは変わりません。そして、新規事業はとくに一次情報や、それらの持つコンテキストが重要で、現場から意思決定者やそこに近い担当者が、高い解像度を獲得していく必要があります。

ここをおざなりにして、抽象度の高いレイヤーのみを見て考えてしまうと、実は誰も必要としないプロダクトができた、Must Have ではなく Nice to have でしかなかった、ビジネスモデルとしては成り立たないマネタイズできない事業になってしまった、ということも起こり得るのです。だからこそ立ち上げでは目の前の解像度が重要で、顧客の本当のペインを深掘りして特定していくことを追求する必要があります。

「専門家の言うことを聞きすぎる」リスク

事前の知識がない領域になるので、関連する業界の専門家の力を借りることもあります。業界関係者とタッグを組んで新規事業に取り組むことも少なくないでしょう。一方で、既存の業界の知見のみだと、その業界の枠組みを超えた発想や実行ができないことも多々あります。そのため、既存の業界のなかでそのような新規事業が生まれないわけです。業界の経験が長いほどに、「ここは業界としてこうなっているから」と、前提を変えることができず、変えるべきポイントを不変ととらえてしまい、その業界の慣習にとらわれてしまいます。

そのため新規事業は、業界のプロと新規事業のプロが組み合わさるとよいともいわれます。業界のプロがいることで事業における情報の解釈や、改善される仮説に対する適切な判断ができるようになるでしょう。ヘルスケアなど業界に関するレギュレーションの理解など、業界知識が必須の領域もあります。一方で、すべてが業界関係者の判断だと、結果的に新規事業にならない、すなわち業界の枠組みにとらわれすぎて新しいチャレンジにもならず、結果的に新規事業として価値のあるものにならないリスクが高まってしまいます。新規事業については業界に関する深い見識が必要でありながら、それらにとらわれすぎない意思決定が求められるためです。

これは、解像度に依存しすぎると逆効果ともいえる例です。新しいことをしようとしているときに既存の解像度の高さに依存すると、新しいことはできないのです。

意見が割れた場合は、オーナーシップは新規事業のプロにあるため、最終的には新規事業のプロの意思決定に従う方がよいでしょう。どうしても業界のプロではその業界の枠組みを超えた意思決定が難しいからです。

このように、業界の知見者の意見は有用である一方で、あくまで新規事業などの非連続な意思決定においては、知識を前提としつつ、その枠組みを超えることが求められるのです。

情報の精度を上げるためのフレームワーク

情報の精度を上げるためには、情報を集めながら仮説を検証していくことが大切だとお話ししました。意思決定のために情報を整理していくうえで、思考の枠組みに当てはめて整理していくことは効果的です。そこで登場するのが「**フレームワーク**」です。

既存のフレームワークを活用する

意思決定をサポートするツールはさまざまです。特定の目的に活用するものもあれば、一定の汎用性のあるものもあります。

ロジックツリーは、先述したような情報粒度や組織階層に合わせてKPIのつながりなどを可視化して整理する際に活用可能でしょう。また、意思決定マトリクスとして、選択肢と評価基準からのスコアリングによって、複数の選択肢と評価基準を整理し、比較し最適な選択を行いやすくするツールもあります。

PDCAサイクル（プロセスを「計画（Plan）」「実行（Do）」「評価（Check）」「改善（Act）」の4段階で回すフレームワーク）や先述した仮説検証サイクルも、こうした意思決定におけるツールといえるでしょう。

3C分析、5フォース、4P分析などは、ビジネス環境や、競争環境、マーケティング戦略の構築などそれぞれ目的や場面に応じて活用しましょう。

また、数字での評価という意味では、ROI（Return on Investment）にて投資対効果を可視化することもできます。将来のキャッシュフローの現在価値と、投資にかかる初期費用を比較することができるNPV（Net Present Value）や、投資のキャッシュフローから得られる収益率を示すIRR（内部収益率）も活用されます。

これらに加えて、意思決定理論のフレームワークとして期待効用理論やプロスペクト理論についても考慮できるとよいかもしれません。

ビジネスにおいて意思決定をする際には、これらのフレームワークを通して物事をとらえていきます。どのフレームワークを使うかはテーマや内容に依存しますが、どのような枠組みで整理するかは、無理に多くのフレームワークを使うよりも、慣れているフレームワークを深く理解し、使いこなすことがなによりも重要です。

自分のなかで論点を漏れなく（ダブりなく）洗い出し分析し、整理することができるのはもちろんですが、他者に対して説明したり説得したりする際にもフレームワークは有効です。フレームワークを活用することで、**皆が効率的に同じ景色に到達することができる**からです。多数の人間が集まって議論していく際、フレームワークに情報をまとめて話すことは非常に効果的です。

一方で、フレームワークは万能ではないため注意してください。あくまでツールであり、これらを活用して整理すること自体は、意思決定をサポートするものにすぎません。整理するというよりも、意思決定の根拠説明のためや求める結論に導くために、結論ありきでフレームワークを活用してまとめるケースも多くあります。

フレームワークは事象をシンプルに見せることができる利点もありますが、逆に、複雑なコンテキストを絡めた議論はしづらく、シンプル化しすぎてしまったがゆえに伝えるべきコンテキストが抜け落ちることも起こり得ます。**論点を網羅しやすい利点もありますが、議論自体が表層的になってしまうことは避けねばなりません。**

「思考の癖」を活用する

こうしたフレームワークとは別に、**自分なりの物事を理解する枠組みを把握しておく**ことも重要です。

よくよく話してみると同じことを考えているのに、少し違う説明になっていたり、同じ話をされているのに違う受け取り方をしていたりすることなどはないでしょうか。日本人はハイコンテキスト文化を持つといわれますが、思考の枠組みは近いことが多いと感じます。この思考の枠組みの個人差は、文化的背景や個人の能力、知識、志向性、その時々の状況や体調によっても変わります。多くの要素が複合的に形づくっており、この志向の枠組みの個人差を意識しないと伝えたいことが伝わらない、解釈がまったく違って話がかみ合わないということが起きます。

ユーザベースでは「景色の交換」という言い方で、この見え方を合わせるミーティングや1on1を積極的に行う文化があります。自分にとって思考の癖があるように、他の人にも理解する枠組みがあり、それぞれ異なることは意識しておかなくてはなりません。同質性の高い集団だと気にならないことが多いですが、多様な組織ほど、これらを意識したコミュニケーションをとる必要があるのです。

それと同時に、自分なりのフレームをつくっていくことも大切です。自分なりのフレームに当てはめて、自分なりのストーリーに取りまとめる。こうしたことが意思決定をしていくうえでは欠かせません。自分のなかで筋が通っている、納得感がある状態に到達するには、そうしたことを意識して、自分なりの思考の枠組みに沿って意思決定できることがまず大事です。

「他人の思考の枠組み」を使うのもよいでしょう。

専門家との対話も効果的です。インタビューは双方向でもあるため、仮説をベースに意見をぶつけることで、仮説を補強する材料や対立する材料を認知して検証することが容易になります。ただ、専門家の見解やポジションを組み合わせて理解してください。こうした専門家との意見交換においても仮説とフレームワークを効果的に活用しましょう。

他者との議論においてフレームワークは効果的です。これらに当てはめるとお互いの思考がかみ合いやすく、議論が容易にできます。

組織運営をしていくと、徐々にこうした思考の枠組みは近しいものになっていきます。この枠組みが組織内で統一されていくと、意思決定プロセスはよりスムーズでしょう。一方で、多様な人材のいる組織でこれを実現するのは簡単ではありません。特定のフレームワークというよりも、経営会議や定例ミーティング、そのアジェンダ設計、稟議書などの社内資料の形態を含めて、社内の意思決定プロセスを形式化していくことで、共通の枠組みで認知し整理することが可能になっていきます。会社組織ごとに、情報に対してどう目線を合わせていくか、合意形成のスタイルは若干違いがあります。ここでは掘り下げませんが、組織内でそれぞれの認知負荷を乗り越えて同じ景色に到達し、同じ認識の下での意思決定を最適化していくかは、非常に重要なテーマです。

齟齬がある場合は、それを最小化するためにこの思考の枠組みを活用するのですが、自分に合わせるか相手に合わせるかで大きく異なります。自分の考えの枠組みに当てはめて、自分と周囲の言うこととの違いを取り上げて自分に合わさせるアプローチをとることは多いでしょう。

思考自体が整理できていなかったり、理解不能であったりするときに、自分のフレームに当てはめていくことは重要です。一方で、周囲の考えの枠組みを把握しに行き、自分の考えと一致しているところを探り、思考の枠組みを合わせることができると効果的なケースも多々あります。ただ、相手の思考の枠組みを探って合わせて話すことは、そう簡単なことではありません。枠組みをどの程度意識するかは別としても、いわゆる調整能力が高いタイプは、これが自然とできていることが多いといえます。

こうした思考の枠組みについては、私自身、過去に同質性の高い組織で同じような考え方の人間と働いていると意識することはありませんでした。研究職などでは、仮説は違ったとしてもサイエンスとしてのアプローチは同じなので、そこでも意識することもなかったのです。投資銀行やコンサルティングファームなどのプロフェッショナルファームも同質性は高いです。しかし、スタートアップや事業会社で経営をしていると、営業もいれば経理やリーガルなどのコーポレート部門もあり、エンジニアもいる。非常に多くの人との接点が増えます。

多様な人材のいる組織で一緒に仕事をする機会が増えると、この思考の枠組みのギャップを痛感します。そもそも、多様性は会社にとっても重要なテーマであるなかで、今後は人材の多様化がさらに進んでいき、このような異なるフレームに合わせて理解していくことは必要なスキルになっていくかもしれません。

なお、創業した会社ミーミルでは「カオスから創造する」というバリューを掲げて多様性を尊重しています。ユーザベースにも「異能は才能」というバリューがあります。人によって物事の理解の仕方は違うからこそ1on1を大事にし、対話によってギャップをなくしていく。そのプロセスをマネジメントにも組み込んでいるのです。社員は、こうしたギャップを埋めるために上司と話す場を持つことが推奨されていますし、マネジメントとしても社員と向き合って対話をして景色を合わせていくことが求められています。多様だからこそ自分の思考の枠組みを強制することなく、皆がそれぞれの景色で世界をとらえて意思決定していくというアプローチが必要だと思います。

私自身も、社員の主張が一見自分の考えと異なるために議論の前段で否定しかけたら、よくよく聞いてみると考え方や伝え方が違うだけで同じ結論にいたっていることもあります。お互いに持っている情報や、これまでの経緯も異なる。だからこそ思考のとらえ方に差分は出ます。

会議が、上司が命令を通達する場であるのはもったいない。それであれば会議せずとも、Slackなどのテキストベースでも伝わります。会議で役職が上位の人が話す比率が多いほど、会議である意味が薄れます。現場に近いメンバーからの意見が出るように心理的安全性の確保をし、現場の意見を理解し、(可能であれば)アラインして意思決定できると、メンバーがより主体的になることができるでしょう。そうなると現場が能動的に、自分で考え、自分事としてプロジェクトに取り組むことができます。

他者のフレームを尊重することで、皆が自律的に動き、自走しやすく、意思決定の強度を持ちやすくなると考えています。このためにも傾聴は非常に重要です。

フレームがあれば、分散的な情報獲得もできる

自分なりの考え方のフレームを情報に合わせて構築できれば、分散的な情報獲得もより効果的になっていきます。事業上の意思決定においては、時間的な制約やリソースの最適化も踏まえて仮説思考していくことが好ましいのですが、即時の意思決定が求められない、いわゆる「緊急ではないが重要な」テーマなどについては、より分散的に情報を集めつつ、自分の考えを熟成させていくプロセスがあってよいでしょう。

仮説ベースでの情報収集は効率的ですが、「幅」がありません。時間的な猶予があるケースや中長期の未来に関するテーマ、探索的なテーマについて、ときとして情報を分散的に集めていくのもよいと思います。それなりの時間をかけて発散した情報やアイデアを自分のフレームにどのように当てはめて整理していくか、時間をかけて見ていってください。

なにかよく使っているフレームワークを多用したり、そこまで具体的でなくとも自分の思考の癖を認知したりするのでも大丈夫です。そうした自分なりの枠組みがないと、情報を集めたところで視点が定まりません。ちょっとした目の前の重要でない情報に踊らされたり、簡単に仮説を変えてしまったりします。自分なりに情報を整理して、仮説に当てはめながら分散的に情報を集めてアップデートしていけば、徐々に思考が熟成して、仮説がより自分独特の志向と根拠に基づく自説になっていきます。

対立する見解にこそ価値がある

情報を獲得するにあたっては、仮説をベースにするとよいと述べました。仮説に対しては、既存のフレームワークや自分の思考の癖を使って整理する。そしてその仮説を検証する際には、多角的な情報をとることが大切でした。

多角的な情報をとる際に注意深く取り入れるべきものの一つが、**対立意見**です。とくに時間的な制約が大きいときは、多角的な事実情報を収集していくよりも対立意見とその根拠となる事実情報を整理して判断していくことが効率的です。そこで、ここでは対立意見について少し考えていきましょう。

意見の「痛いところ」を考える

意思決定は選択なので、異なる利点をはらんだ異なる選択肢はあるはずです。すなわち、すべての意思決定について、ポジティブなポイントしかないということはありえず、なにかしらネガティブなポイントはあるはずです。

検証する際に、Pros-cons（賛否両論）を整理することは一般的ですが、Pros（賛成）だけ集めるのではなく、積極的にCons（反対）を特定していく必要があります。Prosだけを述べた提案は信じられません。反対意見に積極的に向き合い、Consをどのように解釈するかが重要です。

このときに、専門家の見解は貴重です。専門家の意見情報として、自身と対立的な意見を適切に組み入れて判断材料にし、自身の意思決定のリスクを適切に把握する。もちろん、専門家もポジションに気をつける必要があります。たとえばある新市場でビジネスをしている起業家だとポジティブなポジションをとりがちであるなど、見解は偏る可能性はあります。これはある意味当然です。嘘はつかないにしても本質でないConsを述べたり、自分のビジネスやポジションの痛いところは言いにくい状況もあり得ます（その点を認めていないか、認めていても軽視しているということもある）。

客観的かどうかに固執するよりも、ポジショントークはある意味避けられないので、そのなかでいかに情報を理解するかが肝要です。

だからこそ、異なるポジションをとっている専門家からヒアリングすると、「痛いところ」が分かるわけです。

対立意見は必要

いろいろな人にヒアリングしていくなかで、専門家によって見解が異なる場合があります。情報を獲得した側としては混乱するかもしれないし、判断に迷うところではあります。専門家の意見の多数決で解が出るものでもないので、それぞれの根拠を慎重に判断して、自分なりの解を読み解いていかねばなりません。

しかし、対立意見は確実に必要です。むしろ、この対立意見を獲得することを意識的にする必要があります。

未来への相談が増えてきたなかで、専門家の見解がどの程度一致するでしょうか。もちろん、一致するケースもありますが、一致したからといってそれが正しいわけでもありません。そしてこのような不確実性の高い未来のテーマに対しては一致しないケースも非常に多いのです。というよりも、全員が一致していることの方が稀で、専門家同士でも意見が割れることは珍しくなく、むしろ頻繁にあるわけです。

では、対立意見から意思決定するために、対立している意見を持つ専門家同士が討論するとよいのでしょうか。それでよい解が見えてくるかというと、そうならないケースの方が多いのではと思います。ダニエル・カーネマンも、著書『ファスト&スロー』のなかで、学術誌における公開討論について「この手のものを読むたびに、こういうやりとりは時間の無駄だと感じる」と述べています。討論となると皮肉の応酬や譲歩しない姿勢を引き出して生産性のある議論からは遠ざかる傾向にあります。

そもそも不確実性を前提としているので、ポジションを戦わせるというよりも、対立意見に対する見解やその裏付けとなる事実情報の精査をする必要はあります。こうした対立意見を踏まえて、それぞれの論拠は理解しつつ、自分で意思決定するしかないのです。

リスクがある投資判断を求められるケースにおいて、あえて対立意見を支持するチームを組成し、投資の意思決定にあたって十分に議論を行う例もあるそうです。著名VC（ベンチャーキャピタル）のアンドリーセン・ホロウィッツ（Andreesen Horowitz）では、投資に反対する役割を担うレッドチームを設けています。また、バークシャーハサウェイ（Berkshire Hathaway Inc.）では、規模の大きな投資案件については賛成のアドバイザーと、反対するアドバイザーの2つの役割を起用して対立意見を吟味するそうです。（『ハーバード・ビジネス・レビュー』／2024年11月号）。

経済学者について市況予測をした際に、最も優れた一人よりも平均の方がよい結果が出たという実験が『多様性の科学』（マシュー・サイド著／ディスカヴァー）でも紹介されていますが、特定の専門家が正しいというよりも、集合知としてとらえたときに最も正解率が高くなるというのは示唆に富む話ではあります。

誰か一人が正しいのではありません。誰か一人の意見で意思決定するのは危険です。かといって、多数決で決めましょうということではなく、あくまで、複数の専門家の意見を集めて意思決定していくことに意味があるのです。

実際にエキスパートインタビューを行っていくと、未来に関するヒアリングにおいては専門家によって大きく見解は分かれます。同じ属性でも意見が分かれますし、属性が異なる専門家であればさらに視点も異なります。結果として未来に関する見方は皆の意見が違うし、視点も異なる見解がたくさん出てくることになります。自分の知らない業界の未来について、自分よりも専門性の高い人たちが異なる意見を述べているわけです。

ここに、意思決定の難しさと意義があるのです。意見を聞いて皆が同じ結論を出すことに従うだけであれば、意思決定は難しくありません。意思決定者は、こうした異なる意見を踏まえて、そこから自分なりに論理を組み立て、ストーリーを構築し、意思を乗せて意思決定をしていかなければなりません。

非常に難しいですが、意見情報を活用した意思決定においては、こうした行為がより意識的に行われるといえます。複数の意見が表出したからこそ、そこからは意思決定者の仕事だといえるわけです。

周りの意見が大きく割れたり、専門家といわれる人からの意見とは逆行するかのようなリスクのある意思決定をしている経営者を見ると、それだけで畏敬の念を感じるときがあります。多大なエネルギーと混沌のなかでの意思決定は本当に難しいものです。ただ、効率的に情報を獲得していく、人の知見をフル活用する、アドバイザーやコンサルタントによる解釈のサポートを得る、そうしたことで意思決定をしやすい状況をつくることはできるはずです。

ただ、それでもやはり、最終的に意思決定をするのは一人なのです。

column

既存のフレームワークをどう活用するか

私は特定のフレームワークを活用するということはあまりないのですが、トレードオフの関係を整理するために、１軸や２軸でのプロットなどはよく行います。

たとえば、情報プラットフォームで広くユーザーに届ける価値と、個別のユーザーの深いニーズに応える個別性のある価値は異なります。ＳａａＳは月額固定課金でプラットフォームにアクセスでき、掲載している情報に自由にアクセスし、加工し、ダウンロードが可能です。一方で、エキスパートネットワークは従量課金のサービスで、フラッシュオピニオンへ依頼するたび、インタビューを実施するたびに課金されるモデルです。これらを組み合わせて提供していくことにチャレンジするのが、ＰＭＩでのプロダクトや商品設計の融合で必要となります。

実際にここは、ＰＭＩにおいて商品設計やプロダクト、投資配分も含めて、相互理解が難しいポイントでした。ＳａａＳ出身者とエキスパートネットワーク出身者で考え方の基盤がかなり異なるので、いきなり各論に入ると多くの場合はすれ違い、そもそも議論にならない。そうした際に、フレームで整理することですれ違いが解消され、融合のポイントや、異なる価値における優先順位を適切に考えることが可能になります。

このときに軸としてプラットフォーム価値と個別価値をつくり、そこにフラッシュオピニオンがどこに属するかなどをプロットしていきます。フラッシュオピニオンでは、プラットフォーム価値に強く接続させる目的でプラットフォーム側が作成して公開しているコンテンツもありますし、質問を投げたユーザーのアカウントのみで見られるコンテンツもあります。後者は、個別価値に接続しつつも蓄積していくことで、プラットフォーム価値にも貢献してくれることを期待してのことです。これらの開発の投資バランスや価値の在り方、価格への反映の仕方などを考えるにあたって、どちらの価値を高めるかをプロットしながら、軸に沿って見ていくと視覚的に整理できます。

また、他にもスピーダ上に機能やコンテンツを実装する際に、プラットフォーム価値を押し上げるものと、プラットフォームには貢献せずとも顧客の深いニーズに応えて個別課金できるものを整理していくことがよくあります。

フレームに沿って整理すると、個別の開発が混在している状態よりも皆の視点が合いやすいのです。とくにこうした価値についてトレードオフが発生するような事象については、このような整理が意思決定や合意形成においては効果的といえるでしょう。

ただし、安易にフレームワークに入れ込んだり、パワポでまとめたりするのは、間のコンテキストが抜け落ちたり、情報を簡素化しすぎたりする傾向もあります。そのためにできるだけコンテキストベースで詳細を伝えることは重要で、そこに加えてマッピングなどの視覚的な整理を加えることで、思考の枠組みを合わせやすくなります。

自分で決める

意思決定をするにあたって、情報はあればあるほどよい。また、専門家からの意見情報収集も効果的であると述べましたが、そこから意思決定をするのは簡単ではありません。

こうした際に、コンサルタントやアドバイザーを活用する、という方もいると思います。つまり、コンサルタントやアドバイザーを介在することで、より意思決定を効果的に効率的にできるかもしれません。

では、アドバイザーやコンサルタントに、意思決定においてどのような役割を期待するのがよいのでしょうか？

たとえばあなたの会社がコンサルティングファームと契約していれば、その企業のコンサルタントやアナリストを頼ることができますし、個人的にメンターがいたり、経営顧問として依頼をしたりするケースがあります。一概にコンサルタントやアドバイザーといっても果たす役割は多様ですが、ここでは、情報収集から意思決定までの間における、第三者の効果的な活用という観点で述べていきたいと思います。

アイゼンハート教授の論文でも「経営者が1人だけで決めたほうが早い意思決定ができると思われているが、実際は『アドバイザー』を活用している企業ほど意思決定が早い」とありました。

意思決定は主体的かつ主観的な取り組みです。一方で、情報からどのように解釈するか、整理するかは、業界の専門家でない第三者の力を借りることによって効率的にできる可能性はあります。これはあくまで、意思決定をゆだねるのではなく、活用することで決めやすい状況をつくることではあります。

コンサルタントなどの第三者を活用して、アイデアの壁打ち、目的に応じた要件整理、デスクトップリサーチやインタビューを含めた情報収集の代行・実行、情報の整理や情報の読み取りのサポート、そこから論理的に導き出せる結論・見解の提案などを得ることもできます。

一方で、外部の第三者では、当事者ではないため同じコンテキストは共有できていません。たとえ社内の人間であっても、経営者と同じ視点に立つことは難しいでしょう。第三者だからこそ、情報を収集したり整理する際に、客観性が保てたり、当事者のバイアスを避けることも可能で、使い方によって効果的です。

こうして得られた第三者からの情報についても、意思決定者が適切な粒度や解像度で見ていくことは必要ですし、そこからの結論について、自分のコンテキストを踏まえて不確実性のなかで意思決定する必要があります。

他者に意思決定をゆだねることはできません。そこに明確な線引きは存在します。結局のところ、意思決定は孤独な作業です。ただ、サポートを受けることはできます。

意思決定を支援する社内機能としての経営企画

社内では、経営企画の役割の一つが、こうした意思決定支援です。

経営企画は企業によって業務範囲や位置づけが異なるため、イメージしにくい部署かもしれません。280ページの図を見ても分かる通り、業務は多岐にわたります。中期経営計画など経営戦略の策定、年度ごとの事業計画の策定と進捗管理、新規事業、CVC立ち上げやスタートアップ投資、M&AとPMI、ガバナンスとリスク管理、IRや広報・PRなどです。

図3-9｜経営企画で担当している業務

経営企画の業務は守備範囲も広く、さまざまな経営アジェンダへの関与が求められる

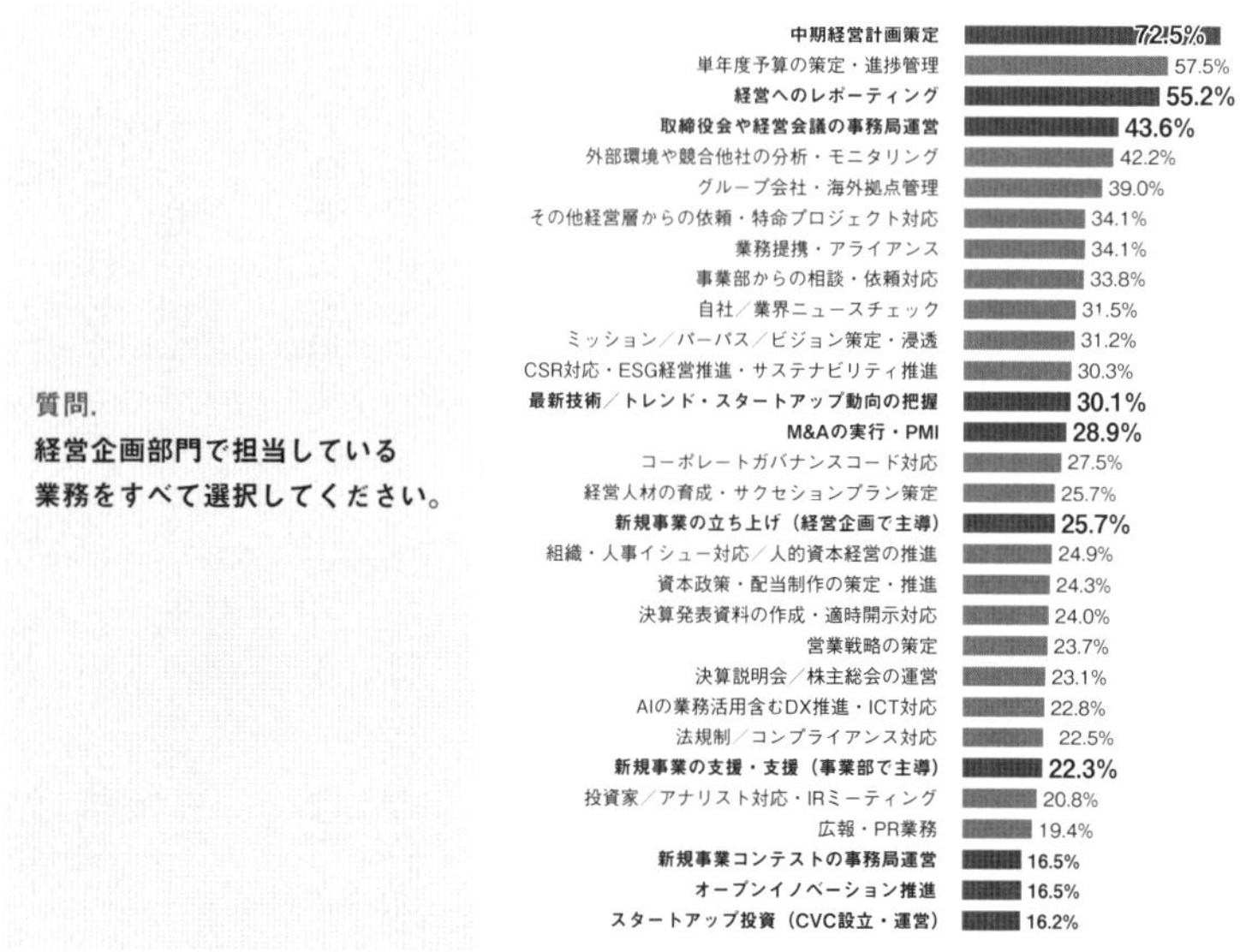

ユーザベース　調査レポート『経営企画部の理想と現実 2024 ー経営企画の実態と生成AIの活用動向を読み解くー』（2024年7月8日）より一部改変

図3-10｜経営企画業務における生成AIの有効活用で必要なもの

専門家や信頼できるデータベースとのセットで生成 AI の活用が加速していく

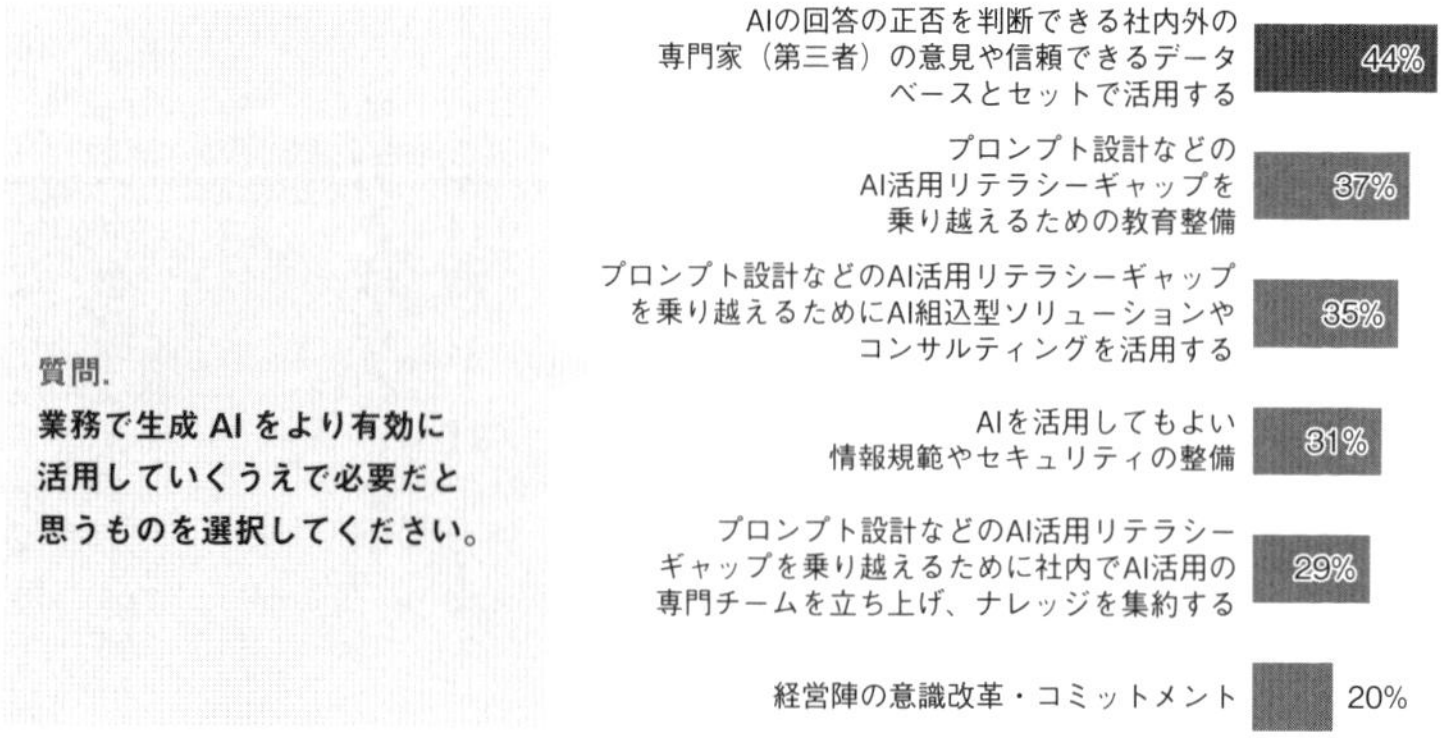

ユーザベース　調査レポート『経営企画部の理想と現実 2024 ー経営企画の実態と生成AIの活用動向を読み解くー』（2024年7月8日）より一部改変

昨今の事業環境の変化によって、経営企画の役割も変化してきています。経営企画の課題としても、外部環境や競合他社の分析・業界ニュースのチェック、最新技術やスタートアップの動向把握といった情報収集と分析が継続的に求められるなかで、内部の人材のスキル・経験不足や人手不足、時間不足などがあります。

こうした部分をカバーするためにも、さまざまな情報サービスが発展してきた経緯もありますが、前述した意思決定の情報収集や整理をサポートする第三者としてのリソース活用も広がっています。

近年では、こうした情報収集や整理における生成ＡＩのインパクトは、無視できないという次元ではなく、世界を一変させているというのがリアルでしょう。調査業務は、調査の最初のステップに生成ＡＩを活用することでかなり効率的になるため、サービスの一部代替が起こる可能性は高いです。

しかし、生成ＡＩによって調査業務が無くなるというわけではありません。調査レポートでも述べられている通り（図３－10）、「社内外の専門家の意見や信頼できるデータベースとセットで活用する」ことで生成ＡＩを「使いこなす」ことができます。回答の正確性・妥当性を正しく評価できるかという観点がより重要になっていくのです。

このような経営企画向けの情報プラットフォーム活用や外部を含めた人的リソース活用の行

きつく先は、意思決定の精度とスピードを上げることに他ならないのです。

ただ、改めて言いますが、プラットフォームや人的リソースを活用したとしても、これらはあくまでサポートであり、意思決定者が意思決定自体をゆだねてはなりません。意思決定の参考にするのはよいとしても、他者の提案のとおり（主体性なく）意思決定したり、事実上意思決定を任せてしまっているのは最悪です。

意思決定のストレスや負担や、責任から逃れたい気持ちから、人の意見にすがりたい気持ちも出てくるかもしれません。しかし、コンサルタントやアドバイザーが事実上意思決定をしているような状態や、彼らの提案や結論を思考停止してそのまま受け入れて意思決定することは健全ではないでしょう。というよりも、あってはならない。これは第1章でも述べた、最も重要な意思決定の主体性を放棄していることになります。

情報収集を外部や他者にゆだねることで、別の難しさも出てきます。周りに任せすぎると意思決定者が必要な解像度を得られないケースも多く、かといって、細かい粒度の情報を意思決定者自らがすべて目を通すのは難しい。もちろん、意思決定において解像度は高いほどよいですが、時間や労力的な制約によってそれが難しい場合、前述したとおり、限られた時間とリソースのなかで「必要な粒度」での情報獲得が必要になります。社外よりは、経営企画などは社内のほうが同じコンテキストで物事を見ることができていて、その一貫性も確保しやすいので、社外に託すよりは、こうした情報収集や意思決定支援の機能を社内に持つことがよいのですが、外部にゆだねる場合は慎重に判断することが求められます。

自分で情報収集を行ったうえで、直接解像度を高めるべきケース、経営企画や社長室など社内で近いコンテキストを持っている組織が収集・整理するべきケース、外部のリソースで収集・整理するべきケースは、内容や状況に応じて判断していく必要があるでしょう。

たとえば、主として二次情報・三次情報中心の初期の情報収集ほど外部でもよいのかもしれません。意思決定に近い、解釈の精度が求められる一次情報が増える段階であったり、自社のコンテキストも踏まえて検証を精緻化していく最終プロセスであったりするほど、内部リソースがサイクルを回していくほうがよいでしょう。これも、どの粒度の情報が意思決定に必要かでも異なります。

とある実際の新規事業のケースで、一度初期検証から内部の担当者をアサインし、想定顧客からのフィードバックを私ではなく、担当者に任せたことがありました。

このとき、「価格が高い」「サービスの品質が不満だ」などの多くの声が聞こえてきたのです。新しいサービスの場合は、こちらの想定している価値がイメージできていないことも少なくありません。自社の想定しているサービスに対してネガティブな声もあればポジティブなものもあります。ここの解釈は非常に難しく、いたずらに顧客の声に引きずられることなく、事業の届けたい本質的な価値に対して光明が見えるかが重要です。間接的にこうした声を聞くだけでは結局判断できないことに気づき、誰かに任せるのではなく、やはり発案者でありオーナーである自分自身でヒアリングして、新規事業の方向性を意思決定したことがありました。

新規事業では、初期段階から精度の高い一次情報や細かい粒度の解像度が求められるので、自身で直接情報に触れていくことから始めてもよいでしょう。逆に既存事業のなかの戦略策定や新施策の検討などのケースであれば、事業にかかわる組織に外部の目を組み合わせたりしつつ、サイクルを回すのも一案です。このように、ケースに応じた最適な解があります。

なお、先ほど経営企画の機能について触れましたが、事業環境の変化のスピードが速くなっているなかで、意思決定も迅速に柔軟にしていくことが重要です。

ユーザベースでは「アジャイル経営」といった概念を提唱しています。アジャイル開発の概念を経営に適用したようなもので、「顧客起点で、変化にスピーディに対応する経営」として、不確実性が高く、変化への迅速な対応が求められる経営環境に即した考え方といえるかもしれません。こうしたアジャイル経営において、この意思決定のための検証サイクルの高速化と、それに即した組織や意思決定プロセス構築が企業としても求められる時代になっているといえます。

column

『赤ちゃんを科学する』——なぜ生まれたばかりの子どもの視力は悪いのか？

「木を見て森を見ず」という言葉のとおり、全体像を把握せずにいきなり各論を見ても仕方がないでしょう。リサーチの設計についても同様です。最終的に知りたいことは各論である一方で、そもそも自分の知りたいテーマが全体のどこに位置するのかを把握しておく必要があります。

遠回りに思えるかもしれませんが、まず全体像を把握して、次に知りたい個別の議論に入っていく。こうしたことはリサーチの原則でもあり、同様のことが脳内でも起きているのかもしれません。

Netflixの「赤ちゃんを科学する」シリーズは、赤ちゃんの発達過程についての科学的な調査の結果などを分かりやすく紹介してくれているドキュメンタリーです。

この番組で取り上げられていた、生まれたばかりの赤ちゃんの視覚についての興味深い研究があります。生後間もない赤ちゃんの視覚は不十分で、大人と同様の解像度で見えていません。どうやら視力が弱く、ぼんやりと見えているようです。これは視覚の発達過程ということで仕方ないともいえますが、生まれているのに見えないのは不十分な発達にも思えます。しかしこれは、そうなるべくしてなっているとも考えられるというのです。

生まれてすぐに周囲がすべて高い解像度で見えてしまうと、脳への負担が大きく、処理が追い付かない可能性もあるということでした。そして、そもそも初めにはそこまで解像度の高い情報は必要ないということでもあるかもしれません。周囲の情報が見えたとしても、知識がないので、その情報を解釈できず判断がつかないためです。ちなみに、弱い視覚でもぼんやりとパターン認識はできるレベルであり、両親などの顔も認知できています。

このように、情報処理能力が追いつかない解像度の高い情報は意味がなく、むしろぼんやりと全体像を把握できたり、パターン認識ができたりするレベルが適切であると考えられるのです。

リサーチにおいても、いきなり解像度の高い情報へアクセスしても、そこから判断するには情報処理の負荷が非常に高い割に意味がないことかもしれません。むしろ、初期的には全体像をぼんやりとつかみ、重要なポイントを把握しておくことが必要なのです。

第4章

伝え、動かす

新規事業に学ぶ、意思決定の極意

コンテキストを共通化するための内部投資

ビジネスにおける意思決定は複雑です。その背景には、膨大なコンテキストが存在します。そのために、意思決定者が変わると方針や実態としての事業の中身が大きく変わっていくのはよく目にする光景です。

時間軸や組織、人、オペレーション、投資や収益構造も異なる。これらはそれぞれ小さい違いであっても、積み重なることによって個人の意思決定が変わると、事業は結果として大きく変わってしまうものです。

だからこそ、意思決定の根拠をクリアにすることが重要です。内部でデータ基盤を整えて、数字で意思決定できるようにするのは、そのための仕組みです。数字をベースとした意思決定であれば、皆がそのコンテキストを理解しやすくなります。また、OKRの設定や個人ごとのゴール設定などは、ある意味、大きな組織のなかでコンテキストを共有するための仕組みであるといえます。

私の実感としても、創業期においてはいわずとも伝わったコンテキストが、組織が大きくなるにつれて何度言っても伝わっていないと感じることが増えました。

実は初期は、社内のコミュニケーションにはほとんど意識的に投資をしていませんでした。そもそも、社内会議もあまり開かないようにしていたぐらいです。組織拡大とともにさすがに要望が増えて社内会議は開くようになりましたが。

創業期は、会議をするよりも動くことに時間を割くべきとして、コミュニケーションへの投資を抑えていました。それでも小規模組織であれば問題はなく、むしろ機動的に意思決定と実行はできたと思っています。

当初は社内コミュニケーションを重視していませんでしたが、事業が大きくなるにつれ、かつリモートが基本になってからは社内でのコミュニケーションにかける時間は圧倒的に高まってきました。とくに2020年、ユーザベースへ参入したあとには、それまで営業や提携含めて社外に出ていたのをかなり意識的に変えて、社内コミュニケーションに注力しています。

かつては全体会議で話すぐらいで、あとは適宜必要に応じたコミュニケーションだったのが、リーダーが増えたことで全体会議のアジェンダも増え、私が全体へ話す機会はつくりながらも頻度は落としていきました。そして、役員やリーダーとチームミーティングで話すような形に移行していったのです。さらに組織が大きくなったときには、全てのチームミーティングに出ることも難しくなったため、全体会議や経営会議の設計を行い、役員やリーダーとの1on1の頻度を確保していきました。リーダーを介して必要な粒度での情報を獲得し、方向性や施策の妥当性を確認しつつ、施策の後押しや方向性の承認を行うという形です。組織統合や再編が起きるごとに、社内コミュニケーションにかなりリソースを使い、まさしく創業期に比べて逆転したような時間の使い方になっていきました。

私から直接話す機会はつくりつつも、リーダー経由でのコミュニケーションを主としていった形です。組織を実務で動かすのはリーダーであり、彼らの方が現場の解像度が高く、彼らが自分の言葉で伝えたほうがよい。したがって、私の意図は伝えて、それを彼らがアラインする形で消化して現場を動かすのです。もちろん、中長期の戦略や組織の価値観など抽象度が高い事象はCEOが話すべきですし、その直接の言葉が効力を持ちます。一方で実務や現場の話については、不用意に話すと解像度がかみ合わない話になり、逆に混乱を招きます。そうした話は各論から入るよりも、全体における意図や考え方を伝えて、それに沿う形でリーダーが自分の言葉で現場に伝えていく方が効率的です。むしろ、リーダーと集中的に話す時間を確保していくのがよいでしょう。

日々変化する事業のなかでは、現場でよかれと思って進めたものが全体方針とずれて、社内でコンフリクトが起こることもあります。こうしたときには、やはり直接トップとして意思決定し、その理由を直接全体に話す機会も必要です。そのバランスを取りながら、通常時はリーダーとのコミュニケーションで組織運営するようにしていくのです。

このように、組織規模や組織再編など非連続イベントの発生に応じ、伝え方は最適化をつねに模索していくことが重要です。

組織が大きくなると、「言っているけど伝わらない」といったことが増えます。多くの場合、経営側が十分に伝えていないわけです。とくにビジネスでは、細かいレベルでの認識のギャップが結果として大きな変化につながることもあります。こうしたなかで、いかに内部の情報管理や伝達に投資していく意思を持つかが重要といえます。

経営企画や社長室などがそうした社内の情報整理や伝達機能を担いますが、スタートアップの初期フェーズのときは、「必要ない」と過剰に考えていた機能であっても、徐々に組織が大きくなると必要だと感じることが増えてきます。一方で、そうした機能が力を持ちすぎると、社内の情報やコンテキストを集約して保持することになるので機能が必要以上に強力になり、事業部が逆らえない構造にもなりがちなので、注意しなくてはなりません。

創業した会社ミーミルでは、「meme」と名付けて、組織や事業においてのさまざまなアジェンダを設定し、コンテキストを共有していく全社会議を非定期で開催しています。以前、100人規模を超えたあたりで、全社員に対して意思決定の歴史や背景を説明する機会を持ちました。ここで分かりやすく意思決定のコンテキストが伝わったとも思います。

自分の思っていることが伝わらないという経営者は多いでしょう。

そもそもかかわる人が多く、職務も多様化し、コミュニケーションの機会も限られていくわけなので、なにをどのように伝えるかは考え続けなければなりません。こうしたなかでのリーダーとのコミュニケーションや、メンバーに対して話す機会などまだ模索中ですが、変化は続けています。

もう一つ重要なのが「シンプルに伝えること」でしょう。コンテキストを伝えたいがためにコミュニケーションが複雑化することもありますが、とくに「1対n」の場では受け止め方も多様になるため、シンプルに伝えることも重要です。これは私の苦手なことなのですが、誤解を招くことなくいかにシンプルに伝えるかが大切だと思っています。

深いコンテキストは、リーダーや役職者などとの個別コミュニケーションのなかに織り込んでいくことが効果的で、背景を正確に伝えることは重要です。全体に対して端的に伝えたあとでも、各組織での認識のギャップなどをリーダー経由で埋めていけます。全員に同じレベルでコンテキストを伝えることは不可能ですし、あまり複雑に説明するとかえっていちばん伝えたいことが伝わらないことにもなります。したがって、最後に伝えるところはシンプルにしていくのがよいでしょう。

伝えることには、さまざまな背景があります。それらをある程度無視する形で、誤解を恐れずにシンプルに伝えることは、とても難しい技術だと思います。

『SIMPLE RULES』の通り、組織が大規模になるほど、シンプルなルールがあると意思決定者にも大変効果的なのですが、伝える場合にも効果的です。ルールに基づいて説明できれば、意思決定の背景が適切かつ効率的に伝わりやすいでしょう。

できるだけシンプルに意思決定しシンプルに伝えることが、実際に組織を動かしていくためには非常に重要です。

経営における意思決定、リーダーの自律性を育てる

組織が拡大していくと、細かい部分まですべて自分で意思決定できなくなってくるため、各リーダーに権限を委譲していかなくてはなりません。権限委譲しつつガバナンスはきかせていくわけですが、同時に、リーダーが意思決定していけるよう育成する必要もあります。

リーダーが意思決定できるように育てるには、コンテキストを伝えていきます。これまでの経緯や、これからどのような背景・考え方で意思決定していくのか、これらをできる限り伝えていくのです。そうした情報を踏まえて、徐々に自分で意思決定できるようになっていきます。

コミュニケーションコストを抑えようとすると、結論を伝え、解を与えるといったコミュニケーションをとりがちです。明確にするためにはシンプルに結論を伝えるこ

とはよいのですが、周りが意思決定できるようにしていくにはコンテキストが必要です。

多様で複雑な組織や事業、現場での裁量がある企業などでは、コミュニケーションコストがかかったとしても、意思決定をしたリーダーがコンテキストを伝えることが効果的です。これは、自律的に考え、現場視点で動くためにも必要な投資といえます。

たとえば、開発において何を優先するか、価格プランをどのように設計するか、どの顧客に対してイレギュラーな提案を許容するのかといった場合、組織を動かす意味では、結論を伝えていくコミュニケーションは効率的です。ただ、リーダーが自律的に意思決定できるようになるかどうかを考えると、これではきちんとした意思決定の軸が継承されていかないことに気がつきます。

リーダーへの権限委譲において大切なのは、結論よりもコンテキストであり、**なぜそのような意思決定を下しているのかという理由や根拠・考え方**です。たとえば、開発の優先順位について、これを開発するという結論よりも、いまはどのような顧客にどの価値を伝えることを重要としているのか。こうしたコンテキストを伝えていくことこそ大切です。

動く際にも、決定事項を単に動かすよりは、意思決定プロセスに巻き込み、「自分も意思決定にかかわった」「むしろ自分が決めた」ぐらいの感覚を持ってもらうのです。そうすると、動き方も自律的になり、能動的になります。

「太上は、下のこれ有るを知るのみ。……猶として、それ言を尊ぶ。功成り事遂げて、百姓みな、われ自ら然りと思えり」という老子の言葉があります。「よい君主は存在を主張しない、皆がただいることを知るだけ。皆が事業を実現した際に、自分たちの力でやったと思えるのがよい」という解釈をしています。

マネジメントも、できるだけ主体性を尊重しつつ、皆が「自分がやった」と思えるように誘導していくぐらいに人を動かしてのがよいと思っています。つい承認欲求が邪魔をし、「自分がやった」といいたくなるし、自分がやったように物事を持っていきがちでもあるのですが、マネジメントとしては成果が最大化できれば十分です。皆が自分の力と実感できるように導くのが、よいやり方ではないでしょうか。

なお、意思決定においても実行力の担保は重要です。理想だけで意思決定をして、できなければ意味がありません。「できないこと」を意思決定しないでください。組織におけるケイパビリティやキャパシティを勘案することが大切です。もちろん、かなりストレッチした目標を決めたり、足元であるリソースを超えて実現したいことや経験がないことを意思決定したりすることはあるので、自社でできるぎりぎりのラインを判断します。顧客解像度と同様、自社の組織における実行力の解像度を持っておくことも実際に動くためには必要です。

新規事業の意思決定、創業と社内新規事業

重要な4つのポイント

新規事業でも、創業者が基本的に事業のために会社を作ってゼロから形にしていく起業と、すでに主要事業がある企業が新しい可能性を求めて事業を立ち上げる社内新規事業は同じではありません。

これらはいずれも新規事業ではありますが、意思決定の構造が大きく異なります。起業の場合は、その事業のために会社を創設しているので、意思決定者や優先順位もクリアです。資本やリソースも一貫して創業者がボールを持っており、分かりやすいでしょう。一方で社内新規事業は、会社の意思決定者とは異なる事業責任者がいて、その管掌範囲も会社によって違いま

す。主要事業との優先順位やリソース配分も考えなければならないため、意思決定が複雑化するでしょう。大企業の新規事業となると、人員や投資ができるリソースが潤沢なのでとても有利に思えますが、この意思決定構造がなにより新規事業の難易度を高くしています。

企業内の新規事業担当は、多分に社内の意思決定に付随する事象にリソースを割くことが求められます。新規事業がどのように他の事業の影響を受けないようにできるか、リソースを他に取られないで済むか、取り組みを持続性ある形でトライできる座組を組めるかを重視します。

他の主要事業がある場合は、複雑な意思決定を効果的に動かすことができれば、単体の起業ではできないことを早期に実現できる可能性も秘めています。一方で、とくに大企業の新規事業などは、オーナーによる主体的な意思決定がしにくい状況にあることがいちばんの難しさであり、実はリソースの配分以上に困難さをもたらします。本業の調子が悪くなったために投資が止まったり、投資優先順位の変化によって新規事業担当者やメンバーが異動したり、社長や担当役員の交代で停止したり、新規事業へのリターン設計や評価について既存社員から不満が出たり、担当者からするとアンフェアであったり、自分の意思決定権限を超えたハードルがさまざまに生まれていくことが非常に難しいのです。

ただ、社内での新規事業における意思決定の構造をあらかじめ整理できているのがベストですが、状況に応じて変化するので、つねに意思決定の構造に気を配りながら進めていくことになるでしょう。

新規事業ではいろいろな意思決定の場面があるわけですが、重要なのは**「なにをやるのか」「誰がやるか」「どう決めるか（意思決定の枠組みをどうするか）」**そして**「どうやるか（まずはやってみる）」**の4つだと考えます。

アイデアに価値がない？

最初に問題になるのが「新規事業としてなにをやるのか」つまり、新規事業における最初の最大の意思決定です。

多くの場合、先に実現したいことがあり、その手段として起業などがあるわけです。新規事業を立ち上げてから、その後になにをやるかを考えるのは順番としては逆ですが、たとえば社内の新規事業を統括する部門などではアイデア創出の必要性に迫られることはあるでしょう。実際にエキスパートネットワークの活用でもそのような相談もよく受けており、事業としてアイデア創出の支援も行いました。社内での新規事業コンテストのイベント審査員などもしたものです。

自分のなかにアイデアがない場合や、新規事業を立ち上げるという目的のもとに作られた組織では、社内外でアイデアを募ります。発案者が担当者になるケースであればよいのですが、原体験なき新規事業責任者による事業は、新規事業の仕組みや担当者が成熟している場合を除いて難易度が高くなります。表層的なアイデアを大量に募るよりも、自分の原体験を特定し、掘り下げてアイデアを膨らませていくほうが適していると考えています。

また、起業アイデアについて、「将来起業したいのです。なんの事業で起業するかは、どうやって見つけるのでしょうか」といった質問を受けることが少なくありません。

そもそも、世に出ていない秀逸なアイデアが外に転がっていることは考えにくいです。ときどき自分しか考えていないアイデアがあるように思っている人もいますが、「アイデアに価値はない」と思った方がよいでしょう。アイデア自体にそれほど差があるかというと、そうでもありません。むしろ、実行こそ重要です。

起業アイデアにこだわりすぎたり、アイデアを過大評価したりするのはよくありません。

「誰も思いつかないような至高のアイデアが思いついたら起業する」、もしくは「よいアイデアさえあれば新しい事業は成功する」「アイデアさえあれば自分でも起業するのに」などというのは、アイデアの過大評価だと思います。

入り口の一つのアイデアで成功確率が大きく変わるかというと、そこまで重要ではないでしょう。アイデアの裏にある原体験や創業の想い、社会課題の認識は大事ですが、素晴らしい事業モデルが思い浮かんだらそれですべて解決とはなりません。アイデアはもちろん事業を加速する一助にはなりますが、それよりも、まずやってみることや、そこからどのようにピボットして検証を進めながら事業を磨いていくか、そしてもともとのミッションや実現すべきことがブレないことの方が重要です。

アイデアのためにも、原体験や解像度は必要です。特定業界に専門性があったら、そこをベースに考えてみてください。他の人にない視点や深さを起点に、原体験を伴うアイデアを創出できるはずです。一方で、専門家だからといって自分の業界に新しいアイデアがあるかというと、そんなことはありません。そうであればとっくに実現していますし、むしろ業界慣習や価値観に浸っているために、できない理由をたくさん思い浮かべてしまいます。むしろ、外部の人間がフレッシュな視点で見ることで浮かぶアイデアもあります。異なる領域の専門性が結びつくことでイノベーションが起きることも少なくありません。

アイデア自体は価値がないかもしれませんが、それが異なる視点で組み合わさることでよいものになる可能性はあります。そしてそれが実行されていくことで、また新しい価値になっていくのです。アイデアだけで事業は成り立たず、プロトタイプを作り、それを実行し、実現していく過程で、そのとき得られる解像度に基づいて知見をプロダクトに盛り込んでいく。そうして徐々にアイデアは形になっていくものです。

なお、アイデア創出に集合知を活用するケースもあります。外部知見からアイデアを集めることは無意味とは思いませんが、アイデア収集よりもその後のステップのほうが実際は重要でしょう。

実際のところアイデアは、その深さ、独自の視点や課題解決への強度など、発案者の原体験に基づいているとよいでしょう。原体験の重要性については後述します。

成功しやすい新規事業担当者とは

新規事業は、「なにをやるかよりも、誰がやるかが重要」です。起業の場合、意思決定者として創業者・オーナーが直接ひもづいています。一方で社内の新規事業では、誰がオーナーとなっているかはまちまちです。発案者であったり、関連事業の担当役員であったり、新規事業の専門役員などいろんなケースがあるでしょう。主体としての一貫性を保ち、機動的に執行ができ、原体験に基づいたアイデアがある。そういった要素を持った新規事業オーナーであれば、成功確率を高めるでしょう。実際にアイデアよりも、担当者しだいだと感じます。

主体的に意思決定していくことには、大きな責任が伴います。そもそも成功確率が高いとはいえない新規事業について、その責任を一身に負って意思決定するのは大変なことです。通常の事業での責任とはリスクテイクの感覚は異なります、なにしろ失敗確率が高いためです。

新規事業担当者も起業家と同様に、リスクテイクする気概や意思が必要です。新規事業の担当者が意思決定の本当の主体者となり得るのであれば、先述したように意思決定構造の難しさは社内新規事業にはつきまといますが、成功確率が上がり、失敗も学びのあるよい失敗になるでしょう。

不思議なもので、同じアイデアや構想から出発しても、実行していく人間によって事業の性質や未来の姿は大きく異なります。

どうしても事業や組織は、自然と、経営者の性質やコンテキストを多分に含むものになっていくものです。戦略や戦術が似通っていたとしても、会社としては違うものになります。だからこそ、誰がやるかは大事なのです。それは一緒にやっていくメンバーにも言えることですし、とくに起業当時のメンバー構成が重要であることが分かります。

いま見えている、成功しているといわれる事業が、世界で最初に思いついたアイデアではないでしょうし、事業化したのが最初だったかというと、そうではなかったケースが大半でしょう。どんなに新規性や先進性を感じるビジネスにおいても、先行者はいます。だからこそ、アイデアよりも誰がするか。これがビジネスにおいて本当に重要です。模倣から始まるケースもありますが、それでも事業を進めていると、自然に事業オーナーの色がついていきます。

問題なのは、形式上は意思決定者がいるとしても、実質的には不在のケースです。上司の介入があったり、皆の意見を調整して盛り込もうとしたりすることはあります。たくさんの意見を盛り込んでも、必ずしもよいサービスにはなりません。むしろ、サービスのコンセプトや価値がぼやけていくものです。コンセンサスをとることに終始すると機を逸し、無駄なエネルギーを重要でないところに使ってしまいます。

担当者が優秀であるかどうかは意外と重要ではありません。処理能力や調整能力が高くても、かえってダメになることもあります。純粋に課題に向き合っているか、それらについて考え続けていけるか、粘り強く実行し続けられるかといった部分の方が重要です。

一方で、社内新規事業については、多分に意思決定構造に向き合う必要があります。状況にもよりますが、社内政治とまでいかなくとも、担当の根回しや調整などの社内力学に対して適切な対応をしていかなければならないでしょう。

しかし結局のところ、組織内で社員としてリスクを抑えつつ、最適解を探るようなスタンスで新規事業は難しく、むしろ自分で主体的に意思決定していく覚悟や意思の方が重要です。調整能力に長けて、期待値を読み取ったり、合意形成が上手で失敗のリスクを下げることができるサラリーマン力が高いタイプよりも、自分の意思と仮説を信じてリスクテイクできるタイプのほうが可能性はあるでしょう。

意思決定の枠組みをどう決めるか

「意思決定の枠組みを事前に整理しておく」ことは非常に重要ですが、社内新規事業においては難易度が高いです。起業で会社と新規事業の意思決定者が同じ場合とは異なり、新規事業の場合は、本業との距離をとって意思決定は分離しつつ、事業責任者が機動的かつ柔軟にできるようにしておく必要があります。

大きな本体の事業で、上司や役員などがかかわってくると、決められない、遅くなる、もしくは関係者の意見の調整にマインドシェアがとられすぎる、ということが起こりがちです。仮説検証サイクルをきちんと回す必要があるので、仮説段階であまりに多くの横やりが入ってしまうと、検証にすらならないことも少なくありません。

本業からの事業シナジーや顧客基盤が使えたり、エンジニアリソースを確保できたり、マーケティング投資ができたりといった期待ができる一方で、それをあてにしすぎて分離できていないと、意思決定自体が主体的にできなくなります。

最初から本業ありきで、本業からの支援をあてにした事業であれば、それは新規事業というよりも新サービスです。そうであれば、意思決定構造においても本業の関与を強めた方がよいこともあります。子会社として立ち上げて予算も分離しておく、人材評価の仕組みも新規事業に即した設計をしておく。もしくはカーブアウトなどで資本を入れつつも独立性を保つといったことも可能です。

これぐらい初期から意思決定にノイズが入らないように努力をしないと、うまくいき始めたときにいろいろな声が入ってくることで事業が吸収されたり、違う方向へと転換させられたり、他部署とのカニバリがあるとして事業が止まったり、トップが代えられたりといったことが起こります。

事業会社はマネジメントや役員も替わっていくため、創業と違って新規事業の責任者の一貫性をいかに保つかをあらかじめ想定した仕組みを作っておかないと、あとで苦労することが多いです。

むしろ、こうした意思決定構造にまつわる初期設計をどれだけ事前に整備できるかにかかっているのが、社内の新規事業だと思っています。

起業においても、たとえば共同創業やアドバイザーなどがいるケースがあると思います。これらも、意思決定に与える影響については注意が必要です。

共同創業はとてもよいものです。私自身も、過去の複数回の創業はいずれも共同創業ですが、創業を共にすることで自分と同レベルの主体性やコンテキストが共有できる人材が確保できます。ミーミルでも最初の大きな意思決定はこの「誰とやるか」の共同創業でした。守屋俊史さんと共同創業し、さまざまな場面で補完的な役割を果たしてきました。創業し、ファウンダーとなることで事業や組織に想いを乗せやすく、中長期視点で信頼関係を構築でき、実行強度が高く、背中を預けられる場面が増えます。そもそも、起業では仲間集めが最も重要ともいえるので、あえて共同創業しない理由はないでしょう。

なお、共同創業の守屋俊史さんは、現在（2025年1月時点）はユーザベースの上席執行役員で人材開発担当、スピーダ事業のCHROを担っています。2024年当時は更なるスケールを目指した複数事業の融合推進や人材開発の仕組み構築が急務で、その推進は（人事専門家というよりも）全社戦略や経営課題を理解し、主体的に仮説を立ててそれを強力に推進できる人こそがCHROを担うべき、という考えのもと役割を担いました。組織の融合、イネーブルメント構築やキャパシティベースでの計画管理、リーダーを育成する枠組みなどの成果を出しています。

ただ、共同創業をしたとしてもCo-CEO体制にするかどうかは別問題で、意思決定を最終的に誰にゆだねるかは一人に集約したほうがよいと思います。もしくは、守備範囲を明確に分けるのがよいでしょう。しかし、たとえば事業と組織で分けたとしても、どこも密接に関連しているので、大きな意思決定をする際には分割できません。

Co-CEOという限りは、お互いに意思決定の責任と権限を持っていると想定されるなかで、割れてしまうと非常に危険な状況になるため、誰か一人に集約する整理を最初にしておいたほうが基本的にはよいでしょう。

対等に近い状況にはできますが、完全な対等というのは難しいものです。先述したように、意思決定の背景情報は個人のなかにコンテキストとして蓄積していく部分も大きいので、意思決定自体は個人に集約しつつ、共同創業メンバーなどでそれを深く共有できるマネジメントチームを組成していくことは、経営の安定性や持続性にも貢献します。

ただ、共同創業だからといって会社が成長しても同じく成長できるかはかなり難しく、離脱していくリスクや離脱時の影響も少なくありません。

もちろん、Co-CEO体制でうまくいっている企業も多くあります。必ずしもダメとはいいませんが、うまくいくかどうかはCo-CEOの個性に依存する気はします。

私自身がかつて共同創業をしたときにも、創業メンバーの考え方や志向の違いが徐々に見え始め、数年で分裂してしまったことがありました。そのような経験があったからこそ、ミーミルで共同創業する際には、共同創業者とそれぞれ中長期での個人としての軸や大切にしているもの、ミッションなどをすり合わせるプロセスを入れています。そして、経営チームとして経営のコンテキストを共有しながら経営ができました。その後も経営の視座を持ちながら会社と共に成長し、共に貢献し続けられたことは、よい経験でした。

役員や執行役員という形ではなくとも、アドバイザーや顧問という形で経営経験や業界経験が豊富な人材が創業時からかかわるケースもあります。これもどんどん利用するべきでしょう。ただし外部の人間のため、同じレベルの解像度を持つことはできないので、自分なりに意見を咀嚼して取捨選択をしなくてはなりません。

アドバイザーに意思決定まで頼りたくなる気持ちになることが、ときにはあるかもしれません。ただ、あくまでアドバイザーであり、意思決定は自分でするものだという線引きは重要です。アドバイザーとの距離感にもよりますが、影響を受けすぎることなく、取捨選択する意見情報の獲得ソースとしてはとてもよいでしょう。第三者で、客観的な視点や利害を超えて意見をもらえる人材であれば、むしろ長期的な関係を築きやすいかもしれません。

ミーミル創業時から、新規事業専門家の守屋実氏にアドバイザーとしてかかわっていただいています。同氏と私が継続的に話す時間を持ち始めたのは2014年からで、もう10年以上の関係です。そのおかげで、事業開発や組織運営におけるインプットや顧客や提携先の紹介も含めて、見えるものから見えないものまで、多様で大きな効果がありました。

とくに、過去のスタートアップの組織問題で得られた実例などを踏まえた考え方です。こうした内容は表に出ることがないものなので（守屋氏からのお話も内容は適切にぼかしていただいていますが）、組織を組成・運営していくうえで大変参考になりました。

多くのスタートアップは、実態として組織課題に直面します。組織崩壊といわれる事例が数多くあるのも現実で、組織として急成長し拡大していくため、こうした問題は不可避なのです。このような組織問題は、人間関係や感情面も多分に入り込むので、なにより経験値がものをいうところでもあります。私自身も起業経験が増えるほど、よりよい組織が作ることができるという確信があります。

長く議論を重ねた関係だからこそ、お互いのコンテキストを熟知していることにも意味があります。知識のやり取りのみであれば、おそらく、何度かミーティングを経れば議論は必要なくなるでしょう。

アドバイザーといっても万能ではありません。特性や専門性に応じた活用も重要です。たとえば、大手企業の役員としての実績がある方であってもゼロイチの経験がないケースや、著名人だからといって言うことが全方位で正しいわけではありません。自社事業に対して解像度が足りないアドバイスをもらっても「そんなことはとっくに考えている」ということも多いでしょう。

しかし、コンテキストが合うと、お互いの課題解決やアイデア交換も効果的にできるようになってきます。私としては、浅い意見をたくさんもらうよりは、深いリレーションとコミュニケーションの蓄積をベースとした少数の意見のほうが価値があると考えており、深い関係のアドバイザーを少数確保していくことがよいとしています。

最後の会社の売却の意思決定においても、客観性を持った意見である「創業のときも、オーナーとしてずっとやることが大事というよりも、シナジーも含めて事業をスケールさせたいという想いや考えだったよね」という、過去の創業時のコンテキストをも踏まえた見解をもらったことは、当時の意思決定に大変有用でした。ある意味、アドバイザーとして一歩離れつつも、当事者意識を失わない意見を出せる立ち位置をとれる人というのが、経営に寄り添う形でのアドバイザーとしては適切だと感じます。

まずはやってみる――実行で得られる解像度に価値がある

新規事業のＨｏｗについては、まず「やってみること」が大切です。希少なアイデアを持っていると思い込んで、それをずっと懐に隠し持っていても意味はありません。多くのアイデアは、誰かが同じことを考えているものです。

まずは、やってみることです。Ｈｏｗについて情報収集をすることも多いですが、新しい事業ほどやってみないと分かりません。事業の立ち上げについて机上で考え続けるよりも、実際にやってみることで得られる知見の解像度の高さに勝るものはありません。発展途上の事業は、トライアンドエラーで解像度が積み上がっていくため、膨大なコンテキストを含んでおり、個人もしくは少人数のチームで一貫性のある形でコンテキストが共有されていることが重要です。

実行しながら軌道修正ができるように、学びながらピボットできるような余地を残しつつ、事業運営していくことも大事でしょう。

たとえば、エキスパートネットワークの事業運営では、エキスパートの職歴や過去実績などをまとめたデータベースが必要です。このデータベース構築についても、自社でゼロから開発するのか、既存の人材管理システムを購入して使うのか、既存の汎用性のあるツールを利用して簡易的に組むのか、といった選択肢がありました。

しかし、既存の人材データベースはすぐに使えるものの、拡張性がなく、エキスパートネットワーク向けのものではないため、無駄な機能が多いものです。新しいビジネスモデルだからこそ、自社で作ってカスタマイズしていくことを想定して、他の選択肢に比べて時間は少しかかりますが、自社開発をするという意思決定をしています。

実際はかなり簡易なものを迅速に開発して活用をはじめましたが、自社開発だからこそ、既存の人材データベースにはないエキスパートネットワークのオペレーションに即して、必要最小限のデータ構造からスタートできたと思います。そして、実務を通じて改善していくことができました。

エキスパートネットワークは、かなりニッチな業界ごとのキーワードで人の情報を検索し、依頼された案件とマッチングする必要があるので、格納する情報の粒度や内容や情報の閲覧性などにこだわることができました。その後、フラッシュオピニオンなどの新規サービスが出たときにも機能拡張ができたのです。

いまではいくつかの段階を経てデータベースは進化を遂げていますが、こうした自社で学びを得ながら進められるステップを構築することができた点について、非常に重要な意思決定であったといえるでしょう。

つまり、不確実性のなかで最初から最適な姿は分かるはずがないので、進めながら解像度を高め、学び、改善していく仕組みでスタートしていくことです。ラフでもいいのでコントローラブルな仕組みの上で稼働して、どんどん進化させて、この検証・学習サイクルを細かく回していく。そしてそこで得られたインサイトを自社の資産にしていくのです。

起業や新規事業では、なぜ原体験が重要か？

起業家が起業にあたっての「原体験」を語る場面を目にしたことがある人もいるかもしれません。過去にどのような困難に直面し、事業の必要性を実感したのか。どのようなシーンで、自ら事業を起こそうと思い立ったのか。こうした原体験こそが、その企業の未来や目指すべき姿についてストーリーを構築し、共感を集め、説得力を持ちます。このように起業や新規事業では原体験はとても重要です。

原体験はミッションや実現したいことの背景となり、これがあることでぶれない軸になります。意思の源泉でもあり、つねにそこに戻って考えられるのが原体験です。原体験は、新しい事業を作っていくうえでの意味付けや課題設定と、自らの体験をベースとした深いコンテキストを伴う解像度をもたらしてくれます。

原体験は強いコンテキストを伴って生まれるので、自分がどっぷりハマっている領域や自分が属していた業界に関連する起業が多くなるのは、そのためと考えています。このコンテキストは、創業における共感を作るストーリーにも転換できます。チームや組織、そして初期のクライアントでも、この共感性は大きな原動力になります。このストーリーを効果的に伝えることで、多くの人の共感を通じて周囲を動かしていくことができるのです。

ＢｔｏＢのサービスでは、多くの場合は起業家や創業メンバーは関連業界の出身です。これは個人の専門性の重要さを物語っている部分もあります。経験しているなかで蓄積された違和感や課題感が、起業のきっかけになるからです。経験の裏づけがあるからこそ、その精度が高くぶれないものになります。また業界外からだと見えない課題のため、真似されにくく、勝機が生まれやすいのです。

新規事業の壁打ちを業界の専門家にした際の反応として、「あるといいのだけれど、実際には難しいよね」といったシーンはよくあります。業界に浸かりすぎるとバイアスに支配され、業界特有の不合理も当たり前になり、課題とも感じられなくなります。そのため、業界内の知見のみからだとかえって難しいことも多く、ほどよい外部性が必要です。

業界の課題として、業界外から見ると一見解決できそうに感じますが、実際にはそう簡単なものではありません。しかし業界の外部だからこそソリューションが見えることもありますし、その困難さも知らないからこそ楽観的にとらえることもできるのです。

業界関係者の誰もが実現可能でよいと思うサービスであれば、とっくに誕生しているわけなので、だからこそスタートアップがリスクをとって課題解決にチャレンジしていく意義があるのだと思います。

こうして、業界内の深いインサイトと共に、外部にいるかのようなフレッシュな目線も求められるのですが、ここが新規事業の難しいところでしょう。自分が課題を感じているからこそ、そして「あったらいい」「使いたい」と自分が思うからこそ、ユーザーとして想像できる事業のほうが、解像度が高く、成功確度も高くなるのです。

誰しも、そうした業界経験はあるのではないでしょうか。まずは知っている業界についての課題をフレッシュな頭でゼロベースで考え、自分が最初に感じた違和感やペインを原体験として認知していく。それを起業アイデアに転換し、（成功確率は別として）チャレンジしてみてください。

多くの場合、優れたサービスはいずれも起業家の原体験に結びつきます。こうした原体験は新規事業で重要なのです。

私の原体験

一例として、私の起業における原体験を紹介します。2017年に起業しました。「経験知に価値を与える」というミッションは、その後の2018年に初期メンバーとのミッション・バリューを議論する合宿を経て、策定しています。

原体験は大きく2つあります。それぞれ、創業したミーミルにおいて提示しているエキスパートの世界観と企業の意思決定の世界観の2つに紐づいています。

私はキャリアのなかで非連続な変化をいくつか経験しました。研究者から、投資銀行の社員、そして起業などの立場の変化、また、属する業界としても生物、金融、人材から情報産業へとそれぞれ5年程度ずつで変化を経験しています。

こうした性質の異なる複数の業界や仕事の経験は、人生をとても豊かにすると思っています。しかしキャリア上では短期的に不利に働くことが多いです。

面接官として面接する際もそうなのですが、やはり人は過去の経験に紐づいて評価されます。

未経験者よりも、経験者や同じ業界で類似の仕事を経験している人ほど、仕事のオファーはしやすいものです。過去にどれほど高い職位だったとしても、未経験であれば給与水準は大きく下がることが少なくありません。結果、とくに年齢が上がって前職の給与水準や立場が上になるほど、異なる仕事は選びにくくなってしまいます。

異業種や異なる性質の仕事にチャレンジする機会は、ある仕事の経験が積み上がるほど、職位が上がるほど、給与が高まるほど失うものも大きく感じ、過去からの連続性のある仕事を選ぶことになります。結果として、自らの経験に縛られて未来の選択肢を狭めることになってしまうでしょう。しかし、異なる性質の仕事にチャレンジすることは仕事人生を豊かにしますし、そうなればその人のスキルを高めることにもなるので、もっと推奨できる環境は作れないか、と感じていました。

こうした個人の身についた多様な専門性が、適切に個人の価値に反映されるようにしたいですし、そうなることで人はもっと自由で豊かな働き方が実現できるはずだと考えています。これが、エキスパートネットワークで、より個人の専門的価値を個人の資産とできるような仕組みを作っていきたいという理由の一つです。

2つ目は、投資銀行でのM&Aや、スタートアップでの事業開発や新規事業において、これらは非連続で非常に重要なイベントなのにもかかわらず、情報があまりに不十分に感じることが多かったことです。こうした際の意思決定の難しさと、重要さが身に染みていました。

実際に、事業開発においてもさまざまな場面で、人から知見情報を獲得することがとても大きな助けになりました。多くの人材業の方やエキスパートの方々などにヒアリングを行い、そのインプットはサービス設計などにも生かされています。

こうした人の知見情報の持つ重要性を痛感していくなかで、もっとM&Aや新規事業などの非連続なイベントに人の知見情報の活用を促進したい。意思決定のインフラにしていくことは産業発展において非常に重要なピースになり得ると考えたことが理由です。


こうした原体験は、たとえば仲間集めの際にも共感を得られます。この会社がどこへ向かっているのか、そしてそのための出発点を提示することで、皆が自分のストーリーにもアラインさせて「自分事化」し、当事者意識を持つことができるのです。

対談

必要なのは「ゼロ次情報」——新規事業専門家 守屋実氏に聞く

守屋 実（もりや・みのる）

新規事業家

1992年ミスミ入社、新規事業開発に従事。2002年、新規事業の専門会社エムアウトをミスミ創業者の田口氏と創業。2010年に守屋実事務所設立し、新規事業家として活動。ラクスル、ケアプロに参画、副社長を歴任後、キャディ、シタテル、ガラパゴス、みらい創造インベストメンツ、ファンディーノ、日本農業、サウンドファン、セイビー、リベラウェア、フリーランス協会、おうちにかえろう病院、博報堂、JAXA、JR東日本スタートアップなどの取締役など、東京科学大学客員教授、内閣府有識者委員、山東省高档顧問を歴任。2018年にブティックス、ラクスル2か月連続上場。近著に『新規事業を必ず生み出す経営』（日本経営合理化協会出版局）、『起業は意志が10割』（講談社）、『DXスタートアップ革命』（日本経済新聞出版）など。

ここで、新規事業専門家の守屋実氏に、新規事業についての多くの事例を現場で見て経験してきたことをもとに、意思決定やそのための解像度、情報獲得についてお話を伺います。

川口　新規事業の専門家の守屋さんに伺います。新規事業ではどのような情報獲得が重要でしょうか？

守屋　私がよくお伝えしているのが、二次情報、一次情報に加えて「ゼロ次情報」です。

「ゼロ次情報」というのは一般的な言葉ではなく私の造語なのですが、一次よりも「自分事」である情報を「ゼロ次」といっています。

二次情報は、「〇〇総研の情報」や、どこかの調査機関がまとめたレポートなどですよね。一次情報は、「当人」に直接聞いてみましたという情報。そしてゼロ次は、「自分自身」が事業における当事者、たとえば「自分が客」としてとらえた情報です。そして、二次情報というのは「参考になるが、参考にしちゃいけない」んですよね。

川口　ゼロ次情報についてはのちほど伺うとして、まず二次情報から聞かせてください。二次情報は、情報獲得の初期のステップとして非常に効率よく大量に情報が獲得できるという点で効果的ですが、この「参考にしちゃいけない」とはどういうことでしょうか？

二次情報は参考になるが、参考にしちゃいけない

守屋　新規事業として対象となる業界を攻めるために、なんの参考もなしにあたることはさすがにしません。参考としてまずたくさん接触してみるのは二次情報でしょう。ただ、これはあくまで参考でしかないということですね。

川口　まずあたるのは二次情報だけれど、そこに依存して決めることはない、ということですね。やはり一次情報が重要になると。

守屋　そうです。一次情報をちゃんと取りにいったほうがいいですね。一次情報の対象としては、たとえば、顧客に相当する人や競合に相当する人、過去に参入して撤退した人などになります。とにかく一次情報を取りにいったほうがよい。

ただ、一次情報は必ずしもいまの自分とは違う状況、過去の誰かの自分とは違う事業の話にすぎません。なので「倍半分」としたほうがいいのです。

一次情報は「倍半分」で聞く

守屋　そのまま聞き入れるというよりも倍半ぐらいで。心構えとして、それくらいがいいと思います。

つまり、「よいことは半分、悪いことは倍ぐらい起きる」ととらえるのがちょうどよいでしょう。一次情報でちょっといい話を聞いたからといって、「よっしゃいける!」はぬか喜びでしかありません。

川口　たとえ関係者からの情報だとしても、聞いた時期も状況も違う。競合といっても条件が違いますし、まったく同じ事業にはなりませんからね。一次情報だからといって、鵜呑みにしないほうがいいということですね。

守屋　どうしてゼロ次をわざわざ獲得する必要があるかというと、一次情報をくれる人が隣にいて、聞いたらすぐに返事がくるような状況であればいいですが、そんなことはまずないですよね。とはいえ、実際に聞きに行くのは大変です。一次情報の提供者も暇ではない。だから、聞きたいけど聞けない細かいことがたまっていくわけです。

川口　そうですね。一次情報が重要なのは当然ですが、一次情報を取得はしているものの、そもそも事業開発をしていくなかで、頻度が高く、深い一次情報を継続的に取得し続けることが難しい。事業の段階でいちいち細かく聞いていられない、ということですね。

守屋　事業をああしようこうしようと考えても、10個のうち8、9個は聞きに行けない。

「価格はいくらにしようかな」「パッケージはどうしようかな」「ここのAとBの文言だったらどちらが通じやすいかな」など、事業に関することは大量に発生するわけですが、全部を一次情報で確認を取りにいくのは不可能です。

だから、自らが当事者になって、顧客に「憑依《ひょうい》」する必要があるんです。「顧客であればこう思うだろうな」と、顧客と同じレベルで物事が見えている。そうしたゼロ次情報の域までいかないと非効率でしょうがないでしょう。

ゼロ次情報のレベルまでいくと、誰かに聞かずとも自分のなかで聞けます。そういう域になったほうがよい。それを「ゼロ次情報」と私は言っているのです。

ゼロ次情報にいくまでには「お作法」が必要

川口　ゼロ次情報というのはつまり、一次情報などの積み重ねによって「自分自身が当事者になっている」状態ですね。新規事業ならではの、情報解像度への高い強度や、情報獲得における頻度を表した表現だと思います。

では、どうしたらゼロ次情報まで到達することができるでしょうか？　難しいですよね。

守屋　そんなものがすぐにできたら世話がないですよね。そのためには、「お作法」が必要です。

まず二次情報が分かって、その情報をもとに業界が分かり、その一次情報の主にアタックする。アタックするときには仮説をたくさん持っていく。そうすると、相手も「業界外だがよく勉強している」と感動して、仮説に対する答えや、その理由・背景までを返してくれる。そうしてシャワーのように情報を浴びていくと、徐々にゼロ次情報化し、自分のなかで顧客の人格が表れてくる。

そこまでいくと、事業のスピードが格段に速くなるのです。

川口　結局のところは、いかに一次情報も含めてたくさんの情報を浴びることができるか、ですよね。必要な情報獲得の頻度やボリュームとして、自分のなかで顧客人格が生まれてくるぐらいやらなければならない。自分が想定ユーザーとして乗り移っている段階であれば、より新規事業における意思決定がしやすいですし。

私でいうと、エキスパートへの大量の面談もそのような目的に近いと思います。守屋さんの過去の経験からは、どのようなゼロ次情報獲得の事例があるでしょうか。

守屋　以前、動物病院向けのカタログ通販事業を立ち上げたのですが、実際に動物病院で働いてみることから始めました。事業立ち上げのあとも、月に1回、動物病院でアルバイトするようにしていました。

そうすると「動物病院という顧客」の感覚がそこそこ自分のなかででき上がってきて、聞かなくても獣医師の気持ちは大方想像できるようになりました。想像がつかないことだけ獣医師に聞くようにする。そうなると、事業の意思決定は格段に速くなったのです。

そんな意味で、新規事業における二次情報、一次情報、ゼロ次情報と使っています。

外部専門家を活用してゼロ次情報に早く到達する

川口　こうした一次情報獲得のために、エキスパートネットワークなどのサービスも出ていますが、ゼロ次情報に到達するにあたって、外部専門家からの情報獲得も重要ですね。

守屋　一次情報からゼロ次情報までは簡単に行けません。そうしたときにエキスパートが必要なのです。

仮説があるとしても、毎回いきなり本番のお客様で試してみるのは難しい。エキスパートのように教えるのが上手な人の支援がないと、なかなかゼロ次情報の域にまでは行けません。

私の過去の新規事業でも、たまたま動物病院の事業でうまくその域まで行けたのですが、毎回はそう簡単にできないですし。

初期の仮説がアタリを引いていたらいいですが、ハズレを引いてピボットするケースもあります。そのたびに、わざわざ二次情報から始めて、ゼロ次情報まで一次情報を浴び続けるのは大変です。

そのようなときに、外部専門家を利用して、短期間で一次情報をたくさん浴びてゼロ次情報をとらえる。そうすれば時間がかかりすぎることなく、ピボットもできるでしょう。

川口　なるほど、ゼロ次情報に到達するには、一次情報へいかに効率よくアクセスできるかが重要で、取得すべき一次情報とその情報ソースも変化することがあります。そうした場合に、外部の専門家のサービスやエキスパートネットワークに限らず、スキルシェアや顧問、プロ人材シェアのサービスを活用することも一つの手ですね。

業界のプロがいないと視界が不十分になる

川口　自分が情報を浴びて顧客人格になっていくゼロ次情報へのアプローチ以外にも、そもそも業界解像度が高い人、業界の専門家と一緒に事業を始めるケースや、業界のプロだけで起業するケースもありますよね。そうすると、内部に専門家がいるので、事業の意思決定で外部にヒアリングしないで済むかもしれない。

守屋　業界のプロがいないと視界が不十分になります。業界の概略が入っていない人は、動き回らないと全容が把握できない。それだと時間がかかりすぎるので、業界のプロはいたほうが当然いいですね。

たとえば大企業の新規事業の際に、新規事業が既存事業にべったりだったり、地続きの事業だったりする場合には、その業界のプロは必ず社内にいます。しかし、ちょっとでも飛び地に行く場合、社内には業界のプロはいないはずです。またスタートアップにおいても、起業家の経験値からずらした起業であれば、業界のプロはいないということになります。

ただし問題なのは、新規事業をやろうとしているのに、業界のプロだけでやると限りなく既存事業になってしまうことです。

わが社では「新規事業」といっていても、世間的には既存事業になってしまう。だからこそ、そこに新規事業のプロが必要なのです。

素人のように考えて、玄人のように行う

川口　業界のプロに加えて、新規事業のプロがいると、どのような利点があるのでしょうか。

守屋　業界のプロがいないと非効率です。ただ、業界のプロだけでは既存事業になる。だから新規事業のプロも必要。そんな感じです。

新規事業のプロは、その業界の素人であるからこそ、そのよさを出すことができるわけです。すなわち、新規事業のプロによって「素人のように考えて、玄人のように行う」ことが可能になります。

業界のプロは玄人です。だからこそ、玄人のように考えると、すべて最初から決まってしまう。「この業界はこうだから」「だからこうなる」となると、既存事業になってしまいます。

そこに業界の素人が入ることによって、ゼロベースでその業界について考えることができる。そして、新規事業のプロであれば、事業立ち上げについては玄人のように行うことができるわ

けです。

川口　玄人のように行うとは？

守屋　新規事業では、仮説を立ててもなかなかそのとおりにはいきません。トライアンドエラーで、試して試して最終的に勝ち筋に行きつく。つまり、玄人のように行わないといけないわけです。

素人だと2、3回失敗すると懲りてしまいますが、玄人なら10回目でもトライができます。素人だと撤退するべきか迷ってしまう仮説に対しても、玄人だと早々に意思決定して、仮説を取り下げることができるのです。

だからこそ意思決定は、業界のプロと新規事業のプロとで意見が分かれたら、新規事業のプロの意思決定に従うことになります。

川口　事業撤退の見極めや失敗から学ぶトライ、その繰り返しが新規事業のプロだとうまく実行できるということですね。

では、業界のプロと共同創業したほうがよいということでしょうか。成功した新規事業のケースは、新規事業と業界のプロがタッグを組んでいるケースが多いのですか？

守屋　そうですね。ただ、必ずしも人が2人必要ということではなく、一人でも2人格を兼ね備えていればそれでいいかもしれませんし、3人でやって合計で2人格がそろっているというのでもよいのではないかと思います。

重要なのは、2人必要というよりも、業界と新規事業の2つの人格がそろっている、ということです。

業界の素人は、その業界で当然知っていることを知らないために、あちこちでぶつかって進まない、進んだら行き止まりだった、となるので業界のプロは必要です。ただ、新規事業のプロがいないと、既存事業になってしまう。この2つの人格が役割として必要です。そうでないと、かえって時間がかかります。

川口　新規事業には、業界と新規事業の2つの人格が必要。それらの知見が組み合わさって意思決定が最適化されるのですね。

column

変化する事業・組織のなかで経営者として気づいたこと

私が創業経営者から買収を経て、立場を変えつつ異なる組織をマネージしていく経験をしているなかで、気づいたことは3つあります。

「主体者としての一貫性」が大事

・合理性はある程度どんなものでも担保されるので、合理性だけでいくと失敗する。
・一貫性には柔軟性が必要。「1回失敗したからもうやらない」は次の機会を逃す。
・外から見た一貫性というよりも、自分のなかでの一貫性が重要。

「必要な解像度を把握する」

・事業を進めている立場と経営している立場では、解像度が大きく異なる。
・とくに、事業立ち上げや事業転換においては現場での解像度が非常に重要で、そこを起点に考えていくべき。
・経営していくうえでは、すべてを高解像度で獲得するのは不可能なので、必要な粒度の情報獲得に意識を向ける。マクロとミクロとのバランスを必要に応じて高解像度にしていく優先順位や、アテンションの張り方が重要。

・抽象化の能力が重要。特に事業や組織が拡大し、多層化した際に、よりハイレイヤーで情報をとらえていくために、抽象化が求められる。抽象化することで「木を見て森を見ず」にならず、さまざまな事象を端的に把握し、全体方針を齟齬なく掲げ、各事象をアラインしていくことが可能になる。

「直感をひもとく能力と、シミュレーション」

・経営者個人として、過去を適切に分析し、未来への洞察を具体でイメージするスキルが求められる。

・経営者としての直感は重要。一方でバイアスにもなり得る。これを自覚的にして、根拠を自らひもといて説明できるようにしていく。

・自らの直感で選んだ選択肢を適切に説明できるようになることに加えて、その選択肢の先をいかに具体でシミュレーションできるかが重要。

・複雑で不確実性の高い経営課題について、意思決定に際して深く具体のシミュレーションをする。必要に応じて経営陣や担当者も交えたシナリオ分析も効果的。そして実際に執行しつつ、検証とシミュレーションを速いサイクルで回し、適宜ピボットを行う。

主体者としての一貫性

私が経営者として大事だと信じているのは、**「主体者としての一貫性」を持つ**ことです。これは簡単に言うと、意思決定者が一貫性を持って意思決定しているということです。意思決定主体というとCEO個人ととらえることが多いですが、個人にとどまらず経営チームであったり、サクセッションも含めて次の経営者も含めた一貫性があるのが理想です。

この一貫性というのは、表層的なものではありません。朝令暮改や急な方針転換は問題なく、むしろ外から見る方針としての一貫性というよりも、その外部から見た一貫性の欠如を恐れない、内部での一貫性です。背景にある考え方や思想の一貫性といってよいでしょう。つまり、**中期視点で大事にしている価値観や信念**につねに沿って意思決定者が意思決定できているかです。

たとえば、数年前に一度失敗した事業や施策を、再度行うことがあります。このような行動は、現場から見ると「前に失敗したのに、またやるの?」と思うかもしれません。もしくは、やらないといっていた事業を買収する、以前失敗して降格した担当者を事業責任者に抜擢する、作ることはないと言っていた部署を創設する、なくさないといっていた事業を売却する。こうした前言撤回的な意思決定はそれなりにあることでしょう。

一見矛盾しているように見えても、その人のなかでつながっている決定をする。これがとても難しいのです。前回の失敗などもあるので、組織においての説明責任やマネジメントへの信頼という意味でも困難です。ただの苦肉の策であったり、前回の失敗を理解せずに意思もなく行っているのであれば、また失敗に終わるでしょう。しかし、前回とは組織体制の強さ、担当者のスキル、市場の成熟度などが異なっている状況であればできる、ということもあります。

「やるべきではない」といっていたことをやるのは、意思決定者のなかでは、一貫性のある理由が必要です。だからこそ、前の経営者がしてこなかったことでも、頭からやらないと考えるのではなく、いままであればやるべきだと意思決定することも必要です。

最もシンプルにこれを実現するのは、同じ経営者が持続性ある形で経営をしている状態です。オーナー経営者が創業以来ずっと経営している会社が顕著です。私自身、創業オーナー経営者が経営し続ける会社の最大の強みはこの主体者の一貫性にあると考えています。

一方で、ずっと同じ経営者が経営し続けることも簡単ではありません。経営者がその器として、それ以上拡大していく事業には見合わないケースもあります。そもそも会社が存続する限り、永久に同じ経営者であることは不可能なので、いつかは経営者が交代するタイミングが訪れます。そのときに、経営チームや後継者に対してうまくその主体を移していくことも重要です。

だからこそ、意思決定の主体者としての一貫性を重視しているわけで、経営者が一貫している必要はありません。

ただ、同じ人のなかでも一貫性を保てないことも多いですし、個人のなかで意思を持って考えを変えることはよいとしても、周りに流されて主体性を放棄するなど、主体者がころころ変わると大変です。主体者としての一貫性を意識することは、経営において私は最も重要だと考えていますし、難しいことでもあると思います。

たとえば、PMIのなかでミーミルは大きな組織的変化がありました。買収からしばらくは完全に独立した組織でしたが、共同プロダクトのローンチや共同商材の設計を進め、そのためのカスタマーサクセス体制をミーミル内に構築したあとに、満を持して組織融合を行っています。この組織融合は2段階あります。

1段階目は、スピーダとミーミルの融合です。両社を一体組織として、私がスピーダの日本組織とミーミルのCEOを兼任し、SaaS、エキスパートネットワークのセールス、カスタマーサクセス組織を融合しました。実はこのために融合の準備段階として、カスタマー組織をミーミル内に作っています。

さらに翌年、2段階目のステップとして、レベニュー組織はセールスからカスタマーサクセスまで完全に融合しつつ、顧客の依頼を受けてエキスパートのマッチングなどを行うデリバリ組織をエキスパートリサーチドメインとして分離しました。

セールスやカスタマー組織は完全に融合した一方で、エキスパートネットワークのサービス自体は、SaaSにおいて横断組織化し、経営企画や金融機関・プロフェッショナルファーム顧客向けのスピーダ以外のSaaS顧客、当時でいうFORCASやINITIAL（2024年にスピーダにブランド統合）といった他サービス顧客に対しても提供を意図した体制にしています。

第1段階の融合は、スピーダとミーミルのエキスパートネットワークを情報プラットフォームに実装した統合サービスを顧客に届けていく体制構築のためです。また、ビジネスモデルの違いから相互理解が進まないお互いの組織において、一気に相互理解を進めるためでもあります。そして2段階目は、スピーダ以外も含めたすべてのグループのSaaSにエキスパートの価値を届けていくために、一部を分離して横断組織化にしたのです。

結果として、これらは狙いどおりの効果が実現し、まだ途上ではありますがシナジーを具現化できました。

しかし、2年かけて統合や一部分離をしていくこうした変化は、外部から見ると理解不能かもしれません。社内であっても意図を伝えるのは非常に苦労しました。統合が終わってしばらくたってようやく「当時の意図が分かった」といってくれたメンバーもいたぐらいです。

こうした変化は、主体者が一貫していなければ実現できなかったでしょう。

立場やポジションによって、見え方は違う

創業した当初と現在の組織規模では、人数や機能、事業の複雑さは大きく変わりました。自分が作って拡大してきた組織のみならず、自分で立ち上げていない既存の事業・組織を統括することも、さらに状況を複雑にします。

組織規模が増えるにつれて感じるようになったことは、マネジメントであっても**立場によって事業・組織への解像度が変わる**ということです。

現場視点と経営視点で、解像度が大きく異なってきます。かつては最前線で顧客解像度が最も高いと自負していても、規模が大きくなると現場との接点は減っていき、経営を行っているよりも現場に立ってお客さんと向き合っている現場メンバーのほうが間違いなく、取引先やユーザーのリアルな課題を理解しているようになります。

これは、とくに新しい価値を生み出そうとしているサービスで顕著です。なぜなら、新しいだけに変化が大きいからです。現場の視点を取り入れてどんどん改善して、より市場や顧客にフィットしたプロダクトやサービスになり、受け入れやすい価格設計や体験が作られていく。だからこそ、現場の意見を適切に取り入れていくことが重要です。

創業したからといって、いつまでも自分のほうが現場よりも分かっていると思うのは危険な思い込みです。一方で、経営視点として事象を抽象化してとらえ、全社方針や戦略、価値観とアラインしてとらえることは重要でしょう。経営者としてはまずこの会社的視点が不可欠で、加えていかに現場解像度を高めるか、ということになります。

こうした現場視点と経営視点の両方が必要になるのが、買収後のPMIでもあります。PMIのなかで、プロダクトを統合していくプロセスにおけるマネジメントとしての難しさは、まさにこの点でした。ユーザベースとミーミル、エキスパートネットワークと情報プラットフォームは、顧客へのサービス提供の仕方はまったく異なります。プラットフォームは、固定の課金でプラットフォーム上のデータやコンテンツの価値を届けます。エキスパートネットワークは、顧客の要望を受けて人がオペレーションを回してデータベースから適切な専門家を見つけ出し、推薦してインタビューをアレンジします。先述したプラットフォームの個別価値と全体価値のバランスもあります。

それぞれの出自の事業によってメンバー間でも考え方がまったく異なります。勝手に組織同士が分かりあって協調的にことが動いていくことを期待するには、お互いの解像度が低すぎるのです。

こうしたときに意思決定ができて推進力を与えるのは、やはり抽象度の高い考え方ができ、統合したビジョンを掲げて、それを具体に落としていくリーダーでしょう。

性質の異なる事業の本質的なシナジー創出を実現しようとすると、マネジメントやチームには、経営視点での抽象化から現場視点の具体化までが求められるでしょう。

ミーミルでいうと、経営視点からすると、事業会社の経営企画の情報獲得活動において、人からの知見獲得を一般化する。そして、グローバルで起きつつある人の知見のプラットフォーム実装の実現を目指しています。一方で現場視点では、顧客からプラットフォームの情報に加えて、よりニッチでピンポイントな顧客の情報獲得ニーズにこたえるサービスを作っていくこととなります。

また、プロダクトでの統合価値の実現においても、よりプロダクトが進化し複雑化していくなかでマネジメントとして現場と噛合わせるには「○○を実装する」といったまずは「顧客が一度に複数の専門家の知見を獲得できる体験を作りたい」「インタビューよりも手間がかからずテキストベースでプラットフォームに蓄積しやすい体験を提供したい」といった体験を言語化し、その下流に具体機能があるという話をしていきます。

そうすると、別の機能でも実装できますし、「○○で代替できるため、開発もいらない」などのアイデアも現場から出てくるでしょう。抽象化して伝えることで、より現場視点のよいアイデアが出てくる余地が生まれるのです。

もちろん、開発初期においては、強い仮説を持つオーナーが主体的に具体の開発要望を出して進めていくことも重要です。

顧客解像度が現場に比べて薄れていくなかで、経営者としての価値とはなんなのでしょうか?

それは、「**プロダクトやサービスのコア・思想を知っている**」ことだと考えています。

経営者が変わっていこうが、目の前のサービスが変わっていこうが、初期に生み出したプロダクトのコアと、その商品やサービスに対する思想は残り続けます。それは、原体験に裏付けられている本質的なサービスの価値や解決するべき課題です。そして、これまでに生み出してきたプロダクトや組織の歴史は、意思決定そのものなのです。

なにを考え、なにを決めてきたかが「主体者としての一貫性」であり、それを知っていることが経営者の強みにつながります。この、創業からの事業のあるべき価値は、買収を経由してもぶれたり変わったりすることはありませんでした。

多くの場合、マネジメントはつねに仮説を検証しながら情報獲得をしていることになりますが、サービスのコアが分かっていれば、仮説は筋のよいものとなります。

よく、経営者がリサーチのために「自社のアプリを使う」「すべての商品を試食する」といった話があります。これは、半分は社内への「顧客解像度を高めることが大切」「マネジメントとして現場強度は薄れることはない」というメッセージだととらえています。そしてもう半分は、自分のなかの仮説を確かめるために、現場で確認することが目的だと考えます。現場でしか得られない情報があるので、ときとして経営者自らが把握しに行くことは重要です。

ただ、毎回現場に出ていくことは非効率すぎますし、本来の仕事の範疇にはないはずです。とくに、事業がうまくいっていない場合や立ち上げのフェーズである場合は、積極的に現場を見ていく必要がありますが、現場での解像度を得るにも一定の時間はかかるので、仮説を設計したりポイントを押さえたり、事前に社内での情報共有を受けたりするなどして現場情報の獲得も効率的に行っていくことができないと、経営層が現場情報を直接得ることはなかなかできないでしょう。経営陣が現場に出ると「現場主義」として正当化しやすい部分もあるのですが、現場ばかりに目が奪われていると、重要な中長期での価値創造や戦略、組織構築がおろそかになるリスクはあります。

経営者としての直感を大事にする

直感は意外と無視できません。新規事業の直感は外れることは多いですし、いけると思った仮説が外れることもあります。先述のとおり、バイアスの影響が大きく、直感だけを頼りにするとリスクのほうが大きいでしょう。

むしろ、失敗のほうが原因も明確なケースが多く、再現性が高いので、「これは失敗する」という直感は正しいことが多くあります。

社内での組織体制構築や実行体制の組成、プロジェクトオーナーの抜擢など、「これはどうも失敗しそうだな」と思って体制を変えたり、保留をしたりするケースもあります。

この「失敗しそうだな」という直感は、信じてよいのかもしれません。失敗して被る影響が少ないケースについては、失敗しそうだと思ってもあえて現場を信任し、わずかな成功を期待しつつ主体性を育て、失敗してもよい学びになるとして進めることもあります。

このような直感は言語化が難しいからこそ、運用も困難です。バイアスでいっているだけのケースもあるため、直感を信じながら、つねに疑う気持ちも重要です。経営者としての直感を裏付ける専門性や経験もだんだんと陳腐化していくので、直感は慎重に扱いつつ、すべてを勘に任せると徐々に老害になっていくことでしょう。そうならないためにも、過去の経験からの直感だけではなく、シミュレーションも合わせて、その根拠を明確化していく努力を続けることが大切です。そうやって、「直感」と、そこからの「シミュレーション」の精度を高めていく必要があります。

おわりに

「意思決定していくうえでのいちばんの問題は情報なのでしょうか？」

新卒入社者の面接をしているときに、この質問を受けてハタと考えました。

私はいつも面接で、いかに意思決定が企業活動において重要か、そして意思決定を支援するサービス「スピーダ」の意義、意思決定のための情報の重要性を説明しています。私自身、こうした情報プラットフォームや人の知見提供によって、意思決定のための情報基盤の提供が世の中の意思決定をよくすると信じて進めてきました。ミーミルの創業からスピーダ事業のマネジメントを含め一貫して、企業の「意思決定」を支援する事業に携わってきました。しかし、果たして情報があれば意思決定はすべて解決するだろうか。いや、そうではない。

「それは情報ではないのかもしれないね。むしろ意思決定者の問題のほうが大きい」としばらく考えた後、このように答えました。

情報は重要ですが、意思決定者が適切に認知し、意思決定に踏み切っているのかという「意思決定への向き合い方」がより本質的ではないでしょうか。それが本書において、情報や人の知見の意思決定活用のトレンドや質の変化を取り扱いつつも、意思決定への向き合い方を伝えたいと思った大きなきっかけといえます。

経営をしていると、意思決定に苦しむ機会は多いものです。だからこそ、経営者の非連続な意思決定や大きなリスクテイクを見ると、心が震えます。そうした決断自体に「よくその意思決定ができるものだ」と、尊敬の念や称賛を感じるときがあります。批判が殺到している意思決定ほど、そう感じます。

企業はつねに変化し続けなければなりません。そうしたなかで、いかに変化を創っていくか、非連続な成長機会を作っていけるのか。これは、経営者にとって重要な責務です。

現状を維持したり、決断を先送りすることもありますし、拙速であったり、的外れであったりする意思決定も多いです。また、しなければよかった意思決定や、ある特定の意思決定で命運が尽きたケースもあります。

明確な事例を除き、意思決定の結果の評価は困難なことも少なくありません。未来に向けた大きな意思決定ほど、成功か失敗かの評価すら、視点や時間軸にもよるため難しいものです。この結果の評価の難しさが、さらに意思決定を尻込みさせます。経営者として10年先のための意思決定をしても、任期中に結果は出ず、評価につながらないこともあるでしょう。

もちろん、評価されるために意思決定をするわけではないですが、こうした大きな意思決定の成果や評価は、最終的に歴史が証明するようなものです。歴代の経営者が行ってきた意思決定の積み重ねがその企業の現在であり、未来の姿なのです。

非連続で大きな意思決定は非常に苦しいものですが、そこからその会社の新しいストーリーが始まる。こうした変化はとても楽しいものです。慣性に逆らうという意味では、逆に環境変化のなかで変わらない意思決定をすることも同様かもしれません。

一方で、非連続な意思決定ほど伝えることは難しいでしょう。上場企業であれば、株主からの評価が株価として反映されたりするものの、短期的に成果が見えることはほとんどありません。人間は変化をストレスに感じるので、社員に対しても、非連続な変化はさまざまな負荷を与える形になります。

意思決定の結果生まれた社内の混乱を見ると、こうした意思決定が本当に正しいのだろうかと、思う瞬間もあります。しかし、純粋にミッション実現のためにどうしたらよいか、最も意義のある形にするにはどうしたらよいかを考えて決めるしかないのです。
これは、短期的にどう評価されるかなどを気にしすぎるとなかなかできません。

意思決定者が雑音に惑わされず、純粋に実現したい世界観を信じ、強い意思決定をする。その難しさも痛感しているだけに、経営者の果敢な意思決定は、それだけでも本当に尊敬に値します。

これは会社の意思決定のみならず、個人の意思決定でも同様です。個人のキャリアでも、非連続な意思決定はとても難しいですが、尊敬に値するべきチャレンジです。そして、ここではどういった個人のミッションを持つかが大事です。

私個人の話でいうと、最初の大きなキャリア転換は研究者から金融業界への転身でした。この転身にあたって、自分自身のミッションとの整合性をどのようにとったかというと、研究はすなわち私オリジナルの成果であり、自分にしかない価値です。また、自分の仮説を、実験を通して証明していくというプロセスに喜びを見い出したのかもしれません。おそらく、自分自身の価値をどう残すか、自分だけの価値を世の中にどう伝えていけるかといった側面は研究者のよさです。しかし、これは事業創造にもつながると考えています。

ビジネスとは、新しい価値を創ることができるものです。新規事業は、大胆な仮説とその検証プロセスにほかなりません。自分の仮説が事業の成果として証明されたときには無上の喜びを感じます。だからこそ新しい事業を作っていき、それを大きくしていくことが、人生の意義になり得ると感じた経緯があります。

本書でこれまで述べてきたとおり、「意思決定を意識する」だけで、人生は変わります。

重要なのは、成果よりも、主体的に意思決定をしていることです。「人生のかじ取りを確かに自分でできている」と感じるだけで、とてもよい人生といえるのではないでしょうか。

よい意思決定を通じて、ぜひ皆さんによい人生を実現していただきたいと思います。

最後に、本書の出版にあたっては、多くの方に大変お世話になりました。3年前に企画がスタートしてから今日までの間、ディスカヴァー・トゥエンティワンの牧野類さん、ツークンフト・ワークスの三津田治夫さんの辛抱強い対話とプッシュがなければ本書を世に出すことはできなかったと思います。

本書刊行前に、ゲラを読んで貴重なフィードバックを寄せてくれた、ミーミルの野口知佳さん、石渡佑矢さん、安藏鉄平さん、庄子昌利さん、清田有紀子さん、ユーザベースの山本傑さん、山中祐輝さん、菅原弘暁さん、秋元充子さん。創業期にエキスパートの評価軸などの整理を一緒に行ったミーミルアルムナイの萬年美樹さん。インタビューリストを作成してくれたユーザベース奥村政司さん。ミーミルの皆さん、ユーザベースの皆さん、ミーミルアルムナイの皆さん、ありがとうございます。

ミーミル共同創業者であり、想像を超える修羅場や多くの苦難を共にし、創業からPMIまでを実現したユーザベース上席執行役員の守屋俊史さん。盟友ともいうべきユーザベース前CEOの佐久間衡さん。10年来、立場を変えても途切れることなく対話を続けてきた守屋実さん。本書に至る私の考えの形成に多くの示唆をくれた皆さまに感謝します。

付録

付録1

インタビュー　虎の巻

人からの知見獲得はどのように行うべきでしょうか？　業界を調査していくにあたっては、さまざまな人にアプローチしていく必要があります。直接業界の企業に電話をして、取材を行うための時間をいただくケースもあれば、業界企業のホワイトペーパーをダウンロードし、めぼしい企業から営業に来ていただくこともあります。

個人ごとの人のつながりが活用できる余地が大きい点もあげられます。個人のネットワークから過去のクライアントや取引先まで、関連業界のつてをたどってヒアリングしたり、大学の同級生や後輩などに連絡したりするケースもあるでしょう。そのために、ＳＮＳや名刺アプリなどを活用することもあります。ベンチャーキャピタルや銀行などの多様な業界と接点を有している企業は、自社のネットワークを活用しやすい傾向にあるともいえます。

コンタクトからの知見獲得プロセス例

- コールドコール（接点のない相手への電話でのアプローチ）
- 取引先へのコンタクト
- 業界の企業への営業や見積もり依頼
- 知人や知人からの紹介
- 社内専門家

意外と盲点なのが、**社内の専門家**です。社外を探す前に社内を見渡せば、そこに専門家がいるのではないでしょうか。社内の専門家というと、多様な事業を営むグループ企業を有する企業では、多様な業界への事業経験を含む専門知識やノウハウが蓄積されているはずです。実は、社内に調べたい業界の調査経験があったり、プロジェクトの経験があったり、そのような出身者がいたりするケースが多いものです。これこそが、社内の情報資産だといえます。

近年では、社内のナレッジマネジメントのシステム教育をしている会社も増えています。これらをグループ全体の資産として、新規事業や事業開発において専門性を活用できます。

一方で、社内にいる専門家の把握が難しいケースも少なくないでしょう。グループが巨大だと、社内カンパニーや子会社間であっても、情報のやり取りや共有は容易ではありません。同じグループ内であっても、誰がなにを知っているか分からないことが多いものです。

社内でのナレッジマネジメントを課題に感じており、取り組んでいる企業は増えています。会社によっては近年、とくにタレント・マネジメントであったり、ナレッジマネジメントのための投資だったりを行っており、独自システムを開発するなどして可視化を進めています。うまくいっているとは言い難いケースも見受けられますが、今後どのように社内のナレッジや人の知見を管理・活用していくかは、企業の競争力においてますます重要になっていくでしょう。

知見獲得には、コストがかかるケースと、かからないケースがあります。社内であれば一見コストはかかりませんが、協力関係を構築する仕組みや、評価に組み込むといった観点での整備も必要になるでしょう。

実際のやり方や注意点については、次の表を参考にしてみてください。

質問設計の流れ

①目的の設定 ▶ **②情報の洗い出し** ▶ **③質問作成** ▶ **④最終チェック**

①目的の設定：調査終了時にこれが分かれば達成といえるゴールを設定する。

②情報の洗い出し：目的に対して必要な情報と何を判断したいかを洗い出し、分類する。

③質問作成：調査目的や得たい回答に近い質問を探し、空欄にテーマ等をあてはめる。補足情報や仮説も合わせて伝える。

④最終チェック：コンプライアンスルールの確認など、質問項目の最終チェックを行う。

調査目的カテゴリ

<table>
<tr><th colspan="3">調査目的</th><th>推奨シーン</th></tr>
<tr><td rowspan="2">業界・市場ニーズ</td><td>業界の市場環境</td><td>新規参入を検討する際に、参入先の市場環境の全体像を把握する
その市場にいる既存のプレイヤー、及び競争環境を把握する</td><td rowspan="2">・新規参入業界の概観を知りたい
・特定市場の見通しを知りたい
・有望な海外市場の動向を知りたい
・マクロ環境を分析する「PEST分析」型質問（ポジティブ要因の確認）
・マクロ環境を分析する「PEST分析」型質問（ネガティブ要因の確認）
・業界の現在状況や主要企業・新興企業を把握する「5F分析」</td></tr>
<tr><td>市場動向・未来予測</td><td>新規参入したい市場の最近のトレンドやその市場の将来的な見通し、海外の有望な市場について把握する</td></tr>
<tr><td rowspan="2">顧客ニーズ</td><td>顧客ニーズ／課題</td><td>現状において、顧客が抱えている課題や、どういった商品やサービスを望んでいるのか、ニーズを把握する</td><td rowspan="2">・顧客が属する業界の現状課題を把握したい
・具体的な顧客ニーズを探りたい
・自社の製品／サービス案の受容性を確認したい</td></tr>
<tr><td>技術／サービスの受容性</td><td>特定技術や製品・サービスを投入する際に、どのような要件が必要か、またどういった領域に応用できるのか、ビジネスの可能性を把握する</td></tr>
<tr><td rowspan="2">実務ノウハウ</td><td>実務調査</td><td>自社で運用するプロセスやフロー、組織体制を検討するため、他業界等において、既にその領域で実施されている方法や事例を把握する</td><td rowspan="2">・新たに始める社内施策の体制や推進手順を参考にしたい
・サービス／製品展開の先行事例とポイントを確認したい
・海外の先行事例を知りたい</td></tr>
<tr><td>先行事例</td><td>自社の事業開発・社内改革に活用する為に、該当領域の成功事例、失敗事例、海外の先進的な事例把握する</td></tr>
</table>

ミーミル社作成

業界・市場リサーチ　質問サンプル

①業界・市場リサーチ
新規参入業界の概観を知りたい

調査項目	目的	質問内容	回答に求める内容
市場規模	売上見込の把握	現状における＿＿＿業界の市場規模は年間売上＿＿＿円程度という情報や、＿＿＿円程度という情報がありますが、実際にはどの規模だと思いますか。参考として活用した情報ソースの名称やURLがあれば、併せて教えてください。	・業界の市場規模 ・参考として活用した情報ソースの名称やURL
市場規模の算出要素	収益目標の設定	＿＿＿業界の市場規模は精緻な算出が難しいと認識しています。そこで、現在の＿＿＿業界の市場規模（TAM）を算出するうえで、考慮に入れるべき要素は何だと思いますか。その要素を使った算出の考え方についてもご存知であれば併せて教えてください。	・TAMを算出する上で考慮に入れるべき要素（可能なら複数） ・その要素を使った算出の考え方（各要素の影響度や算出ロジックなど）
サプライチェーン	業界のサプライチェーンの把握	一般的に＿＿＿業界では、どのようなサプライチェーンの特徴があるか教えてください。	・業界のサプライチェーンに含まれるステークホルダー ・そのステークホルダーの役割や（他業界と比べて）特徴的だと考える点
顧客セグメント	アプローチすべきターゲット層	一般的に＿＿＿業界では、どのような顧客セグメントになっているか教えてください。	・業界の顧客セグメントを分ける際に考えられる分類軸 ・分類軸の中で、特徴的な顧客セグメント
主要プレーヤー	競争環境の理解	現在、＿＿＿市場に参入している代表的な企業の概要や特徴、他社と比較した強みを教えてください。	・市場参入している代表的な企業の概要や特徴 ・他社と比較した際の強み
リスク／留意点	業界参入のリスクや留意点の把握	＿＿＿業界に新規参入する場合、リスクや留意すべきポイントを教えてください。	・業界に新規参入する際のリスクや留意すべきポイント（例：市場環境、関連政策や法規制の名称、業界特有の商習慣、影響力のある業界団体） ・そのリスクや留意ポイントを挙げた理由

ミーミル社作成

業界・市場リサーチ　質問サンプル

①業界・市場リサーチ
特定市場の見通しを知り、参入すべきかを知りたい

調査項目	目的	質問内容	回答に求める内容
市場予測要因	市場におけるニーズや規制等の変化	＿＿＿市場において、今後どのような要素が当市場の成長に最も大きく影響すると思うか教えてください。	・市場の成長に最も大きな影響を与える要素（例：技術の革新や法規制、消費者意識の変化） ・その要素を挙げた理由
市場規模予測①	市場の将来性の理解	今後10年を見据えた場合に、＿＿＿業界は成長・横ばい・低迷のどの方向に進むと思いますか。成長の場合には、どのようにビジネスチャンスが広がるのか、広がる理由や、要因を併せて教えてください。横ばい・低迷の場合は、成長阻害の要因を教えてください。	・今後10年を見据えた場合に、＿＿＿業界は成長・横ばい・低迷のどの方向に進むか ・成長の場合、どのようにビジネスチャンスが広がるのか、広がる理由や要因 ・横ばい・低迷の場合、成長阻害となる要因
市場規模予測②	市場の将来性の理解	＿＿＿市場は、今後どのように変化すると思いますか。現在の市場規模を100とした場合、5年後の規模を数値で教えてください。	・現在の＿＿＿市場の規模を100とした場合、5年後の市場規模予想 ・そのように考える背景や根拠
業界勢力図の見通し	今後持つべき強み	＿＿＿業界において、現在＿＿＿や＿＿＿といったプレイヤーがトップを占めていますが、この顔ぶれは5年後にどのように変わると思うか教えてください。	・＿＿＿業界の5年後の顔ぶれ（例：存続が難しいプレイヤー、新たに参入可能性のあるプレイヤー） ・そのように考える理由
革新的事例	競合社と差別化できるポイント	＿＿＿業界における＿＿＿に関して、革新的な取り組みを行っているとご自身が評価する事例はありますか。企業名と、その企業の取り組みを革新的と評価する理由を教えてください。	・＿＿＿に関して革新的な取り組み事例を行っているとご自身が評価する企業 ・その取り組みを革新的と評価する理由
潜在リスク	長期的な視野におけるリスクの把握	＿＿＿業界の10年後を見据えた時に、ビジネス上どのようなことがリスクとなってくると思うか、ご意見頂けますと幸いです。	・業界の10年後を見据えた際に考えられるビジネス上のリスク（例：政策や法規制、環境、競合、顧客） ・そのリスクを挙げた理由

ミーミル社作成

業界・市場リサーチ　質問サンプル

①業界・市場リサーチ
有望な海外市場の動向を知りたい

調査項目	目的	質問内容	回答に求める内容
有望な海外市場	適切な参入先の選定	＿＿＿業界において、今後５年以内に市場が伸びると考えられる国／地域を教えてください。	・業界で今後５年以内に市場が伸びると考えられる国／地域 ・その国／地域を挙げた理由
海外市場の市場環境	現地特有の市場環境ポイントの把握	＿＿＿（国／地域）における＿＿＿のビジネスについて、日本とは大きく異なる市場環境のポイントを教えてください。	・日本とは大きく異なる市場環境のポイント（例：サプライチェーン構造、販売チャネル、顧客ニーズ） ・そのポイントを挙げた理由
海外市場のリスク	適切な参入先国の選定	今後、＿＿＿業界でビジネスをするうえで有望な国／地域と、参入時に想定されるリスクを教えてください。	・今後、この業界でビジネスをする上で有望な国／地域 ・その国／地域へ参入時の想定リスク（例：政情・規制・治安・為替）
海外市場での差別化要因	差別化できる価値提供が実現可能かの把握	今後、新たに＿＿＿（国／地域）で＿＿＿業界のビジネスに参入するにあたり、どのような価値を提供できれば、差別化要因となり、参入が成功しやすくなると考えられるか教えてください。	・ビジネスに参入するにあたり差別化要因となる提供価値 ・そのように考える理由
海外現地のプレイヤー	競合社と差別化できるポイント	成長が予想される＿＿＿の海外市場において、現地の有力なプレイヤーを教えてください。	・成長が予想される海外市場の現地有力プレイヤー（可能であれば複数） ・そのプレイヤーを挙げた理由
海外パートナー候補	現地の有力な提携先の検討	＿＿＿（国／地域）において、現地の＿＿＿領域（販売／製造／研究開発などの具体的な内容）で提携を検討するに値する海外のパートナー候補を教えてください。	・提携を検討するに値する企業 ・その企業を挙げた理由

ミーミル社作成

業界・市場リサーチ　質問サンプル

①業界・市場リサーチ
マクロ環境を分析する「PEST 分析」型質問（ポジティブ要因の確認）

調査項目	目的	質問内容	回答に求める内容
PEST の相対的な影響評価	市場の現状や今後の成長可能性の把握	政治的要因、経済的要因、社会的要因、技術的要因の４点のうち、最も＿＿＿市場にポジティブなインパクトを与えるテーマを教えてください。	・政治的要因、経済的要因、社会的要因、技術的要因のうち市場に最もポジティブなインパクトを与えるテーマ ・そのように考える理由
政治的要因	マクロの市場環境の理解	規制緩和や市場開放など、＿＿＿市場にポジティブな影響を与える政治的要因・要素は何だとお考えですか。その要因・要素が当市場へどのようにポジティブな影響を与えるかも併せて教えてください。	・市場にポジティブな影響を与える政治的要因・要素 ・その要因・要素が当市場へどのようにポジティブな影響を与えるか
経済的要因		GDP 成長や物価、失業率など、＿＿＿市場にポジティブな影響を与えるマクロ経済要因・要素は何だとお考えですか。その要因・要素が当市場へどのようにポジティブな影響を与えるかも併せて教えてください。	・市場にポジティブな影響を与えるマクロ経済要因・要素 ・その要因・要素が当市場へどのようにポジティブな影響を与えるか
社会的要因		ライフスタイルや社会風潮の変化、人口や世帯構成の変化など、＿＿＿市場にポジティブな影響を与える社会的要因・要素は何だとお考えですか。その要因・要素が当市場へどのようにポジティブな影響を与えるかも併せて教えてください。	・市場にポジティブな影響を与える社会的要因・要素 ・その要因・要素が当市場へどのようにポジティブな影響を与えるか
技術的要因		新しい技術の誕生、既存技術の応用発展・衰退など、＿＿＿市場にポジティブな影響を与える技術的要因・要素は何だとお考えですか。その要因・要素が当市場へどのようにポジティブな影響を与えるかも併せて教えてください。	・市場にポジティブな影響を与える技術的要因・要素 ・その要因・要素が当市場へどのようにポジティブな影響を与えるか

ミーミル社作成

業界・市場リサーチ　質問サンプル

①業界・市場リサーチ
マクロ環境を分析する「PEST 分析」型質問（ネガティブ要因の確認）

調査項目	目的	質問内容	回答に求める内容
PEST の相対的な影響評価	市場の現状や今後のリスクの把握	政治的要因、経済的要因、社会的要因、技術的要因の４点のうち、最も＿＿＿市場にネガティブなインパクトを与えるテーマを教えてください。	・政治的要因、経済的要因、社会的要因、技術的要因のうち市場に最もネガティブなインパクトを与えるテーマ ・そのように考える理由
政治的要因	マクロの市場環境の理解	規制強化や地政学リスクなど、＿＿＿市場にネガティブな影響を与える政治的要因・要素は何だとお考えですか。その要因・要素が当市場へどのようにネガティブな影響を与えるかも併せて教えてください。	・市場にネガティブな影響を与える政治的要因・要素 ・その要因・要素が当市場へどのようにネガティブな影響を与えるか
経済的要因		GDP 成長や物価、失業率など、＿＿＿市場にネガティブな影響を与えるマクロ経済要因・要素は何だとお考えですか。その要因・要素が当市場へどのようにネガティブな影響を与えるかも併せて教えてください。	・市場にネガティブな影響を与えるマクロ経済要因・要素 ・その要因・要素が当市場へどのようにネガティブな影響を与えるか
社会的要因		ライフスタイルや社会風潮の変化、人口や世帯構成の変化など、＿＿＿市場にネガティブな影響を与える社会的要因・要素は何だとお考えですか。その要因・要素が当市場へどのようにネガティブな影響を与えるかも併せて教えてください。	・市場にネガティブな影響を与える社会的要因・要素 ・その要因・要素が当市場へどのようにネガティブな影響を与えるか
技術的要因		新しい技術の誕生、既存技術の応用発展・衰退など、＿＿＿市場にネガティブな影響を与える技術的要因・要素は何だとお考えですか。その要因・要素が当市場へどのようにネガティブな影響を与えるかも併せて教えてください。	・市場にネガティブな影響を与える技術的要因・要素 ・その要因・要素が当市場へどのようにネガティブな影響を与えるか

ミーミル社作成

業界・市場リサーチ　質問サンプル

①業界・市場リサーチ
業界の現在状況や主要企業・新興企業を把握する「5F 分析」

調査項目	目的	質問内容	回答に求める内容
業界内の競合	自社がさらされている業界環境と自社の競争優位性の把握	＿＿＿市場における国内主要プレーヤーと、どの程度競争が激しいか教えてください。	・市場における国内主要プレーヤー（可能であれば複数） ・市場はどの程度競争が激しいか ・そう評価する背景・理由
買い手の交渉力		＿＿＿市場における主要顧客の交渉力や要求はどの程度強いでしょうか。主要顧客がどのような企業・ヒトであるかを交えつつ教えてください。	・主要顧客はどのような企業・ヒトか ・その顧客の交渉力や要求力の強さ ・そう評価する背景・理由
売り手の交渉力		＿＿＿市場における主要サプライヤーの交渉力はどの程度強いでしょうか。主要サプライヤーがどのような企業であるかを交えつつ教えてください。	・主要サプライヤーはどのような企業か ・そのサプライヤーの交渉力の強さ ・そう評価する背景・理由
新規参入の脅威		＿＿＿市場に対するここ 2、3 年での新規参入状況について教えてください。	・ここ 2、3 年での新規参入状況（例：新規参入の障壁の高さ、参入企業の傾向、短期間での撤退の多さ） ・そのように考える背景・理由
代替品の脅威		現在の＿＿＿市場において、代替品（ユーザーの特定ニーズを満たす既存製品以外の新製品）によって、既存の商品・サービスの市場が奪われる可能性はあると思いますか。ある場合はどういった商品・サービスになると思うか、お考えを教えてください。	・現在、代替品によって既存の商品・サービスの市場が奪われる可能性の有無 ・可能性がある場合、どういった商品・サービスか ・そのように考える背景・理由

ミーミル社作成

業界・市場リサーチ　質問サンプル

②顧客ニーズリサーチ
顧客が属する業界の現状課題を把握したい

調査項目	目的	質問内容	回答に求める内容
業界の共通課題	現状における共通課題の把握	＿＿＿業界全体の＿＿＿（業務）において、共通の課題と思われる点を教えてください。	・業界全体の業務の共通課題（可能であれば複数） ・その課題を挙げた背景・理由
課題の原因特定	課題の根本原因の正確な理解	＿＿＿業界の＿＿＿（共通課題）の原因はどのようなところにあるか教えてください。	・業界の共通課題の原因が生じる要因・背景 ・そのように考える理由
課題の優先順位	業界の課題認識が合っているかの確認	＿＿＿業界の＿＿＿（共通課題）に対して、解決すべき優先度を教えてください。	・業界の共通課題の解決優先度 （例：すぐにでも手を打つべき課題、この先1～3年は静観してもよい課題） ・そのように考える理由
課題への対策案	現状取られている対策の把握	＿＿＿業界の＿＿＿（共通課題）に対して、どのような対策が考えられますか。もしあればその対策を実際に活用している事例を交えつつ教えてください。	・業界の共通課題への対策 ・その対策を挙げた理由 ・その対策を実際に活用している事例（もしあれば）
課題のボトルネック	課題解決のボトルネックの把握	＿＿＿業界の＿＿＿（共通課題）の解決を進める上で、どのようなポイントがボトルネックとなり得るか教えてください。	・業界の共通課題を解決する際、ボトルネックになり得るポイント ・そのように考える理由
課題解決策のコスト許容	利用者のコスト許容範囲の把握	＿＿＿業界の＿＿＿（共通課題）に対するソリューションが提供される場合、現在の全体コストを100とした場合の上乗せ分の許容範囲を、指数で教えてください。	・業界の共通課題に対するソリューションが提供される際のコスト上乗せ分の許容範囲（現在の全体コスト100とした場合の指数） ・そのように考える理由

ミーミル社作成

業界・市場リサーチ　質問サンプル

②顧客ニーズリサーチ
具体的な顧客ニーズを探りたい

調査項目	目的	質問内容	回答に求める内容
課題対策の必要要件	本サービスを利用者が導入する際に必要な機能や要件の把握	＿＿＿業界の＿＿＿（課題）に対するソリューション（ツールやサービス）には、どのような機能や要件が必要だと思うか教えてください。	・業界の課題に対するソリューションに必要な機能や要件 （例：必須機能、技術、必要なサポート、価格体系） ・その機能や要件を挙げた理由
実用化に向けた外的環境	本サービスを市場に導入する際に押さえておくべき外的要因の把握	＿＿＿という新しいソリューションが＿＿＿業界で実用化される為には、どのような外的要因の整備や変化が必要だと思うか教えてください。	・上記ソリューションが業界で実用化される為に必要な外的要因 （例：技術的なブレークスルー、法規制、顧客の思考） ・その外的要因を挙げた理由
導入における阻害要因	本サービスを企業導入する際の阻害要因の把握	＿＿＿業界の＿＿＿（課題）に対するソリューション（ツールやサービス）を導入しようとする際、どのような阻害要因が想定されるか教えてください。	・業界の課題に対するソリューション導入時に想定される阻害要因 （例：業務の見直し、社内調整、費用、IT 基盤） ・その阻害要因を挙げた理由
既存サービス確認	同様のソリューションを提供するサービスと内容の把握	＿＿＿業界の＿＿＿（課題）に対するソリューションとして利用可能なツール・サービスと、その機能や効果などを教えてください。	・業界の課題に対するソリューションとして利用可能なツールやサービス ・そのツール・サービスの機能や効果など
既存サービスの強み	本サービスのソリューションを導入するメリットの客観的な評価	＿＿＿業界の＿＿＿（課題）に対する既存ソリューションについて、どのような点が利用者のニーズを満たしていると思うか教えてください。	・業界の課題に対する既存ソリューションが利用者ニーズを満たしていると思う点 ・そのように考える理由
既存サービスの弱み	本サービスのソリューションに不足している点の把握	＿＿＿業界の＿＿＿（課題）に対する既存ソリューションの中で、現在不足していると思われる機能やサービスがあれば、その機能やサービスの不足により生じる問題も併せて教えてください。	・業界の課題に対するソリューションで現在不足していると思う機能やサービス ・その機能やサービスの不足で生じる問題

ミーミル社作成

業界・市場リサーチ　質問サンプル

②顧客ニーズリサーチ
自社の製品／サービス案の受容性を確認したい

調査項目	目的	質問内容	回答に求める内容
自社サービスの受容性①	本サービスが課題解決に有効であることの把握	＿＿＿領域の＿＿＿（課題）に対して、＿＿＿（提供サービスやツール、製品の説明）という方法で解決できるとしたら有効だと思うか教えてください。	・課題に対するソリューションの有効性 ・そう考える理由
自社サービスの受容性②	本サービスが不足しているポイントの把握	＿＿＿領域の＿＿＿（課題）に対する＿＿＿（提供サービスやツール、製品の説明）というソリューションにおいて、不足していると思われる機能やサービスがあれば、教えてください。	・課題に対するソリューションに不足している機能やサービス ・その機能やサービスが不足していると生じる問題
自社サービスの受容性③	本サービスへの導入意向の把握	＿＿＿領域の＿＿＿（課題）に対する＿＿＿（提供サービスやツール、製品の説明）というソリューションをどの程度利用したいと思いますか。以下選択肢から回答をお選びください。	・課題に対するソリューションの利用意向（選択式で：1. 是非利用したい　2. 今すぐにではないが、いつか利用したい　3. あまり利用したいとは思わない　4. 全く利用したいと思わない） ・そのように回答した理由
応用先の探索	当社の技術の新しい業界・領域へのニーズの把握	＿＿＿領域の＿＿＿（課題）に対する＿＿＿（提供サービスやツール、製品の説明）というソリューションを今後展開できそうな領域／業界と、その領域／業界のどのような用途にマッチすると思うか教えてください。	・課題に対するソリューションが今後展開できそうな領域／業界 ・その領域／業界でマッチしそうな用途
カスタマイズポイント	本サービスを企業に導入する際に必要なカスタマイズの把握	＿＿＿領域の＿＿＿（課題）に対する＿＿＿（提供サービスやツール、製品の説明）というソリューションを、＿＿＿領域／業界に応用する場合、そのまま応用できる領域と、新たにカスタマイズが必要な領域はどこか教えてください。	・課題に対するソリューションがそのまま応用できる領域 ・上記ソリューションのカスタマイズが必要な領域 ・そう考える理由
コスト許容	本サービスを企業に導入する際のコスト許容範囲の把握	＿＿＿領域の＿＿＿（課題）に対する＿＿＿（提供サービスやツール、製品の説明）というソリューションが提供される場合、現在の全体コストを 100 とした場合の上乗せ分の許容範囲を、指数で教えてください。	・課題に対するソリューション導入の際のコスト上乗せ分の許容度（現在の全体コストを 100 とした場合の指数） ・そう考える理由

ミーミル社作成

業界・市場リサーチ　質問サンプル

③実務ノウハウリサーチ
新たに始める社内施策の体制や推進手順を参考にしたい

調査項目	目的	質問内容	回答に求める内容
新施策の重要要素	施策を導入する上での重要な要素の洗い出し	新たに______（カーボンニュートラル、D&I、DXなどのテーマ）の取組みを行う際に重要となる要素を教えてください。	・この取り組みを社内で行う際の重要な要素（例：リソース面、企業文化面、仕組み面） ・そのように考える理由
新施策の推進体制	施策を導入する上での体制の洗い出し	新たに______（カーボンニュートラル、D&I、DXなどのテーマ）の取組みを社内で行う場合、どのような体制で推進することが多いか教えてください。	・新たにこの取組みを社内で行う際によく導入される推進体制 （例：社長直下のチーム、部門横断型のクロスファンクショナルチーム） ・そのように考える理由
新施策の推進手順	施策の推進手順の洗い出し	新たに______（カーボンニュートラル、D&I、DXなどのテーマ）を社内に浸透させるためには、どのような施策を、どのような手順で進めていくべきとお考えか教えてください。	・新たに社内に浸透させる際に取り入れるべき施策内容と推進手順 ・そのように考える理由
新施策のボトルネック	施策を導入する上での重要な要素の洗い出し	新たに______（カーボンニュートラル、D&I、DXなどのテーマ）の取組みを社内で推進するにあたり、どのようなことがボトルネックとなり得るか教えてください。	・新たに取り組みを社内で推進していく際のボトルネック ・そのように考える理由
成功事例／実績	成功事例の把握	______（カーボンニュートラル、D&I、DXなどのテーマ）を行っている過去の成功事例をご存知であれば、事例の概要と、その事例が成功したと考える理由を教えてください。	・過去の成功事例の概要 ・なぜその事例が成功したと考えるのか
外部リソース活用	外部リソースを活用する際の留意点の把握	______（カーボンニュートラル、D&I、DXなどのテーマ）を外部リソースを活用して行う場合、どのようなポイントに留意すべきか教えてください。	・外部リソースを活用して行う場合の留意点 ・そのように考える理由

ミーミル社作成

業界・市場リサーチ　質問サンプル

③実務ノウハウリサーチ
サービス／製品展開の先行事例とポイントを確認したい

調査項目	目的	質問内容	回答に求める内容
先行事例	本領域の先行事例の把握	現在、国内において______を扱うサービス（または製品等）を提供する事例をご存知であれば、企業名や取り組み内容、サービス形態などを教えてください。	・日本国内でのサービスや製品の提供事例（企業情報、取り組み内容、サービス形態など）
参入障壁	本領域の参入する際のボトルネックや参入障壁の把握	日本では______を扱うサービス（または製品等）を提供する企業が数社のみに限られていますが、考えられる理由を教えてください。	・日本国内でのサービスや製品の提供企業数が限られている理由（例：当該ビジネスにおけるボトルネックや参入障壁）
普及に必要な機能／条件	開発中のサービスの改善	一般的に______を扱うサービス（または製品等）を普及させるために、必要と思われる機能や要件を教えてください。	・サービスや製品を普及させるために必要な機能(技術、サポートなど) ・上記サービスや製品を普及させるために必要な要件（価格体系など）
市場の見立て	国内普及に関するエキスパートの意見の把握	______を扱うサービス（または製品等）は、今後日本で普及していくと思うか、ご自身の見立てを教えてください。	・今後、国内のサービス・製品の普及見込み ・そのように考える理由
失敗事例	他社の市場参入失敗事例	______を扱うサービス（または製品等）の参入に失敗した事例をご存知であれば、事例の概要と、その事例が失敗したと考える理由を教えてください。	・サービスや製品の参入失敗事例の概要 ・なぜその事例が失敗したと考えるのか
パートナー候補	協力可能なパートナー企業の把握	______を______業界に販売するうえで、協力を得ることができると考えるパートナー候補を教えてください。	・協力を得ることができると考えるパートナー候補 ・そのパートナー候補を挙げられた理由

ミーミル社作成

業界・市場リサーチ　質問サンプル

③実務ノウハウリサーチ
海外の先行事例を知りたい

調査項目	目的	質問内容	回答に求める内容
海外事例	自社のサービス提供のヒント獲得	＿＿＿を扱うサービスの海外先行事例を教えてください。	・海外先行事例（国／地域や企業名、取り組み内容など）
特定の地域	同様のサービスの成功事例の把握	＿＿＿（国／地域）において、＿＿＿を扱うサービスの成功事例をご存知であれば、事例の概要と、その事例が成功したと考える理由を教えてください。	・サービスの成功事例の概要 ・なぜその事例が成功したと考えるのか
規制の違い	地域の違いによる影響を理解した上での事業戦略立案	＿＿＿を扱うサービスについて、普及が進んでいる＿＿＿（国／地域）と日本との関連する規制の違いは何だと思いますか。その規制の違いによって生じる影響も併せて教えてください。	・普及が進んでいる国／地域と日本との関連する規制の違い ・その規制の違いによって生じる影響
国内導入可否	国内導入の可能性と懸念点の把握	＿＿＿（国／地域）において、先進的な事例となっている＿＿＿を扱うサービスをそのまま、国内に導入することは可能でしょうか。懸念点があれば教えてください。	・国／地域の先進的事例であるサービスの国内導入可否 ・国内導入時の懸念点 ・その懸念点を挙げた理由
海外パートナー候補①	現地での販売における協力可能なパートナー企業の把握	＿＿＿（国／地域）において、＿＿＿を＿＿＿業界に販売するうえで、協力を得ることができると考える現地のパートナー候補を教えてください。	・サービスを販売する際に協力を得られると考えるパートナー候補 ・そのパートナー候補を挙げた理由
海外パートナー候補②	現地での技術開発における協力可能なパートナー企業の把握	＿＿＿（国／地域）において、＿＿＿技術の研究開発を進めるうえで、協力を得ることができると考える現地のパートナー候補を教えてください。	・技術の研究開発を進める際に協力を得られると考えるパートナー候補 ・そのパートナー候補を挙げた理由

ミーミル社作成

質問前のチェックリスト

専門家へのインタビューや一般的な知見情報獲得の際には、次のチェックリストを参考にするとよいでしょう。

「コンプライアンス」や「知見情報の提供確度」「質問の認知負荷」などをふまえた確認が必要です。

1. コンプライアンス	・内部情報や秘密情報を聞き出そうとしていないか ・回答者の立場上問題のある内容を聞き出そうとしていないか
2. 質問と回答の構造化	・聞きたい論点をどの程度明確化しているか ・質問の中に複数の要素が混在していて、回答すべきポイントが不明瞭になっていないか ・回答の情報粒度の判断が難しい質問には回答例を挙げているか
3. 定量情報への質問	・市場規模、シェアの比率や割合、KPIの目安など、どの程度の粒度の定量数字を聞こうとしているか ・個別具体の数字は開示が難しい場合が多いが、業界内での一般的な数字としての推定や概算でよいか ・数字の根拠をどの程度示す必要があるか
4. 回答を希望するエキスパート情報	・出身業界、経験年数、経験職種や役割など、どのようなエキスパートに質問をしたいのか（属性情報あで明確化できているか） ・バリューチェーンのどのプレーヤーかなど複数の属性情報に応じた質問を用意できているか
5. 略語や社内用語	・判断が難しい略語や社内用語、一般的ではない用語が含まれないようになっているか ・回答者の属していない業界の業界用語や専門用語が含まれないようになっているか

ミーミルの情報を基に著者改変

付録2

情報収集のトレンドとしての人からの知見獲得

ここからは、情報収集のトレンドについて少しお話ししておきましょう。

近年、専門家の知見を活かした「エキスパートネットワーク」が注目されつつあります。このサービス自体は昔からあるものの、SNSとの連携やプラットフォームとの融合も踏まえて「人からの知見獲得」のパラダイムシフトが今まさに起きていると私は見ています。なぜ注目されているのか、どんな特徴があるのかを紹介していきます。情報収集の背景や歴史を知ることで、今後の動きや、どのように情報を活用すればよいのかの理解が深まるはずです。

近年注目を集めるエキスパートネットワーク

マネジメントコンサルティング、いわゆるコンサルティングファームは、その役割はいくつかの変遷を経ていますが、多様な機能を持っています。

データからインサイトを得て、提案に結び付け、実行支援をする。ファームによって提供する価値の幅はさまざまですが、期待されるコンサルタントの機能の一つが「専門性」です。

とくに情報プラットフォームが整備されていないころは、業界の専門知識を獲得することは容易ではありませんでした。そこに対して、業界経験が豊富で、これまでのリサーチやナレッジの蓄積があるコンサルタントが業界知識を提供していくことを期待されてきました。業界特化の専門知識を蓄積してきたコンサルタントの業界における知見の価値は、コンサルティングファームの一つの財産でもあるといえます。

この業界知見については、業界の内部にいる人、またはいた人に直接聞けるサービスが広がっています。それが、「エキスパートネットワーク」です。これまでは難しかった各業界の知見者に、生の情報を、コンプライアンスルールを前提として、そのまま聞くことができるというサービスです。

これは重要な機能の一つである「専門性」について、コンサルタントに期待する価値を代替するともみなされ、いつのころかエキスパートネットワークは、海外ではコンサルタントのディスラプターであるといわれたこともありました。

ここに関しては、代替というよりは補完的というほうが正しいでしょう。業界内部の経験者と、外部で中立的に業界を見て関与してきたコンサルタントの立ち位置の違いは大きいです。こうした立ち位置や役割の違いのほか、有している専門性も異なるので、それぞれの価値が棄損することはなく、むしろ補完的です。

さらに、コンサルタントの守備範囲を超えたニッチな業界やテーマに対する知見者や、同じ業界であっても実務を知る人材について、エキスパートネットワークのプラットフォームを通じてつながることが可能でもあります。


経験豊富なコンサルタントの知見の価値が失われるものではないですが、初期的に情報を広く、多様な業界について獲得するときに、エキスパートネットワークは非常に有効な手段の一つであることは間違いありません。むしろ近年では、コンサルティングファームが多く活用され、実際に補完的な役割を果たしている状況になりつつあります。

「人から聞く」という情報獲得自体は、昔から手段の一つとしてあるものでしたが、それをプラットフォーム化し、広くスケーラブルな形で提供しているビジネスモデルといえます。

こうした意見情報を直接人とつないで獲得するための新しいアプローチといえるＥＮＳですが、どのように市場として作られてきたのでしょうか。

エキスパートネットワーク市場の歴史で見る、意見情報獲得のトレンド

エキスパートネットワークは、「対価を払って目的とする専門家とつながり、直接インタビューを行う」という手段です。この市場の成長はすなわち、個人ではなく、企業の事業領域における意見情報獲得の歴史そのものといってもよいでしょう。こうしたエキスパートネットワークの成り立ちを見ていくことで、「人とつながって情報を獲得していく」という手段の発達やニーズを理解することができます。

ここでは、類推などを含む私の解釈によるものですが、エキスパートネットワークの歴史を大きく4世代に分けてお話しし、それを通じて意見情報がどこで活用され、どこで求められて、人とつながるためにどういったテクノロジーやプロセスが発展してきたかを見ていきたいと思います。

エキスパートネットワークの歴史

第1世代	第2世代	第3世代	第4世代
Gerson Lehrman Group（GLG） Guidepoint	Third Bridge AlphaSights	Atheneum Accurate Insight Capvision	Alphasense Tegus proSapient NewtonX
グローバルプレーヤー	**カスタムリクルーティング強化**	**ローカルプレーヤー**	**テクノロジー**
・ユーザーは金融関係の投資家向け ・エキスパートはシニア層やCxOなどのマネジメント層 ・データベース規模の拡大に投資、グローバルにエキスパート規模を拡大 ・市場は北米を中心に展開	・ユーザーは事業会社にも拡大 ・エキスパートは現場の解像度が高いミドル層 ・データベース規模に依存しない、リクルーティングモデル（LinkedInなどを利用）	・市場は北米・欧州からアジアまで一気に拡大 ・エキスパートもグローバル化、各地域のローカルプレーヤーが勃興 ・北米・欧州のグローバルプレーヤーでは確保できない現地のエキスパートの質と量	・インタビューに限らない知見提供モデル ・テクノロジーによって新しいビジネスモデル構築を目指す ・SaaSプラットフォーム、スクリプト提供、AI機械学習でのマッチング

著者作成

注：あえて簡易化して特徴ごとに代表的な会社を記載しているが、それぞれのサービスや戦略は必ずしも図のように明確に分かれているわけではなく、重複している部分も多い

4世代とは、以下のとおりです。

第1世代：投資家ユーザー向け、グローバルに巨大なデータベースを構築
第2世代：事業会社向け、カスタムリクルーティングモデル
第3世代：各地域にローカルプレーヤーが勃興し、分散
第4世代：テクノロジードリブンなゲームチェンジャーが成長

エキスパートネットワークは日本でも利用者が広がり、注目されつつある業界です。コンサルティングファームにお勤めの方や経営企画に携わる方であれば、知っている、あるいは利用したことがあるかもしれません。

実は、グローバルでも注目されたのはこの数年です。グローバルで市場規模が10億ドルを超えたぐらいから、海外でも業界に関する分析記事や特集記事、レポートが増えてきたように思います。毎年10％以上の成長率で拡大し、２０２３年に20億ドルに達している成長市場です。

古くは北米で１９９８年に業界のパイオニアともいえるガーソンレーマングループ（ＧＬＧ）が創業し、すでに20年以上の歴史があります。

エキスパートネットワークの成長の歴史は、人の知見をインタビューで獲得するインフラとしての整備・一般化の歴史ともいえます。これらがどのようなユーザーに支持される形で発展し、なにが事業の要点であるかをひもといていきましょう。

日本でも急速に注目されているものの、海外に比べてまだまだ小さく、おそらくいくつかの理由によって遅れて立ち上がっている市場といえます。エキスパートネットワークをいかに活用できるか、また、これまでの情報プラットフォーム活用とは毛色の異なる、しかし効果的な情報獲得手段をいかに有効利用できるか。これが多くの事業会社で注目され、活用が広がっており、ホワイトカラーの生産性に大きなインパクトを与えているといえます。

第1世代：投資家ユーザー向け、グローバルに巨大なデータベースを構築

エキスパートネットワークはもともと、「ウォール街でしか知られていない」といわれたサービスでした。「ウォール街でしか」とあるとおり、市場ができた2000年前後は、金融関係、おもに投資家（ヘッジファンド、資産運用会社）が最初のユーザーでした。

投資家の「投資の」意思決定のために業界の知見を獲得するにあたって、直接業界関係者にヒアリングを行いたいというニーズに対して、出版事業から始まったGLG社が、自社でコンタクトのある業界知見者をマッチングする形でスタートしました。

このように、情報プラットフォームで述べたブルームバーグやロイターニュースが投資家向けで成長したのと同様ですが、外部知見が投資の意思決定という直接的に貢献し、分かりやすく投資対効果が見えやすく、情報が価値に直結する投資の世界において始まったといえます。いまでも投資家の市場が、エキスパートネットワークの活用においては最も成熟している業界です。

こうして投資家向けに、普通では手に入りにくい情報を提供していく形で、エキスパートネットワークは黎明期に発展してきました。投資家のニーズに応えるよう、とくに業界を俯瞰

的にとらえてコメントができるC×Oなどのハイレイヤー層を数多く確保し、データベースで情報管理しています。

データベースを構築し、マッチングの専門人員をそろえて、マッチングのスピードアップやオペレーションコストを下げることでサービスが拡大してきました。エキスパートネットワーク事業者は、エキスパートのデータベースをどんどん拡大していきます。GLG社は現在100万人を超える規模でデータベース化し、同時期の2000年前後に創業した老舗のプレーヤーはいずれも数十万人規模のエキスパートのデータベースを構築しています。エキスパートは北米が多いものの、多くの海外拠点を持ち、世界中のエキスパートを獲得し、さらにデータベースを巨大にしています。

なお、GLG社は2024年時点で業界最大シェアの企業であり、ニューヨークに本社を置く非上場企業ですが、日本でも2008年から展開しています。会社のホームページ（2023年5月現在）によると、ニューヨーク、ロンドン、シンガポール、ムンバイなど多くの国に事業所を有しています。その利用者として、「Fortune 500に載っている企業のうちの約200社ほぼすべての業界を網羅」「世界最大手の製薬会社トップ10社のうち9社」「世界最大手のIT／テクノロジー企業トップ10社のうち9社」「世界の大手銀行トップ10行」、さらには「80団体以上のソーシャルインパクト団体」などとうたわれています。実態として、現在ではグローバルの大手企業のほとんどがエキスパートネットワークを活用しているといえるでしょう。

なお、利用する会社や専門家によっても異なりますが、エキスパートネットワークを活用したインタビューは、1回1時間で1200ドル前後の費用がかかります。クライアントはENSベンダーにこれだけの対価を払い、ENSベンダーからエキスパートに200〜300ドル程度支払われます。コンサルティングファームではこうしたインタビューを、1回のプロジェクトで何十回も活用する場合があるのです。各社がこうした意見情報や人の知見情報の獲得に、いかに投資しているかが分かります。

当時は、ごく小さい一部の業界での活用であったエキスパートネットワークが、業界として立ち上がり、人の知見を意思決定に活用するというプラクティスが一気にグローバルで一般化しつつあります。かつては金融機関や投資家が主だったユーザーも、いまではコンサルティングファームや事業会社に広がり、投資の意思決定から事業の意思決定まで支援をしています。

この期のプレーヤーの特長として、主として投資家ユーザー向けに強く、北米由来が多いのですが、グローバルにエキスパート・データベースを構築し、そのデータベースを大きくしていくことに投資をしています。併せて、コンプライアンスの基盤をしっかり作っていることも重要な点です。また、エキスパートはもともとC x Oなどハイレイヤー職に強く、業界の大きなトレンドや戦略などについて、投資家を語れるような人物を確保していることもあげられます。

第2世代：事業会社向け、カスタムリクルーティングモデル

リーマンショック後あたりの2010年ごろから、エキスパートネットワークの活用は投資家から事業会社へと広がりました。それまで限定的な市場で活用されていたエキスパートネットワーク市場が近年急成長し、注目度が向上している背景として、これまでは投資家層に限られていたユーザーが事業会社に広がったことがあげられます。

このユーザーの拡張は、投資の意思決定のみならず、事業における意思決定に活用され始めたことを意味します。実際に利用者として、事業会社やコンサルティングファームの活用が広がっています。ここから継続的かつ安定的に成長し、この成長はまさに事業会社への市場の進展が後押ししたものと考えられます。

なぜ事業会社の利用が広がっているのでしょうか。

こうした事業会社やコンサルティングファームでの利用の広がりの背景として、SNS、とくにLinkedInの拡大により、オンラインでエキスパートを見つけやすく、アプローチしやすくなったということがあります。

エキスパートネットワークはもともと、投資家がシニア層やCxOなどのマネジメント層にヒアリングを行い、業界のトレンドや各社の戦略の考え方など、大局的で俯瞰的なコメントを求めることが多かったことから、そうした層に注力して集めてきました。しかし現在では、より広いレイヤーで確保する流れになっています。

事業会社（おもに事業会社を顧客としてサービス提供しているコンサルティングファームも同様）は投資家と異なり、俯瞰的なトレンドというよりも、リアルタイムの高解像度の情報、よりビジネス現場に近い情報が求められます。事業会社も不確実性が高まる市場環境のなか、さまざまな業界知見を獲得する必要が出てきており、新規事業への挑戦や、不確実性の高い未来の解像度を高めるためにエキスパートネットワークを活用しています。事業における意思決定なので、現場に近い、実務的な観点の情報獲得が重要ということでしょう。

ただ、これらの層となるとC×Oのような特定が難しく、ヒアリングテーマもニッチなものも含めて多様になってきます。そうしたなかで、多数のエキスパートへのコンタクトが求められるのです。これらすべてのエキスパートをデータベースに登録するのは不可能で、100万人でも足りないでしょう。

だからこそ、SNSを利用し、必要に応じて探していくことが重要になってきました。そして、SNS経由で見つけることができるようになったことで、エキスパートネットワークの利用も広がっていったと思われます。ENS事業者は必要に応じてエキスパートを見つけ出す能力を鍛え、内部の専門家データベース以外に広く人を探していくカスタムリクルーティングという仕組みを磨き上げてLinkedInなどを通じて見つけ出し、データベースに登録してもらうことで、知見提供をしてもらうようになっています。エキスパートを探して、見つけて、案件の知見の有無を確認し、コンプライアンスルールを含むエキスパート活動への合意をとり、インタビューの日程調整をしていく。こうしたオペレーションを精度高く、迅速に、再現性高く実施していくことを追求しているプレーヤーが増えてきたのです。

これらのトレンドが、ENS市場そのものの成長に貢献しています。エキスパートのとらえ方も、それまでのシニアクラスのグレーヘアのイメージから、むしろ現場の解像度が高いミドル層で、知見をアップデートし続けている層を対象とするようになっているかもしれません。

この期のプレーヤーの特長として、LinkedInなどのSNSの発達によるエキスパートへのアクセスの変化が背景にあります。データベースの規模拡大にこだわることなくSNSなどを活用し、カスタムリクルーティングに集中してオペレーションを磨き上げています。そうして、事業会社がメインのユーザーで、それらのニッチな現場に近いレイヤーのエキスパートニーズに対してもリアルタイムにピンポイントでエキスパートを見つけ、推薦できる体制になり、「誰でもすぐに見つかる」エキスパートネットワークの体験が大きく変わりました。

第3世代：各地域にローカルプレーヤーが勃興し、分散

エキスパートネットワークについて投資家がメインで利用していた時代は、投資対象となる資本市場の大きな地域における情報獲得が多く、北米が中心の市場となっていました。ただ、事業会社は世界中にあります。エキスパートネットワークの市場の中心は現在でも北米ですが、事業会社ユーザーが増えることで、北米、欧州からアジアまで、一気に市場がグローバルに拡大しました。

クライアントの地域と同様に、対象とするエキスパートもグローバル化しています。

さまざまな地域への展開のため、事業会社はグローバルなエキスパートの知見が求められます。そして、業界のみならず国や地域も含めてニーズが多様化するエキスパートを獲得していくためには、ローカルなエキスパートネットワークのプレーヤーがより地域に即したコミュニケーションツールやSNSを活用してエキスパート獲得をしていくようになりました。

そうして、エキスパートネットワークのプレーヤーも、各地域のローカルプレーヤーが勃興してきたのです。先ほどの第2世代とほぼ同時期の2010年以降から、エキスパートネットワークのローカルプレーヤーも一気に増加しました。

このように、グローバル化とローカライゼーションが進んで、GLGなどグローバルにエキスパート基盤を持つプレーヤーが各地に展開していく一方で、各地域に拠点のあるプレーヤーが現地のエキスパートを集めて、独自に現地企業を開拓していくことが増えていきました。

日本の市場は特殊で、言語の壁もさることながら、エキスパートの副業意識の違いが大きいうえに、人材の流動性も低いことから自身の知見の市場価値の感覚が薄く、また業界外への知見提供の機会にも慣れていません。上の世代になるほど同じ会社に長年従事する傾向が強いように思いますが、こうしたなかで自身の知見と会社のノウハウの区別がつきにくくなっているともいえます。だからこそ、日本のエキスパートネットワークの市場は、海外と比べて立ち上がりが遅れていました。

ただし、その日本でもこの数年、コンサルティングファームでの活用に始まり、徐々に国内の事業会社でもエキスパートネットワークの活用が広がっています。まさに、日本でもエキスパートネットワーク市場はもはや黎明期を脱し、大きく成長している途上にあります。

さらに、近年は日本で副業意識が高まって、徐々にではありますが人材も流動し始め、エキスパートネットワークに参画する個人の意識も変わりつつあると強く感じます。

この期のプレーヤーの特長として、各地域特化で、現地の事業会社やコンサルティングファームの顧客を中心に展開し、独自にローカライズされたプロセス構築によって現地のエキスパート獲得に優位性を築いていることがあげられます。

第4世代：テクノロジードリブンなゲームチェンジャーが成長

エキスパートネットワーク自体はグローバルでもまだまだ高成長の市場ではありますが、その事業形態についても大きく変容を見せつつあります。2020年から現在にいたるまでは、まさに変化の途上であり、ゲームチェンジが起こりつつあると考えています。

グローバル市場では、もともとGLGなどエキスパートネットワーク市場の黎明期から事業を始めているグローバルに大きなエキスパート・データベースを構築するプレーヤーが、大きなシェアを持って君臨していました。しかし、新しいプレーヤーの参入やローカルプレーヤーの拡大によって市場全体が成長しているなかで、シェアも分散化しつつあります。

とくに近年では、エキスパートを必要に応じて探して見つけ出すカスタムリクルーティングに強みを持つプレーヤーが大きく成長しています。

一方、業界全体のゲームチェンジでなにが起きているかというと、これまで大きなエキスパート・データベースを構築したり、カスタムリクルーティングに強みを持ったりしていたインタビューアレンジメントのプレーヤーと異なり、インタビューに限らない知見提供モデルの構築が進んでいます。

このなかでも徐々に勝ち筋として見えつつあるのが、「トランスクリプトライブラリー」というインタビューの議事録をプラットフォームにコンテンツとして蓄積し、ユーザーに提供するモデルでしょう。ビジネスモデルとしても、インタビューなどの1回ごとの提供で課金していくのではなく、定額課金で人の知見情報へのアクセスを提供します。こうした取り組みによって、これまでよりも広く知見が届く仕組みが実現しつつあるのです。エキスパートネットワークビジネス自体の進化・拡大ともいえる一方で、インタビューに限った見方でいうと、インタビューニーズをコンテンツで置き換えてしまうディスラプターともいえます。

これまでのエキスパートネットワークは、サーベイなどさまざまな提供手段はあるものの、基本的にはインタビューによる知見提供です。インタビューは人からの知見提供としては非常に効果的な手段であることは間違いなく、その価値が変わることはないと思います。しかし一方で、インタビューの弱点として、情報提供がクローズドであり、その情報が蓄積しにくいことがあげられます。オープンで多数の人に届けられ、かつストックできるようになれば、人の知見情報がもっと一般化できるかもしれません。

知見をクローズドでインタビューの場として提供するのではなく、コンテンツとしてユーザーに広く公開していくことによって、知見は皆がアクセスできるものになっていきます。クローズドな情報からオープンに、これは知見活用が大きく広がる取り組みといえるでしょう。

エキスパートネットワークのプレーヤーでも、こうした議事録を蓄積してプラットフォームに掲載していく取り組みが増えています。ナレッジコンテンツの生成に大きく投資し、プラットフォームに蓄積して、それらをユーザーが定額課金しつつ閲覧する。そうしたビジネスモデルを、都度課金されるインタビューよりも主要事業として展開していく意思が見えます。情報プラットフォームでのデータやコンテンツ提供と合わせてナレッジのコンテンツを提供し、そこにテキストマイニングテクノロジーを組み合わせ、必要な情報にアクセスできるようにしていくのです。

こうした流れを生み出すものとして、海外でも2020年ごろから情報プラットフォームとエキスパートネットワークが融合する大きな事例が2社生まれ、このプラットフォームに特化していくスタートアップが出てきました。これらスタートアップの企業価値は大きく評価されており、非上場ながら大規模な資金調達や多くのユーザーをすでに獲得できていることも知られています。実はこのプレーヤー2社（Alphasense と Tegus）が、2024年に統合しており、業界では大きなニュースになりました。私も衝撃を受けましたが、この領域の盛り上がりを肌で感じています。

実は私自身、2020年から情報プラットフォームのスピーダとエキスパートネットワーク、ミーミルの融合を進めています。Q&A形式のコンテンツとして専門家の知見情報をプラットフォームに蓄積してユーザーに届ける取り組みは、トランスクリプトライブラリーとはアプローチとしては少し異なりますが（当時はそういった考えで戦略を描いていたのは自分だとばかり思っていましたが）、考え方は整合している動きといえるでしょう。

こうしたナレッジのデータと統合されたスケーラブルな情報プラットフォームとしての姿が、次の世代のエキスパートネットワークの在り方なのかもしれません。そして、新しいモデルの知見活用が徐々に形になりつつあるのかもしれません。

コンプライアンスルール

エキスパートネットワークにおいて重要なのは、コンプライアンスです。専門家にインタビューできるといっても、なんでも質問していいわけではないし、なんでも答えていいわけでもありません。個人と会社の区別が重要と述べましたが、エキスパートネットワークは、会社の内部情報を共有するものではありません。

実はエキスパートネットワークの市場成長は、まさにこうした外部知見者からの情報獲得におけるコンプライアンスルール整備の歴史でもあります。ここは、人からの知見情報獲得において必ず考慮すべき重要なポイントでしょう。

社外の専門家から話を聞く場合、とくに現場の解像度を持つ現役社員やOBから聞くケースでは、コンプライアンスに注意する必要があります。インサイダー情報のみならず、企業の内部情報の獲得や提供は避けねばなりません。

かつて、海外でエキスパートネットワークでもインサイダー事件や、こうした人を通じた情報獲得におけるリスクが顕在化したときがあります。そうした事象を経て、徐々にコンプライアンスルールの整備がなされてきました。

エキスパートネットワークは事業として営んでいるからこそ、これらの整備を進めてきました。実際のところ、こうしたルールは、人を介した情報獲得のすべてに適用されるルールであるはずです。

今後、人を介した情報獲得がエキスパートネットワークの事業者を活用しても、それ以外のプラットフォームや個人的ネットワークを活用したとしても、守らねばならないルールがあることをつねに念頭に置いておく必要があります。

人から得られる情報として重要なのは、ファクト情報よりも、その人の考え方や見方の本質です。エキスパートネットワークが事業の重要なファクターとしてコンプライアンスルールを整備してきたことは、今後これらの情報流通を促進していくにあたって非常にポジティブにとらえられます。

ここでは詳細を省きますが、これは個人からの情報獲得においては広く考慮に入れるべきことではあります。エキスパートネットワークを活用しないなかでの個人からの情報獲得でこそ、慎重に考慮すべき事象なのです。

会社に属しているからといって、なにも言えないわけではありません。会社に所属しながら取材を受けてメディアに掲載されたり、イベントで登壇して話したり、以前よりもオフィシャルに発信したりする機会もあるため、話せる内容の線引きができ、うまく調整して話すことに慣れている人が増えています。

自分に属している専門性やナレッジについて、うまく発信できるようになっていく必要があります。こうした情報こそが、他業界でも流通していくことで価値が生まれていくでしょう。

エキスパートネットワークにおけるコンプライアンスルールの考え方

次の4つのポイントを考えておきましょう。

- 競合性やコンフリクト：所属するもしくは所属していた、あるいはコンサルタントとして仕事を受けていた企業の競合にあたる企業に情報提供することは避けねばなりません。そのため、推薦する際にも少なくとも現職は避けるなどの対応は必要ですし、依頼する側も現職者からの情報提供を受けることはやめましょう。競合性については難しい判断になりますが、少なくとも所属している企業への利益相反となる情報提供は避ける必要があります。
- 公務員などの属性：公的な立場にある人などが情報提供することは避けねばなりません。こうした立場にある人は、講演などの公的な形で自身の考えを発信していけばよいでしょう。
- 営業上の秘密情報：当然ながら秘密情報を提供してはなりません。所属している企業や所属していた企業の財務数値や売上構成、研究開発の内容などの秘密情報をはじめ、とくに数値などの具体的な情報提供は避けましょう。一方で、業界一般としての収益性水準やKPIについての考え、個人として考える業界でのキーポイントや今後の見方などは問題ないはずです。ヒアリングする内容は慎重に分けて聞いてください。回答する側も、あくまで個人の考えや一般的なこととして話す内容であれば問題ないでしょう。

- インサイダー情報：上場企業に関するインサイダー情報にあたる情報は避けるべきです。なにをもってインサイダー情報にあたるのかについてはきちんと確認しつつ、話す内容は精査する必要があります。

LinkedInに見るエキスパートの価値の広がり

SNSの展開によって、一気に市場が拡大したエキスパートネットワークですが、エキスパートの情報を整備して、誰もがアクセス、コンタクトができるという意味では、LinkedInの世界観が実はいちばん近いものだと考えています。実際に、ミーミルでのバリュー策定においては、LinkedIn創業者のリード・ホフマン氏の著書『アライアンス』に影響を受けたバリュー「個人と会社のアライアンス関係」を策定しています。会社と個人のこれからの新しい関係、主従関係ではない、「アライアンス関係」を目指しており、エキスパートネットワークを基盤としてそれが実現できると考えています。

LinkedInにはスキルの推薦機能などもあり、ビジネスパーソンごとのキャリアやビジネス上のつながりも可視化されています。コンプライアンスやエキスパート評価などを見つけていく機能・ノウハウとしては、エキスパートネットワークのベンダーとしての価値がありますが、将来的にニッチなテーマについて単純にヒアリングする部分は、一部はビジネスＳＮＳに補完されます。むしろライトな相談などの多くは、ＳＮＳが役割を果たしていくのかもしれません。

一方で、ダイレクトリクルーティングと人材紹介の違い以上に、「探して推薦する」「コンプライアンスを適用する」などについては、エキスパートネットワーク事業ならではの役割といえます。ＳＮＳは手軽に更新できるため、頻繁にステータスがアップデートされることで、より幅広いエキスパートに直接つながれるのです。また、人のつながりによって信用度を確認できるというのも独自の利点でしょう。

今後、エキスパートからの知見獲得でも、知見提供の実績（インタビュー実施とテキスト情報での回答実績）をベースに評価の蓄積が進むことで、よりエキスパートの知見内容や信頼度に対して付加価値を生むことができると私は考えています。

このように、第三者としてエキスパートの知見提供の場をアレンジする企業ならではの実績評価の仕組みが、今後のエキスパートの知見獲得が広がっていくカギになるのではないでしょうか。

企業における専門性の細分化と価値の変化

エキスパートネットワークにおいても、かつてのCxOや役員層などのシニアクラスよりも、現場マネージャーなどのミドルクラスが求められ、コンサルティングファームや事業会社での意思決定に活用される傾向が増えています。これは、会社のなかでのシニアクラスの位置づけや、価値の変化としても見てとれるかもしれません。

以前は、一度獲得したスキルやノウハウは比較的長く活用できていました。40～50代のシニアクラスの豊富な経験や蓄積された知見をベースに、的確なアドバイスやノウハウの提供を行っていたのです。一度時間をかけて身につけたスキルや経験は、その後も活かし続けられるからこそ、経験年数が長く年齢の高い管理職層の貢献はありました。もちろん、いまでもそうした価値が失われたわけではありません。

しかし現在は、専門性が細分化され、プロダクトのライフサイクルも速くなっているので、一度身につけたスキルも大きく変わります。そこに加えて、イノベーションの創出において異なる業界間の情報連携も多く生まれています。さらには、新しいテクノロジーの勃興やトレンドの変化のスピードも速く、「ブロックチェーン」「Web3」「DX」「メタバース」「生成AI」など、ここ数年でもこうしたキーワードが盛り上がっては次々に移っていくという目まぐるしい状況です。

個人としても一度身につけ、突き詰めた専門性がそのままずっと使えるというよりも、そこを基盤にして、ほかのテクノロジーや専門性と組み合わせた発想をしたり、専門性の深化を継続し続ける努力をしたりなど、外部情報を取り入れる柔軟性が重要になります。すなわち知見は、アップデートし続けることが求められ、そうでないと役に立たなくなってきます。

年齢を重ねたとしても学習を継続し続ける、異なる業界の知見獲得や自分の専門性を追求し続ける。こうしたことが必須になりつつあるのです。それができていない人材は、もはや専門家としても価値を失っていくでしょう。

エキスパートネットワークで求められる専門家は、まさに目まぐるしいキーワードのアップデートを踏まえた依頼が増えています。役職が高いというよりも、いかに直近まで知見をアップデートし続けられているか、最新の知見を持っているか、現場解像度が高いか、求めるテーマから離れて時間が経っていないかが見られているのです。

業界にもよりますが、3年経つともはや知見は役に立たなくなるでしょう。もちろん、ニッチなテーマでも継続・従事していくことで得られる解像度の価値や、一貫してそうした業務にかかわることで得られるインサイトの価値が、知見提供の機会を持つことで高まっていることは喜ぶべきことです。

一方でエキスパートにとっても、過去の経験にあぐらをかくことなく、知見をアップデートし続けることが求められるという、厳しい時代になっているともいえるでしょう。そして意思決定のためには、いかに最新で深く、高い解像度の情報かどうかを判断し、活用していくことが求められます。

column

これから求められるエキスパート基盤

さまざまなビジネスがグローバルで乱立している、スキルシェアなどの人の知見を含めたリソースを流動的につなぐプラットフォーム業界。創業したミーミルも含めて、人の持つスキルやナレッジの流動性を高めることが、よりよい世界の実現に近づくと考えています。

では、こうしたプラットフォームがさらに本質的な価値を実現していくためには、どのような要素が重要でしょうか。

ミーミルでは「経験知に価値を与える」といったミッションを掲げていますが、どのようにしたらこうしたエキスパート基盤を作ることが可能なのかについては、日々考察しています。ソーシャル経済メディア「NewsPicks」とエキスパートネットワークの融合もまさに途上にあります。

すでに述べたようなエキスパートネットワーク事業者、スキルシェア、コンサルタントのプラットフォームなど、さまざまなサービスができています。ナレッジを提供するか、役務提供か、あるいはプロジェクト実行支援か、といったエキスパートのプラットフォームにおいて本当に価値がある基盤を創るには、次の5つの機能が重要だと考えています。

①発掘
②拡大
③機会の創出
④評価
⑤開示

これらの重要要素を、一つ一つ見ていきましょう。

①発掘

エキスパートを見つけ出す機能です。エキスパートのプラットフォームにおいては、依頼者が自ら探す、あるいは提供者側が検索し、推薦してエキスパートを見つけ出すことがまず重要です。

いずれのプラットフォームでも、人のデータベースは欠かせません。個人の氏名や連絡先、プロフィール情報などが登録されているデータベースから探し、依頼内容にマッチした人材を検出していくためには必要です。効率的かつ精緻にプラットフォームの目的に即した人材をいかに見つけ出せるか、また、まだ実績のない、あるいは登録から間もない人材を優先的に抽出して機会を与えられるか、などの仕組みが重要でしょう。

たとえば、LinkedIn で探すときには、会社や役職ベースで検索します。エキスパートネットワークでも、企業や業界、テーマ（EdTech、遺伝子編集など）や職務ベース（マーケティング、セールス、経営企画など）でも検索できるようにしています。またこれらに加えて、過去の実績やコメントベースでもキーワードマッチできると、プロフィールからは判断できなかったけれど、その業界に知見がある人として見つかるようになるのです。

発掘できれば、次に述べる「マス」への基盤拡大が可能になると考えます。同じ人に依頼が集中したり、新規のユーザーになかなか機会がなかったりといったプラットフォームはスケーラブルではありません。信頼できる専門家が100人いれば十分という事業もあるので、こうしたプラットフォームについてはそこまで高度な発掘機能は必要ないでしょう。

プラットフォーム側が見つけて推薦するか、ユーザー本人に選んでもらう形にするかは、サービス形態に依存します。ユーザー同士でマッチングすると、とても利便性が高く、スピーディな印象がありますが、実はそうでないケースもあるのです。

人材紹介では、ダイレクトリクルーティングもあるものの、人材紹介会社のエージェントが推薦していく形が多く利用されています。比較的シンプルな内容であればユーザーが直接選定するのがよいのですが、依頼内容の要件定義が簡単でなかったり、人材評価を（評価指標があったとしても）複合的な要素をもって見る必要があるような場合は、熟練したエージェントやコンシェルジュ的な機能も肝要でしょう。

多様な案件を受ける多様な人材が存在し、依頼も人材もスケールしていく。そうしたプラットフォームにおいては、優れた発掘機能が必要です。

②拡大

多くの潜在登録者が登録することで、登録人材が蓄積され、プラットフォームが拡大していくことは重要です。

エキスパートを増加させる方法として、広告で集めることは一般的です。広く募り、それに適している人が集まってくるわけです。逆に、一人ひとりに声をかけていくのはスケーラブルではありません。以前はエキスパートネットワークも、会員制に近い形で限定的に声をかけられ、初めて登録できるというものでした。いまではもっと裾野が広い登録システムを持っているところが多いです。

あるいは、SNSやソーシャルメディアのアカウント、複数のプラットフォームと連携できると効果的かもしれません。ただし誰でもいいわけではなく、どのような人に登録してほしいかというペルソナ設計も重要です。一見、同じようなプラットフォームに見えても、登録者の属性がまったく異なることもよくあります。裾野を広げていくと玉石混淆になったり、プラットフォームの目的とは異なる意図の人材が入ってきたりする懸念があるからです。

どんな人がプラットフォームに適しているかという設計に加えて、どのような志向か、なにをしたい人が登録してくるかといった設計や発信方法も重要です。腕試しをしたい人、社会貢献をしたい人、効率よく稼ぎたい人、空いた時間を有効活用したい人、学習したい人など、求める志向に応じたサービスのメッセージを設計し、認知されていく必要があります。

「こういう方はなんの目的でこうした活動をされているのですか?」と聞かれることはよくあります。金銭的な報酬が重要な要素であることに違いはありませんが、それだけによらないインセンティブ設計も重要です。

たとえば、ミーミルにはどんな目的で登録したのかと聞いてみると、「社会や未来への貢献意識」という理由が少なくありません。自分が役に立っているという実感が持てる、さらにそれが独自のスキルや知見に基づいているものだと、なおさら意義を感じられるからです。働く意義もそうだと思いますが、人の役に立ちたい気持ちは誰もが持っている感覚でしょう。ほかにも、学びを得るという成長欲求を満たしたい、隙間時間を生かしたい、という有意義な時間の過ごし方などの考えもあります。

知見はつねにアップデートしなければなりません。固定化されたものではなく、動的な仕組みで新しいエキスパートが加入されていく必要があります。

③機会の創出

登録者に対してたくさんの案件を継続的に提供することは肝要です。案件がないとエキ

エキスパートネットワークへの登録理由（2022年のアンケートより）

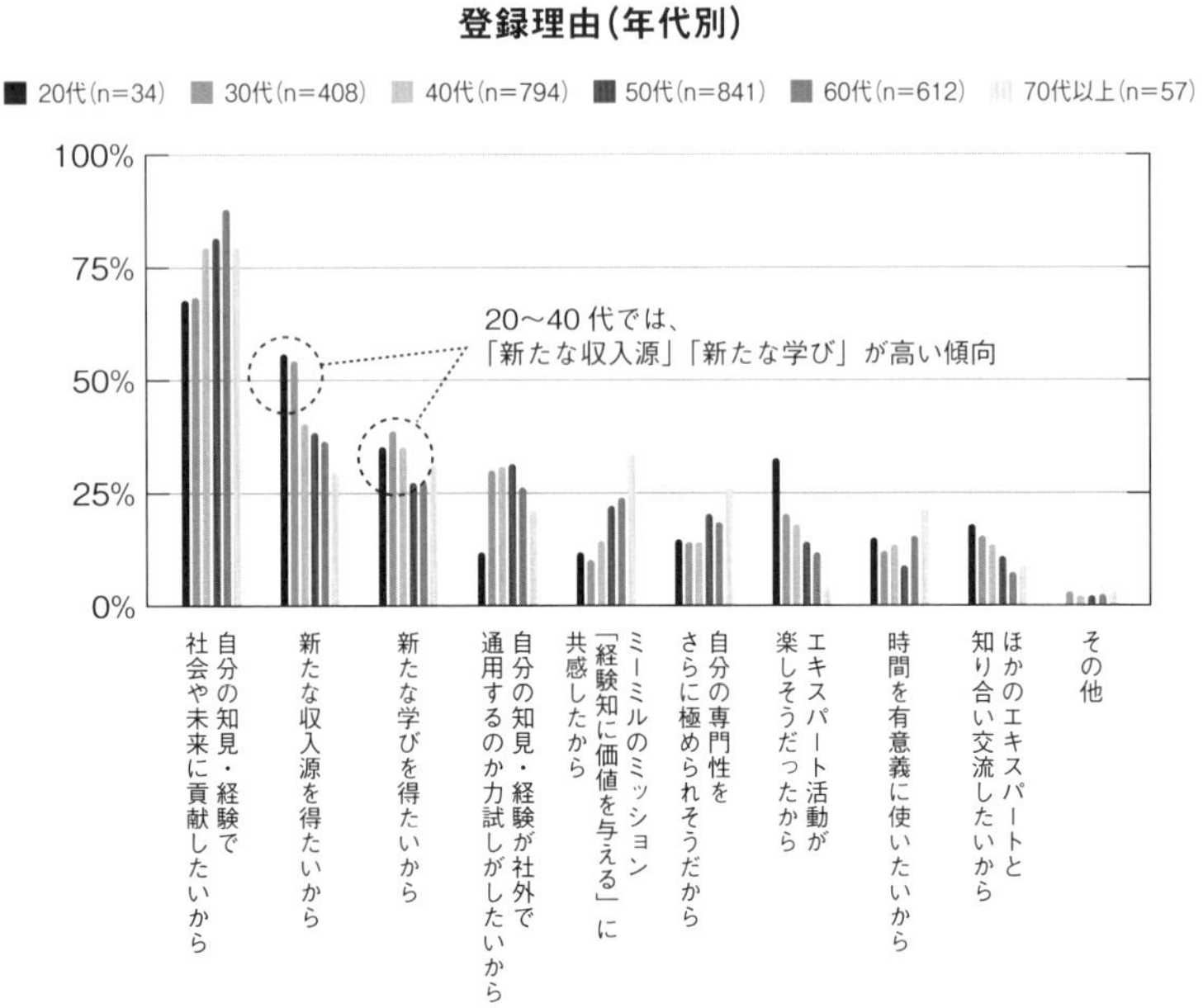

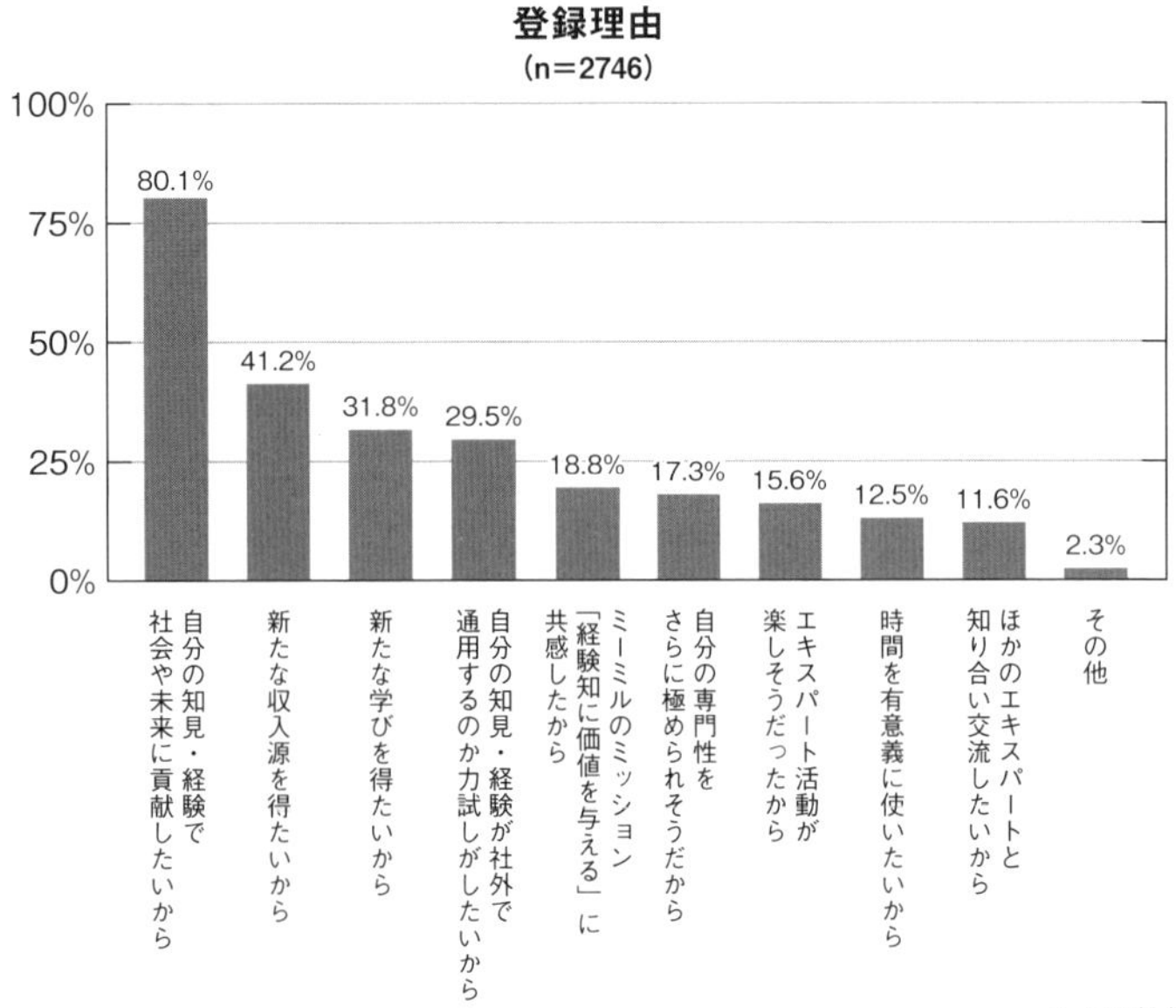

ミーミル社作成

スパートも定着せず、プラットフォームも稼働が安定化しません。

案件は、プラットフォームによりさまざまです。スキルシェアでは、ライトな成果物の提供を数千円で受けられるようなものから、自己申告でこの仕事をいくらで受けるかを自分で提示して、募集するケースもあります。またクラウドソーシングのように、公募制で案件を提示し、希望者を募る仕組みもあります。

また、案件の頻度も大切です。登録したのに連絡がまったく来ないと、登録者はプラットフォームにアクセスしなくなり、不活性化してしまうでしょう。案件の単価や内容にもよりますが、登録者に適切な頻度で依頼する設計である必要があります。

ちなみに、エキスパートネットワークは非常にニッチなピンポイント案件が多く、マッチする人材は多くないケースが通常です。同じ人が繰り返し案件を受けるケースもあれば、特殊な業界で年1回しか依頼が来ないケースもあり得ます。

実績のあるエキスパートほど依頼頻度が増え、依頼単価や内容も広くなるなどの仕掛けができると、インセンティブも高くなります。そのためには、適切なマッチングシステムと、多くの顧客を確保できていること、さらに顧客層の幅広さも重要です。

ＢｔｏＣが注目されがちですが、スキルシェアや個人向け学習支援だけでは高単価にはなりにくく、ＢｔｏＢのビジネスの方がエキスパート活動としてはインセンティブを持ちやすいでしょう。

④評価

評価は非常に重要で、実績をベースに評価を積み重ねていくことで、エキスパートの信頼性を高めていくことになります。評価が高いほど依頼が増え、単価が上がっていかなければ、持続性のある仕組みにはなりにくく、一過性の報酬がもらえるプラットフォームにすぎません。

シェアリングエコノミーで評価が重要であることは周知のとおりですが、同様にナレッジやスキルベースのプラットフォームでも同じです。

評価といっても、誰が評価するのか。自己評価、他者評価、事務局評価、ユーザー評価など、多様なアングルがあります。また、プラットフォームにおける役務提供の内容によっても、評価の仕方や品質、プロセスの複雑さも含めて難易度が高まります。

ミシュランの5つ星評価といった仕組みと、食べログなどでのユーザー評価（事務局などのアルゴリズムも含む）では仕組みが異なりますが、それぞれのサービスの思想を表しているものともいえるでしょう。ユーザー評価は、自動的に大量な評価が集まる仕組みを作ることで信頼性を増します。一方、事務局で基準を作れば、安定的な評価ができる仕組みも一貫性を保ちやすく、効果的でしょう。なにを評価するかという視点も、すでに述べたような知見レベルの評価やコミュニケーションスキルの評価など、多様です。

エキスパートネットワークにおいても、1回のインタビューでは評価がしにくく、テキストで残る回答データなどのほうが評価しやすいのは確かです。評価がストックされるからこそ、エキスパートはここから案件を受けるインセンティブが強くなり、サービスの質も高まっていきます。

こうした個人の評価について、会社に依らない第三者評価があるのはとても心強く、これこそ個人の資産であってほしいものです。

評価やプロフィール情報をベンダーがクローズドに活用するか、開示するのかは、プラットフォームの性質や思想によって変わるところでもあります。

⑤開示

基本的には、どのような情報を蓄積し外部に開示するかがプラットフォームの価値になっていきます。たくさんの人がアクセスして、個人のプロフィールや評価を見ます。そして、個人の信用が担保されることによって仕事の機会が増えたり単価が上がったり、あるいはプラットフォーム外での機会も増えたりしていきます。このような循環が作れると、プラットフォームと個人の価値を共に高めていくことができるでしょう。

ナレッジの高さはその人のキャリアを左右する評価でもあり、よい評価はさらに開示していく価値があると考えています。ＳＮＳなどで社名や役職だけで評価されるのではなく、実際の知見提供をベースに評価がたまり、それらがプラットフォームを介して開示されることに意味があるのです。

SNSでは、フォロワーの数や「いいね」の数が、ある種の評価のように見えるわけですが、むしろBtoBのプラットフォーム上に掲載し、全公開というよりも、必要とする会社の関係者が評価を見ることで発注できるような仕組みがあってもいいかもしれません。

プラットフォームで情報を囲い込むこと自体も、よく見られる動きではあります。どの情報を開示していくか、そして開示した情報がどのように活用されて、価値が循環していくか。そうしたことを注意深く考えて、設計していく必要があるでしょう。

参考文献

第1章　【決める】決める覚悟こそ、リーダーの第一歩である

1 『ファスト & スロー：あなたの意思はどのように決まるか？』（上・下）ダニエル・カーネマン 著、村井章子 訳、早川書房、2014 年
2 『決断の法則——人はどのようにして意思決定するのか？』ゲーリー・クライン 著、佐藤佑一 訳、筑摩書房、2022 年
3 『利己的な遺伝子 <増補新装版>』リチャード・ドーキンス 著、日高敏隆 / 岸由二 / 羽田節子 / 垂水雄二 訳、紀伊國屋書店、2006 年
4 『サピエンス全史』（上・下）ユヴァル・ノア・ハラリ 著、柴田裕之 訳、河出書房新社、2016 年
5 『SIMPLE RULES「仕事が速い人」はここまでシンプルに考える』ドナルド・サル / キャスリーン・アイゼンハート 著，戸塚隆将 訳、三笠書房、2017 年
6 『DIE WITH ZERO 人生が豊かになりすぎる究極のルール』ビル・パーキンス 著、児島修 訳、ダイヤモンド社、2020 年
7 『二重らせん』ジェームス.D・ワトソン 著、江上不二夫 / 中村桂子 訳、講談社、2012 年
8 『最強の成功哲学書 世界史』神野正史 著、ダイヤモンド社、2016 年
9 『シェイクスピア全集（1）ハムレット』W. シェイクスピア 著、松岡和子 訳、筑摩書房、1996 年

第2章　【見立てる】意思決定に欠かせない質問力と仮説構築力

1 『イシューからはじめよ——知的生産の「シンプルな本質」』安宅和人 著、村井章子 訳、英治出版、2010 年

第3章　【決める】決める覚悟こそ、リーダーの第一歩である

1 Eisenhardt, K. M. (1989) . Making fast strategic decisions in high-velocity environments. *Academy of Management journal, 32(3)*, 543-576.
2 『理科系の作文技術』木下是雄 著、中央公論新社、1981 年
3 『ニュースの商人ロイター』倉田保雄 著、新潮社、1979 年
4 『フューチャリストの自分の未来を変える授業』ブライアン・デイビッド・ジョンソン 著、桜田直美 訳、SB クリエイティブ、2021 年
5 DIAMOND ハーバード・ビジネス・レビュー 2024 年 11 月号
6 『多様性の科学』マシュー・サイド 著、ディスカヴァー・トゥエンティワン、2021 年

第4章　【伝え、動かす】新規事業に学ぶ、意思決定の極意

その他

1 『RANGE 知識の「幅」が最強の武器になる』デイビッド・エプスタイン 著，中室牧子 解説、東方雅美 訳、日経 BP、2020 年
2 『ビジネススクール意思決定入門』内田和成 著、日経 BP、2022 年
3 『意思決定の理論と技法：未来の可能性を最大化する』籠屋邦夫 著、ダイヤモンド社、1997 年
4 『ALLIANCE アライアンス——人と企業が信頼で結ばれる新しい雇用』リード・ホフマン／ベン・カスノーカ／クリス・イェ 著、篠田真貴子 監訳／倉田幸信 訳、ダイヤモンド社、2015 年
5 『働くことの哲学』ラース・スヴェンセン 著、小須田健 訳、紀伊國屋書店、2016 年
6 『起業は意思が 10 割』守屋実 著、講談社、2021 年

ビジネスリーダーのための
意思決定の教科書

発行日　2025年　2 月21日　第 1 刷

Author　川口荘史
Book Designer　竹内雄二

Publication　株式会社ディスカヴァー・トゥエンティワン
〒102-0093　東京都千代田区平河町 2-16-1 平河町森タワー 11F
TEL　03-3237-8321（代表）03-3237-8345（営業）
FAX　03-3237-8323
https://d21.co.jp/

Publisher　谷口奈緒美
Editor　牧野類（編集協力：株式会社ツークンフト・ワークス　三津田治夫）

Store Sales Company
佐藤昌幸　蛯原昇　古矢薫　磯部隆　北野風生　松ノ下直輝　山田諭志　鈴木雄大　小山怜那　藤井多穂子　町田加奈子

Online Store Company
飯田智樹　庄司知世　杉田彰子　森谷真一　青木翔平　阿知波淳平　大﨑双葉　近江花渚　徳間凜太郎　廣内悠理　三輪真也　八木眸　古川菜津子　高原未来子　千葉潤子　金野美穂　松浦麻恵

Publishing Company
大山聡子　大竹朝子　藤田浩芳　三谷祐一　千葉正幸　中島俊平　伊東佑真　榎本明日香　大田原恵美　小石亜季　舘瑞恵　西川なつか　野﨑竜海　野中保奈美　野村美空　橋本莉奈　林秀樹　原典宏　村尾純司　元木優子　安永姫菜　浅野目七重　厚見アレックス太郎　神日登美　小林亜由美　陳玟萱　波塚みなみ　林佳菜

Digital Solution Company
小野航平　馮東平　宇賀神実　津野主揮　林秀規

Headquarters
川島理　小関勝則　田中亜紀　山中麻吏　井上竜之介　奥田千晶　小田木もも　佐藤淳基　福永友紀　俵敬子　三上和雄　石橋佐知子　伊藤香　伊藤由美　鈴木洋子　福田章平　藤井かおり　丸山香織

Proofreader　株式会社鷗来堂
DTP　株式会社 RUHIA
Printing　日経印刷株式会社

ISBN978-4-7993-3127-9
BUSINESS LEADER NO TAMENO ISHIKETTEI NO KYOKASHO by Soshi Kawaguchi